상식으로 꼭 알아야 할

세계 악^惡남^男 이야기

이경윤 · 정승원 지음

삼양미디어

The world
Of
Badguy

머리말

　이 책은 세계의 역사를 뒤흔들어 놓은 걸출한 영웅 중에 악한 면을 지닌 인물들만을 골라 다루고자 하는 목적으로 기획되었다. 그런데 책의 제목을 정하는 데 본의 아닌 애를 먹고 말았다. 왜냐하면 '악한 남자'를 단적으로 나타낼 수 있는 단어가 없다는 문제 때문이었다. 악한 사람을 뜻하는 '악인', 악한 여자를 뜻하는 '악녀'란 말은 있어도 도대체 악한 남자를 의미하는 적절한 단어가 없는 것이다.

　왜 이런 문제가 생긴 것일까? 앞으로는 몰라도, 지금까지 세계의 역사를 움직인 걸출한 인물들은 주로 남자였고, 악행으로만 따진다면 남자들이 행한 그것이 여자들보다 분명 압도할 텐데 왜 유독 '악남'이란 말은 없는 것일까?

　그 이유를 파고들어 보면 오히려 역설적인 것에서 그 해답을 찾을 수 있다. 즉, 악남이라는 말이 따로 없는 것은 아마도 지금까지의 역사가 여성이라는 존재 자체를 경쟁상대로조차 여기지 않을 정도로 남성들이 주도한 시대였기 때문에 나타난 현상이란 것이다. 그러다 보니 악인=악남이란 의미로 사용되었기에 따로 '악남'이란 말이 필요가 없었고, 성에 대한 구별의 차원에서 '악녀'란 말도 생겨났으리라.

따라서 세상에 악녀란 말만 있고 악남이란 말이 없는 것은 악인 중에 다수가 여자이기 때문이 아님을 명확히 해두고 싶다. 오히려 역사를 되짚어볼 때 악남이라는 말이 따로 필요 없을 정도로 악인의 대다수는 남자들이었다. 그 중에서는 안타깝게(?) 후세에 제대로 기록이 남겨지지 않아 역사 속에 묻혀버린 악인도 한두 사람이 아니었을 것이다.

그러나 남긴 발자국이 너무나도 커서 위대한 업적은 물론 사사로운 일—심지어 은밀한 침실 속 이야기까지—까지 후세에 낱낱이 기록되어야 하는 걸출한 인물들도 있었다. 알렉산더, 칭기즈칸, 나폴레옹, 히틀러, 마오쩌둥 등 이들은 그 이름만 들어도 '아하'라고 할 만한 인물들로서 지금도 세계의 영웅 목록에 빠지는 법이 없는 걸출한 영웅들이기도 하다. 뿐만 아니라 우리 아이들이 열심히 보는 '세계 위인전', '위대한 인물 이야기' 전집 등에 빠짐없이 꼭 등장하는 인물들이기도 하다.

그럼에도 불구하고 왜 이런 위대한 영웅들을 '악남' 목록에 넣어야만 할까. 물론 이들이 이룬 업적은 칭송받아 마땅하다. 그러나 그들의 역사가 끝났을 때 후세의 역사가들은 영웅으로 포장된 겉모습 외에 그들의 내면 속에 숨겨진 추악한 역사까지 기록하기에 이르렀고, 서서히 세상 속에 그 모습이 드러나게 되었다.

전쟁광이었던 알렉산더, 굶주린 사자처럼 유라시아 대륙을 피로 물들인 잔인한 정복자 칭기즈칸, 출세를 위해 첫사랑을 배신한 남자 나폴레옹, 끔찍한 유태인 살인마 히틀러, 과격한 혁명가이자 색남이었던 마오쩌둥뿐만 아니라 이 책에서는 그 악행 정도가 너무도 처참해서 입에 담기조차 힘든 인물들까지 과감히 다루려고 한다.

수많은 사람들을 죽여 해골 피라미드를 쌓은 티무르, 수많은 아이와 여자들을 살해한 세기 최고의 악마 질 드 레, 흡혈귀 드라큘라의 모델이 된 꼬챙이 살인마 블라드 3세, 정신 이상적인 행동으로 자신의 아들까지 쇠꼬챙이로 죽여 버린 이반 4세, 유럽 역사상 가장 많은 사생아를 낳은 색남이자 거인 황제 표트르 대제, 음탕하고 사악한 주술사 라스푸틴 등등……

이들은 하나같이 세계적 영웅이었다는 것과 동시에 사악한 면을 지녔다는 공통점을 함께 가지고 있다. 왜 그들은 그토록 잔인한 행동을 서슴치 않았을까? 아마도 이 질문에 대한 답은 인간 내면 깊숙이 잠재해 있는 본성에 물어보아야 하지 않을까.

저자 씀

차 례

The world of badguy

차 례

The world of badguy

차례

The world of badguy

The world of badguy

CHAPTER 01

B.C. 4세기~
A.D. 5세기

The world of badguy

알렉산더 _ B.C. 4세기
칼리굴라 _ A.D. 1세기
아틸라 _ 5세기

A l e x a n d r o s

위대한 정복자이자 최고의 전사인 알렉산
더. 그러나 그는 전쟁을 하지 않으면 우울
증에 걸리는 전쟁광일 뿐더러 믿기 힘들
정도의 행운이 따른 행운아에 현실을 무
시한 이상주의자였다.

불타는 정복욕의 화신

알렉산더

화 려 한 무 대 뒤 에 외 로 운 영 혼

알렉산더는 위대한 정복자로서 사
분오열되어 흩어져 있던 그리스를 하나로 모으고 페르시아,
이집트, 인도까지 정복하였다. 또한 알렉산더는 최고의 전략
가이자 전사로서 전투에서 단 한 차례의 실패도 경험하지 않
았다. 뿐만 아니라 알렉산더는 꿈꾸는 모험가로서 세상의 끝
을 찾아 지구를 한 바퀴 돌았고 인종과 종교 차별 없는 하나
된 세상을 꿈꾸었다.

그러나 뒤집어 말하면 알렉산더는 전쟁을 하지 않으면 우
울증에 걸리는 행동 중독자에다, 믿기 어려울 정도의 행운이

알렉산더 대왕(Alexandros the Great,
B.C. 356~B.C. 323)
마케도니아의 왕(재위 B.C. 336~323)으로
페르시아, 그리스, 인도에 이르는 대제국을
건설하였는데 알렉산드리아라는 도시들을
기점으로 그리스 문화와 오리엔트 문화를
융합시킨 새로운 헬레니즘 문화를 이룩하
였다. 아라비아 원정을 준비 도중 33세의
젊은 나이로 죽은 후 영토는 마케도니아·
시리아·이집트의 세 나라로 갈라졌다.

〈알렉산더의 전쟁〉(The Battle of Alexander · 알프레히트 알트도르퍼 作, 1529년)

따른 행운아였으며, 현실을 무시한 이상주의자이기도 했다.

그리스 어부들은 아직도 행운을 빌 때 알렉산더의 이름을 부르고, 이란에서는 '도둑'으로 저주하고 있으며, 이집트의 콥트 교회에서는 성인으로 예배하고 있다고 한다. 아무리 위대한 인물이라도 어느 시각에서 바라보느냐에 따라 그는 위대하기도 하고 폭군이 되기도 한다.

알렉산더도 마찬가지다. 하지만 그는 자신이 정복한 지역에서 신화적인 존재가 되어 그들의 이야기 속에 살아남아 있는 거의 유일무이한 위대한 정복자이다.

동서양을 막론하고 엄청난 영향력을 가진 알렉산더는 2천 년이 더 지난 오늘날까지 우리의 역사 속에, 우리의 전설 속에 살아 숨 쉬고 있다. 그의 영웅적 면모는 80여 개국 이상의 나라에서 시, 그림, 연극 등 다양한 모습으로 등장하고 있다.

현재 그는 다른 정복자들처럼 동서양의 관점에서 서로 다른 극과 극의 평가를 받고 있지는 않다. 하지만 그는 오히려 배우들처럼 무대와 무대 뒤에서 다른 모습을 보여 주고 있는 것 같다.

위대한 알렉산더는 화려한 무대 위에서 항상 스포트라이트를 받으며 열연을 펼치는 뛰어난 연기자였을 것이다. 활화산 같은 열정을 가슴에 품은 천의 얼굴을 가진 배우. 그러나 그는 무대 뒤에선 항상 외로웠다. 연극이 끝나고 난 뒤 느껴지는 허무함과 왠지 모를 불안함, 고독이 그를 괴롭혔다. 그럴수록 그는 더욱더 새로운 무대를 찾아 자신의 영혼을 불살랐다. 그런 뒤 그를 달래 줄 수 있는 건, 여자도 남자도 아닌 오직 술뿐이었다.

세상에서 부러울 것이라고는 없이 태어난 위대한 정복자 알렉산더는 점점 술주정뱅이 폭군으로 변해 갔다. 그는 왜 술주정뱅이가 되었을까?

연극이 끝나고 불 꺼진 텅 빈 무대 뒤에 그가 서 있다. 이제 우리는 그 누구에게도 털어놓지 못한 위대한 영웅의 내면 깊숙이 숨겨진 상처를 보게 될 것이다.

전투 중인 알렉산더 대왕
레바논 시돈에서 출토된 대리석 부조(B.C. 310년경)

내 속엔 의심과 불안, 공포의 씨앗이 자라고 있다

알렉산더는 기원전 356년 11월, 아버지 필리포스와 어머니 올림피아스 사이에서 태어났다. 천둥 번개가 치고 억수같은 비가 내

필리포스 2세 두상(베르기나 출토 유물)
마케도니아의 18대 왕 필리포스 2세 (Philippos II, 재위 B.C. 359~B.C. 336)는 제국 마케도니아의 기반을 다진 인물이다. 국내 평화를 회복하고, 군사 식민지 건설과 군제 개혁 단행 등 군사적·외교적 수단을 동원하여 그리스의 지배권을 확립함으로써 알렉산더 대왕의 대제국 건설의 토대를 마련했다.

__ 알렉산더 대왕 탄생의 또 다른 일화
그리스의 작가 플루타르코스의 『영웅전(플루타크 영웅전)』에 "올림피아스가 벼락이 배에 떨어지는 꿈을 꾸고 임신하였다"는 이야기가 있다.

리는 날이었다. 마침 소아시아에 있는 아르테미스 여신의 신전이 화재로 불타버렸다는 소식이 들려왔다. 이를 두고 예언가들은 페르시아를 멸망시킬 위대한 인물이 태어난 것이라며 반가워했다.

알렉산더의 아버지 필리포스는 마케도니아의 왕으로 그리스 테베에 3년간 볼모로 있으면서 선진 그리스 문화를 배우고 전술학을 익혔다. 그리고 고국으로 돌아와 군사를 개혁해 강력한 군대를 만든 인물로 마케도니아 특유의 거칠고 혈기 넘치는 남자였다.

어머니 올림피아스는 에피루스의 왕녀로 오르페우스와 디오니소스의 광팬이었다고 한다. 그녀는 종교의식에 푹 빠져 살았는데, 특히 뱀을 신성한 동물로 여겨 숭상했다. 마케도니아에 시집올 때도 잘 기른 뱀 한 마리를 가지고 왔으며, 뱀을 능수능란하게 잘 다루었다고 한다.

어느 날 필리포스는 올림피아스가 잠자리에 뱀을 넣는 것을 보고는 혼비백산한다. 하루는 뱀이 있는지 확인하려고 올림피아스 방 문틈을 들여다보다가 올림피아스가 뱀과 괴상한 행동을 하는 것을 보고는 그녀에 대한 사랑이 싸늘히 식어 버렸다고 한다. 그 후 그는 전투에서 한쪽 눈을 잃어 애꾸눈이 되었는데, 사람들은 그가 인간이 보아서는 안 될 것을 보았기 때문이라고 수군거렸다.

게다가 올림피아스는 공공연히 자신의 아들 알렉산더가 제우스 신의 아들이라고 말하고 다녔다. 제우스가 뱀의 모습으로 변신해 그녀에게 와서 알렉산더를 임신하게 되었다는 것이다.

필리포스는 올림피아스에게 가뜩이나 정이 뚝 떨어져 있는데 이런 말을 떠벌리고 다니니 자존심도 상하고 해서 그녀를 더 이상 거들떠보지 않고 바람을 피워 댔다. 그녀도 그런 필리포스를 증오하고 멸시했다. 그들의 불행한 결혼 생활은 어린 알렉산더에게 지대한 영향을 끼치게 된다.

모든 아이들이 그렇듯 훗날의 알렉산더에게도 부모의 성격이 모두 나타나게 된다. 아버지 필리포스의 뛰어난 리더십과 야심, 그리고 어머니 올림피아스의 초자연적이고 열정적인 면이 알렉산더 내면에 뒤섞여 있었던 것이다. 하지만 이 두 가지는 물과 기름처럼 잘 섞이지 않고 그의 영혼 깊숙한 곳에서 안전핀을 빼 버린 다이너마이트처럼 숨죽이고 폭발할 때만 기다리고 있었다.

왕이 되지 못하면 어쩌나 불안에 떨다

그리스 북쪽에 있는 마케도니아는 그리스의 다른 지역에 비해 문화적으로 열세인 나라였다. 그리스인들은 아예 대놓고 그들을 '바르바로이'라고 불렀다. 그리스 말로 '알 수 없는 말을 쓰는 사람'을 뜻한다. 즉 '야만인'이란 소리다. 이렇듯 야만인이란 소리를 듣던 약소국 마케도니아가 알렉산더의 아버지 필리포

전 생애를 통해 알렉산더 대왕의 행동과 사고에 큰 영향을 끼친 책 『일리아드』
호메로스의 작품(B.C. 8세기경)으로 추정하는 그리스 최고, 최대의 영웅 서사시이다. 트로이 전쟁 10년 중 마지막 해 50일 동안의 이야기로 총 24장, 1만 5,693행으로 이뤄졌다. 오랜 전쟁의 상황과 전쟁에 관여하는 올림포스의 신들, 그리고 운명에 굴하지 않고 영광된 죽음을 택하는 영웅들, 특히 아킬레우스의 무공과 원한과 사랑하는 연인과 친구에 대한 복수에서 파생되는 인간의 비극을 다룬 작품이다.

스에 의해 그리스의 강대국이 된 것이다. 하지만 야망에 가득 찬 필리포스는 그에 만족하지 않고 페르시아 정복을 계획하고 있었다. 그리고는 다른 도시 국가에게 그리스 연맹을 만들어 함께 전쟁에 임할 것을 은근히 협박하기 시작했다. 다른 나라들은 마케도니아의 무적 군대가 두려워 눈치만 봐야 했다. 마케도니아는 명실상부한 그리스의 맹주였다.

하지만 여전히 문화적 열등감에 시달렸다. 그래서 필리포스는 아들 알렉산더에게 최고의 선생을 붙여 최고의 황제 교육을 시켰다. 알렉산더에게는 두 명의 선생이 있었는데 그들이 바로 레오니다스와 아리스토텔레스이다.

알렉산더는 7살 때부터 레오니다스에게 절제와 예의범절을 배웠고, 13살부터 3년간 당대 최고의 철학자 아리스토텔레스에게 철학을 비롯한 과학·의학 등 찬란한 그리스 문명을 습득하게 된다. 특히 알렉산더는 호메로스의 『일리아드』에 완전히 매료되어 위대한 영웅이 되는 꿈을 키워 나갔다. 페르시아 원정 중에도 이 책을 갖고 다니며 읽었고, 잠들 때 항상 그의 칼과 함께 베게 밑에 넣고 잘 정도였다고 한다.

알렉산더와 소크라테스
소크라테스의 강의에 시큰둥한 반응을 보이고 있는 알렉산더

필리포스가 아리스토텔레스를 알렉산더의 선생으로 초빙한 데는 또 다른 이유가 숨겨져 있었다. 그것은 올림피아스가 자신과 불화를 겪으면서 아들 알렉산더를 치마폭에 꽁꽁 싸서 키웠기 때문에 자연스레 필리포스와 알렉산더는 소원해질 수밖에 없었다. 따라서 필리포스는 아들이 마마보이로 자랄까 큰 걱정이었다. 그래서 아들을 왕비로부터 떼어내기 위해 필리포스는 수도에서 약간 떨어진 곳

에 새로운 학교를 세우고 논리와 이성으로 무장한 아리스토텔레스를 초빙한 것이다.

알렉산더는 최고의 교육을 통해 위대한 왕으로 자리 잡아 가고 있었다. 그는 천성적으로 학문을 좋아했고 불굴의 의지와 용기를 갖고 태어났다. 그런 그에게도 한 가지 약점이 있었는데 바로 혈통이었다. 그의 어머니가 마케도니아 혈통이 아니라는 점이 그가 마케도니아 왕이 되는 데 있어 불리하게 작용할 수 있었던 것이다.

사실 아버지 필리포스는 유명한 바람둥이였다. 이 때문에 언제든지 마케도니아 순수 혈통의 새로운 왕자가 생길 수 있었다. 아킬레스나 헤라클레스 같은 영웅을 꿈꾸던 알렉산더의 자신만만한 모습 뒤에는 혹시 자신이 왕이 되지 못하는 건 아닐까 전전긍긍하는 불안의 그림자가 늘 따라다녔다.

페르시아 정복을 묘사한 모자이크로 알렉산더 대왕과 그의 애마 부케팔라스이다.

그러던 어느 날 필리포스는 최고의 명마라 불리는 부케팔라스(강하고 고집 세다는 그리스 용어)라는 이름의 말을 샀다. 그런데 이 말이 어찌나 사납게 날뛰는지 어느 누구도 다룰 수가 없었다. 이 광경을 지켜보던 알렉산더는 자기가 한 번 해 보겠다며 말고삐를 잡았다. 알렉산더는 말이 자신의 그림자를 보고 놀라 날뛰는 것이라 생각했다. 이에 알

__ 알렉산더의 애마 부케팔라스

전투마로서 너무 거칠고 예민하니 고기로 쓰라는 부왕의 명을 13살 어린 알렉산더가 애원하여 아버지가 보는 앞에서 짧은 시간에 순한 말로 조련하는 데 성공한다. 말 잔등에 오른 알렉산더는 부케팔라스에게 "태양에 비친 네 그림자를 겁내지 마. 태양신 아폴로는 우리 편이니 너와 내가 한 몸이 되어 태양신을 속이자꾸나"라고 속삭였다. 그날 이후 둘은 평생을 함께 수많은 전장을 누비며 백전백승한다. 마지막 인도에서의 전투에서 홀로 적진에 뛰어든 알렉산더가 말에서 떨어져 포위되었는데 부케팔라스가 미친 듯이 날뛰며 그 주위를 호위한다. 부케팔라스는 창과 칼에 만신창이 되어 죽음을 맞이하고 만다. 부케팔라스가 죽자 알렉산더는 애마의 이름을 따서 부케팔라스란 도시 이름을 지었다.

렉산더가 말이 자기 그림자를 못 보도록 말 머리를 태양 쪽으로 돌리자 부케팔라스는 양처럼 순해졌다.

필리포스는 마케도니아인의 씩씩한 기상을 고스란히 이어받은 아들이 무척이나 자랑스러웠다. 그제야 아들에 대한 한 가닥 의심이 싹 가시며 무한한 애정과 신뢰가 싹텄다.

"아들아, 너는 다른 땅에서 네게 알맞은 왕국을 찾아라. 마케도니아는 너에게 너무 좁다."

알렉산더는 처음으로 느낀 아버지의 정에 가슴이 뭉클해졌다.

오 이 디 푸 스 콤 플 렉 스 에 서 벗 어 나 고 싶 다

_ 오이디푸스 콤플렉스(Oedipus complex)
S. 프로이트의 『정신분석학』에서 나온 말로 남성이 부친을 증오하고 모친에 대해서 품는 무의식적인 성적 애착을 일컫는다. 라이오스와 이오카스테의 아들 오이디푸스는 숙명적으로 아버지를 살해하고, 스핑크스의 수수께끼를 풀고서 생모인 줄 모르고 어머니와 결혼하게 된다. 나중에 그 사실을 알고서 이오카스테는 자살하고 자신의 눈을 뺀 오이디푸스는 방랑을 하게 된다는 그리스 신화 오이디푸스에서 유래된 말이다.

아버지의 신임을 얻은 알렉산더는 17살이 되자 아버지 필리포스와 함께 전쟁에 나가기도 했다. 직접 지휘권을 맡아 얻어 낸 승리는 무엇에도 비할 수 없는 쾌감을 그에게 안겨 주었다.

그는 어서 아버지 필리포스처럼 위대한 왕이 되어 세계를 정복하고 싶었다. 그런데 그가 걱정하던 일이 벌어지고야 말았다.

45세가 된 필리포스는 젊은 연인 클레오파트라에게 푹 빠져 있었다. 그는 그녀가 원하는 대로 올림피아스와 이혼하고 결혼식을 올리기로 결심한다.

결국 부자 사이는 또다시 틀어지고 말았다. 결혼식이 끝나고 연회가 열리는 자리에서 클레오파트라의 삼촌 아틀라오스가 술에 취해 떠벌였다.

"마케도니아 백성들이여! 이제야 마케도니아 순수 혈통 후계자를 기대할 수 있게 되었다."

그 말을 들은 알렉산더는 분노가 폭발해 술잔을 집어 던졌다. 그러자 술에 만취해 있던 필리포스가 흥분해 칼을 빼 들고 알렉산더에게 달려들었다. 하지만 필리포스는 몸을 가누지 못하고 쓰러지고 말았다. 알렉산더는 그런 그를 경멸의 눈초리로 조롱했다.

"이 의자에서 저 의자로 건너지도 못하는 사람이 바다를 건너 아시아를 정복한다구요? 퍽도 잘하시겠네요."

알렉산더는 곧장 어머니와 함께 에피루스로 도망갔다. 그러자 필리포스가 자신의 지나친 행동을 반성하고 그들을 다시 궁정으로 불러들였다. 이렇게 하루하루 불편한 관계가 계속되고 있는데 어느 날 갑자기 필리포스가 암살당하는 끔찍한 일이 벌어진다. 알렉산더가 20살 때 일이다. 세상 사람들은 그 사건의 배후에 올림피아스가 있다고 믿었고 알렉산더가 가담했다고 의심했다.

알렉산더는 무척 괴로웠다. 그에게 아버지는 경쟁자이면서 동일시하고 싶은 우상이었고 넘어야 할 산이었다. 또한 그에게 집착하는 어머니를 보며 한없이 그녀에게서 벗어나고 싶었다. 그는 부모와 아이 사이의 삼각관계라 할 수 있는 오이디푸스 콤플렉스에 시달리고 있었던 것이다. 그가 직접 암살을 지시했건 하지 않았건 그는 죄책감에 몸을 떨었다.

애 송 이 왕 이 라 놀 리 지 마 라

그는 왕이 되자마자 제일 먼저 반대파를 모조리 숙청했다. 올림피아스는 새 왕비 클레오파트라에게 목숨을 끊을 것을 명령하고 갓난아이는 그녀의 제단에 희생 제물로 바쳐 버렸다.

한편 그리스인들은 필리포스의 죽음으로 원치 않는 전쟁을 피해 갈 수 있을 것이라 기대하고 있었다. 이제 20살인 애송이 왕 알렉산더가 마케도니아를 통치하기는 어려울 것이라 보았던 것이다. 그들은 억지로 가입한 그리스 연맹에서 탈퇴하려는 마음을 먹고 있었다. 이러한 움직임을 눈치챈 알렉산더는 자신의 능력을 하루라도 빨리 그들에게 보여 줘야 했다.

그는 왕이 죽은 지 몇 주도 안 되어 3만의 군사를 이끌고 그리스 테베로 진군했다. 당황한 테베 군도 목숨을 다해 대항했다. 몇 번의 격전을 펼친 후 알렉산더는 승리를 거머쥐었다. 몇 년 전까지만 해도 그리스 최강 국가였던 테베였지만 테베인들은 잔인하게 살육되었다. 6천여 명이 죽고 3만 명 이상이 포로가 되었다. 이러한 테베에 대한 철저

〈알렉산더의 전쟁〉(The Battle of Alenxander · 알브레히트 알트도르퍼 作, 1529년)

한 응징은 전 그리스를 새파랗게 질리게 만들었다. 마케도니아를 배반하면 어떤 결과를 맞게 되는지 그들은 똑똑히 본 것이다.

아버지에 대한 죄책감 때문이었을까? 아니면 어머니로부터 도망가고 싶었던 것일까? 알렉산더는 아버지의 숙원 사업인 페르시아 정복을 위해 미지의 아시아로 진군할 준비를 서둘렀다.

알렉산더는 기원전 334년 보병 3만 명과 기마병 5천 명을 거느리고 아시아 원정길에 올랐다. 그는 소아시아의 그라니쿠스 강에서 페르시아의 왕 다리우스의 군대와 맞섰다. 페르시아 군은 알렉산더 군의 세 배나 되었다. 게다가 페르시아 군인들은 긴 창과 함께 화살통을 지고 있었는데 앞선 사람이 싸우다 쓰러지면 곧바로 뒤쪽에 있는 사람이 앞 열로 나와 싸워 '불사조' 라 불렸다. 병사들이 두려움에 떨며 주저하자 알렉산더는 기병대를 이끌고 선두에 나서 빗발처럼 쏟아지는 페르시아 군의 화살을 피하며 강을 건넜다. 그리스 연합군들도 용기를 얻어 그를 따랐다. 죽기를 각오하고 달려들자 페르시아 군대가 흔들리기 시작했다. 결국 페르시아 군대는 뿔뿔이 도망쳐 버렸다. 기록에 따르면 페르시아 군의 전사자는 2만 명인데 반해, 마케도니아의 전사자는 겨우 34명뿐이었다고 한다.

알렉산더의 위상은 더욱 높아졌다. 알렉산더는 자기

알렉산더 대왕과 다리우스 3세의 이소스 전투
마케도니아와 페르시아는 몇 차례에 걸쳐 끝없이 맞붙어 싸웠는데 결국 알렉산더의 승리로 끝났다.

〈알렉산더 앞의 다리우스 가족〉(The Family of Darius before Alexander·베로네세 作)

몸을 아끼지 않았다. 칼, 화살, 석궁, 돌, 곤봉 등으로 맞아 온몸이 흉터투성이였다. 죽음을 두려워하지 않는 초인적인 용기와 대범함은 적군을 공포로 떨게 했고 아군은 하나로 모았다.

이어 기원전 333년 북시리아의 이수스에서 다시 페르시아 군을 만났다. 이번에는 다리우스 왕이 직접 60만 대군을 이끌고 나왔다. 그러나 이수스는 산과 바다로 가로막힌 조그만 골짜기였기 때문에 수많은 페르시아 군이 작은 골짜기에서 옴짝달싹 못하자 알렉산더는 측면공격을 감행해 승리를 따냈다. 전차를 타고 주위의 호의를 받으며 공격하던 다리우스 왕은 새파랗게 질려 도망가 버렸다.

또다시 화려한 승리를 거둔 알렉산더는 굶주린 병사들에게 페르시아 진영에서 값진 전리품이며 여자를 맘껏 약탈하도록 허용했다.

기원전 332년 알렉산더는 피 한 방울 흘리지 않고 이집트 정복에 성공한다. 그리고 기원전 331년 다리우스 왕의 백만 대군과 다시 만난 가우가멜라 전투에서도 승리를 거두고, 이때 다리우스 왕도 최후를 맞이하게 된다. 알렉산더는 백전백승을 거듭했다. 멈추지 않고 바빌론, 수사, 페르세폴리스마저 점령해 기원전 330년에는 페르시아 제국의 모든 영토를 정복하게 된다. 이렇게 하여 그는 그리스와 페르시아의 왕이 되었다.

알렉산더가 발기 불능이었다거나 동성애자였다는 주장이 많다. 어릴 적 아버지 필리포스가 어머니 올림피아스를 거의 겁탈하듯 거칠게 다루는 장면을 목격하고 난 후 남녀 관계에 대한 환상이 사라져 버렸다고 전해진다. 사실 그는 친구이자 전우인 헤파이스티온과 동성애적 관계를 맺었던 것 같다. 그리고 다리우스 왕의 애인이었던 페르시아의 환관인 10대 소년 바고아스와도 동성애를 나눈 것으로 알려져 있다. 그는 여자보다 더 아름다운 외모를 지닌 미소년으로 탁월한 무용과 노래 솜씨를 지녔다고 한다.

또한 알렉산더는 결혼도 여러 번 했다. 기원전 327년 록사네와 처음 결혼해 아이도 낳았다. 이어 다리우스 왕의 딸과도 결혼했다. 그가 패배시킨 적수 멤논의 부인 바르시네와의 사이에서도 아이가 있었다고 한다. 결국 그는 평소 동성애를 즐겼지만 정치적 · 생식적 목적을 위해서는 이성애도 마다하지 않은 것으로 보인다.

알렉산더에게 섹스는 그다지 큰 관심사가 아니었다. 하지만 종교는 그를 크게 매혹시켰다. 그는 초자연적인 힘을 믿어 어디를 가든 예언자를 항상 데리고 다녔다. 예언자의 의견을 들어보지 않고는 손가락 하나 까딱하지 않았다. 기원전 334년 어느

〈알렉산더와 록사네의 결혼식〉(Marriage of Alexander and Roxana · 소도마 作, 1517년)

날 알렉산더는 자신의 목숨을 노리는 음모가 있다는 소문을 듣고 그것을 믿어야 할지 말아야 할지 망설이고 있다가 잠시 잠이 들었다. 그때 꿈을 꾸었는데 제비 한 마리가 그의 머리 위에 앉아 꼼짝도 하지 않는 것이었다. 예언자가 그 꿈은 친구가 배반할 조짐이라고 풀이하자 알렉산더는 즉각 의심 가는 친구들을 모두 처형해 버렸다.

위대한 왕이며 동시에 두려움을 모르는 전사였던 알렉산더는 전쟁이 거듭되고 정복욕에 불타오르면서 자제력을 잃고 난폭하며 잔인한 모습으로 변해 가기 시작했다. 게다가 술에 점점 의존하게 되면서 술을 과하게 마셔댔다. 그는 수많은 연회를 열고 술 마시기 시합도 벌였다. 그 시합에 참가한 사람들 중에 무려 41명이 죽어 나갔다고 전해진다. 그는 포도주 6~7병 정도에 해당하는 4리터의 양을 매일 마셨다고 한다.

한번은 술자리에서 격한 감정을 참지 못하고 돌이킬 수 없는 실수를 저지르기도 했다. 알렉산더는 술이 거하게 취하자 자기 자랑을 늘어놓으며 선왕 필리포스를 조롱하고 비웃었다. 부하

_ 알렉산더 대왕의 동전 일화

열 배가 넘는 적과 싸우게 된 알렉산더 대왕은 작은 사원에 들러 승리를 기원하는 기도를 올렸다. 손에 동전 하나를 든 그는 병사들에게 말했다. "이제 기도를 마쳤다. 이 동전을 던져 영험을 시험해 보고자 한다. 공중에 던져 앞이 나오면 우리가 승리하고, 뒤가 나오면 우리는 패배할 것이다." 그리고는 동전을 하늘 높이 던졌고 모두들 숨죽이고 동전을 주시했다. 떨어진 동전은 앞면이었다. "앞면이다! 우리가 이긴다!" 병사들의 사기는 단번에 올라가 적을 무찌르고 승리했다. 한 장교가 "운명이란 참 무서운 것이군요. 열 배나 되는 적을 이겼으니…"라고 하자 알렉산더 대왕이 말했다. "그럴까? 그 동전은 양쪽 다 앞면이었는 걸!"

알렉산더 대왕의 신전
아몬 신전 부근의 또 다른 아몬 신전으로 불리는 곳으로 하늘의 도움으로 시와 오아시스에 도착한 알렉산더가 이곳을 방문하여 신탁받은 후 '알렉산더 신탁의 신전'이라고 불린다. 플루타르코스의 『영웅전』에 의하면 아몬 신전의 예언자가 "당신의 아버지 아몬 신은 죽지 않는 불멸의 존재이고, 인간 세계의 아버지 필리포스 왕의 암살자들은 모두 처벌받았으며, 당신은 세계를 정복할 수 있다"고 예언했다고 한다.

장군이자 죽마고우인 클레이토스가 보다 못해 그를 말리며 선왕 편을 들자 화가 치밀어 오른 알렉산더는 그것은 반역죄에 해당한다며 벌을 받아야 한다고 경고했다. 그러자 클레이토스도 마음이 상해 그라니쿠스에서 자기가 알렉산더를 구하지 않았으면 이 자리에 있지 못했을 거라고 비아냥거렸다. 분노를 참지 못한 알렉산더는 옆에 있던 근위병의 투창을 빼앗아 클레이토스를 향해 던졌고 클레이토스는 그 자리에서 숨을 거뒀다. 그 후 알렉산더는 몇 날 며칠을 굶고 잠도 못 자며 뼈저린 후회를 했다고 한다.

알렉산더는 자신을 헤라클레스나 아킬레스처럼 반신반인이라 믿고 있었다. 동서양에 걸쳐 강력한 군대와 제국의 재력을 한 손에 쥔 위대한 정복자가 되자 그는 초인적인 영웅을 넘어 신의 반열에 오르고 싶어졌다. 이집트의 파라오이며 아몬 신의 아들임을 신탁받은 알렉산더는 자신이 제우스 신의 아들이자 신의 화신임을 공식적으로 요구하는 서신을 모든 그리스 도시 국가에 보냈다. 결국 울며 겨자 먹기로 그들은 인정해야만 했고 알렉산더는 스스로 신이 되었다.

차별 없는 하나된 세상을 꿈꾸다

한편 알렉산더는 페르시아 궁정에 살면서 페르시아 풍습에 완전히 매료되었다. 특히 페르시아의 예법인 부복을 가장 마음에 들어 했다. 부복이란 페르시아인들이 왕을 알현할 때 무릎을 꿇고 이마를 바닥에 대며 존경과 복종을 표시하는 것을 말한다. 알렉산더는 이러한 부복을 그리스인들에게도 강요했다. 하지만 그리스인들에게 엎드려 절할 수 있는 대상은 오직 신뿐이었다. 그래서 인간이 인간에게 무릎을 꿇는 건 노예나 야만인들이 하는 짓이라고 생각하는 그리스인들의 불평과 불만이 끊이지 않았다.

그러나 그리스인들의 불복종에도 불구하고 알렉산더는 그리스인과 페르시아인을 차별하지 않고 주요 직위를 고루 맡겼다. 그가 마케도니아 순수 혈통이 아니기 때문에 겪었던 마음고생 때문이었을까. 그는 동서양, 인종, 종교를 구별하지 않는 하나의 세계 국가, 세계 시민을 만들고 싶어했다.

기원전 324년 그는 자신을 포함해 90명의 그리스 지도부와 이란의 상류층 여성들과의 합동결혼식을 거행했다. 그리고 페르시아 여자들과 이미 내연 관계에 있는 1만 명의 그리스 병사들을 정식 부부로 인정해 주었다.

아시아 정복을 목표로 미지의 땅을 향해 출발한 지 10년이 지났다. 알렉산더는 지구 한 바퀴를 돌 수 있는 거리 3만 5천km에 달하는 동방 원정을 승리로 이끌었다.

알렉산더 대왕의 석관(이스탄불 고고학 박물관 소장)
기원전 4세기경의 것으로 페르시아 군대와 그리스 군대의 전투, 알렉산더가 페르시아 병사를 쫓는 모습, 사냥하는 모습 등이 4면을 조각하고 있다.

알렉산더는 지구는 둥글다고 가르쳐준 아리스토텔레스 스승의 말을 믿고 세계의 끝까지 가 보고 싶었다. 그들은 인도까지 진격했다. 하지만 부하들은 달랐다. 불행히도 우기에 인도에 도착해 70일이나 호우에 시달려야 했던 것이다. 그들은 고향으로 돌아가는 날만 손꼽아 기다렸다. 결국 알렉산더의 명령에 불복종하는 항의 집회가 열렸다. 예언자의 예언까지 좋지 않게 나오자 알렉산더는 어쩔 수 없이 인도 정복을 접고 페르시아로의 귀환을 결심하게 된다.

병사들은 기뻐 눈물을 흘렸다. 그러나 알렉산더는 왔던 길로 돌아가지 않고 새로운 루트를 개척하기 위해 사막을 거쳐야 하는 험난한 길을 선택한다. 말 그대로 죽음의 행군이었다. 타는 듯한 사막에서 물과 식량 부족, 질병으로 많은 사람이 죽었다. 동행한 2만 명 중 살아남은 자는 4분의 1에 불과했다고 한다.

페르시아로 돌아와 새로운 원정을 머릿속에 구상하고 있던 기원전 323년 6월 어느 날, 알렉산더는 여느 때처럼 밤새도록 연회에서 술을 마셨다. 그런데 다음 날 갑자기 고열과 갈증을 호소하며 쓰러졌다. 고열은 열흘이 지나도 멈추지 않았다. 그는 헛소리를 하며 점점 의식을 잃어갔다. 세상 끝까지 정복하고자 했던 원대한 꿈을 이루지 못하고 33세의 젊은 나이로 알렉산더는 죽음을 맞았다. 왕에 오른 지 13년째 되는 해였다.

그가 죽은 뒤 독살당한 것이라는 설도 있지만, 과음과 과로로 몸에 이상이 생긴 데다 말라리아까지 겹쳐 죽음에 이른 것으로 보고 있다.

그의 사망 직후 알렉산더가 세계 정복을 위해 세운 중·장기 계획이 발표되었다고 전해지지만 아쉽게도 그 내용은 알려지지 않았다. 다만 고대의 역사가 아리안을 통해 그의 꿈을 엿볼 수 있다.

"그는 아시아에 이어 유럽을 손에 넣고 유럽에 이어 중국을 손에 넣는다 할지라도 결코 정복을 멈추지 않았을 것이다."

아몬 신전에서 신탁을 받은 알렉산더는 훗날 바빌론 근교에서 숨을 거두며 오아시스에 매장해 달라는 유언을 남겼다. 그러나 알렉산더의 시신을 모심으로써 자신의 정통성을 얻으려 한 어느 왕이 장례 행렬을 자신이 지배했던 알렉산드리아로 돌려버렸으며, 이 때문인지 지금까지도 시신은 발견되지 않았다고 한다.

C a l i g u l a

역사상 가장 화려한 황제 취임식을 가진 칼리굴라. 그가 왕위에 올랐을 때 시민들은 꽃을 던지며 열렬히 환호했다. 그러나 그가 죽었을 때 눈물을 흘린 이는 단 한 명도 없었다.

미치광이 폭군

칼리굴라

팬들의 사랑이 식어 버린 벼락 스타 칼리굴라

로마 제3대 황제 칼리굴라는 미치

광이 폭군으로 유명하다. 1980년 유명한 에로 영화감독 틴토

브라스(Tinto Brass)가 제작한 영화 〈칼리굴라〉에서 칼리굴라는

섹스와 폭력의 화신으로 나온다. 역사책에서보다 영화를 통

해 더 유명해진 칼리굴라는 지금까지도 많은 이들에게 광기

어린 폭군으로 기억되고 있다.

칼리굴라(Caligula, 12~41)
고대 로마의 제3대 황제(재위 37~41)로 즉위 초에는 민심 수습책으로 원로원·군대·민중 모두에게 환영받았으나 방탕한 생활과 잔혹한 독재 정치로 4년여 만에 암살되었다. 네로에 버금갈 정도로 로마 시민들이 싫어했던 인물이다.

하지만 로마 제국 역사상 칼리굴라만큼 수많은 시민들의

환호와 사랑을 받으며 화려하게 등장한 황제는 없었다. 그는

아무런 약점도 없고, 적도 없는 상태로 제국의 최고 권력자가 된 유일한 인물

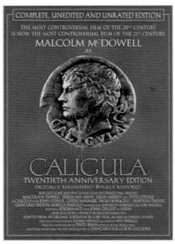

영화 〈칼리굴라〉
칼리굴라 황제의 '폭력성', '변태적인 성도착'을 주제로 다룬 영화로 광기 어린 폭군 칼리굴라의 삶을 잘 보여 주고 있다(브라질의 틴토 브라스 감독, 1980).

이며, 남녀노소할 것 없이 시민들의 기대를 한몸에 받은 유일한 황제였다. 로마 역사상 가장 화려했던 황제 취임식 날, 수많은 시민들이 거리로 나와 꽃을 던지며 그를 열렬히 환영했다.

그러나 그 환호와 사랑은 채 4년도 지속되지 못했다. 칼리굴라의 근위대 대대장 카이레아는 그에게 칼을 꽂았다. 다른 모반자들까지 합세해 그를 30번이나 찔렀다. 뿐만 아니라 4년 전 그에게 꽃을 던지며 환영했던 시민들조차 그의 비참한 죽음에 눈물 한 방울 흘리지 않았다고 한다.

벼락 스타 칼리굴라에 대한 로마 팬들의 사랑은 이렇게만 4년도 되지 않아 차갑게 식어 버린 것이다. 그동안 무슨 일이 있었던 것일까? 그는 왜 미치광이로 변해 버렸을까? 2천 년 전으로 돌아가 황제 칼리굴라가 아닌 인간 칼리굴라의 삶 속으로 들어가 보자.

로 마 군 의 마 스 코 트 칼 리 굴 라

칼리굴라는 서기 12년 8월 31일 로마에서 50km 떨어진 작은 어촌 안티움(지금의 안치오)에서 태어났다. 당시 로마 제국은 제1대 황제 아우구스투스와 제2대 황제 티베리우스의 치세에 힘입어 외적이 침입할 우려가 없는 강대하고 평화로운 시절을 맞고 있었다. 칼리굴라도 행복한 어린 시절을 만끽하고 있었다. 로마 대제국의 전성기에 세상 모든 이들이 부러워할 만한 명문가에서 태어난 칼리굴라는 타고난 행운아였다.

칼리굴라는 로마 제국을 세운 아우구스투스의 혈통을 이어받았다. 집안 내력을 자세히 살펴보자. 칼리굴라의 어머니 아그리피나는 제1대 로마 황제 아우구스투스의 손녀딸이다. 칼리굴라는 아우구스투스의 증손자가 된다. 또한 칼리굴라의 아버지 게르마니쿠스는 제2대 로마 황제 티베리우스의 조카이자 양아들이다. 즉, 칼리굴라는 티베리우스의 손자인 것이다. 이 정도면 제3대 로마 황제가 될 충분한 자격조건이 갖추어진 셈이다.

외증조부인 아우구스투스는 자신의 모습을 닮은 칼리굴라를 특히 사랑했다고 한다. 어린 칼리굴라를 본뜬 상을 만들어 자기 방에 두고 입을 맞출 정도였다고 한다.

칼리굴라의 본명은 가이우스 카이사르 게르마니쿠스이다. 그런데 왜 칼리굴라로 불리게 되었을까? 어린 가이우스는 로마군 총사령관인 아버지 게르마니쿠스를 따라 군대를 자주 따라 다녔다고 한다.

특히 라인 강 방위선 8개 군단 병사들은 아장아장 걸어 다니는 가이우스를 위해 유아용 로마 군화를 직접 만들어 신겨 주었는데 그 모습이 하도 귀여워 가이우스는 로마 군의 마스코트가 되었고 '작은 로마 군화' 라는 뜻의 '칼리굴라' 로 불리게 된 것이라 한다.

아우구스투스(Augustus, B.C. 63~A.D. 14)
고대 로마의 초대 황제로 41년간의 통치 기간 동안 로마의 평화 시대가 지속되었다. 대내외적으로 영토 확장 및 재정의 안정을 이룩하였고 문화적으로는 라틴 문학의 황금시대를 탄생시켰다(위의 아우구스투스 동상 머리 부분은 B.C. 30~B.C. 20년경에 제작되었고, 몸통은 2세기에 제작되었다).

그러나 칼리굴라의 순수했던 어린 시절은 아버지 게르마니쿠스의 죽음으로 역사의 소용돌이 속에 빠져 버리게 된다.

보 이 지 않 는 쇠 사 슬 에 묶 이 다

서기 19년 이집트 여행에서 돌아온 게르마니쿠스는 갑자기 열병에 걸려 쓰러지고, 결국 33세의 아까운 나이로 세상을 떠난다. 칼리굴라는 겨우 일곱 살이었다. 아그리피나는 남편의 죽음이 믿기지 않았다. 누구보다 건강하고 힘이 넘치던 남편이 열병에 걸려 죽었다는 건 도무지 있을 수 없는 일이었다. 그녀는 타살이라는 생각을 떨칠 수 없었다. 그녀는 티베리우스를 의심했다.

게르마니쿠스는 라인 강을 건너 게르만족을 격퇴한 일등공신이었다. 게르마니쿠스는 '게르마니아를 제압한 자'라는 의미의 별명이다. 또한 화목한 가정의 아버지라는 이미지가 더해져 시민들에게 사랑을 듬뿍 받는 장군이기도 했다. 어쩌면 티베리우스의 질투와 두려움은 당연했을 것이다. 자기의 조카이며 양아들이지만 말이다. 게르마니쿠스가 게르만족을 섬멸하게 되면 그의 인기는 더욱 올라갈 테고 그럼 자기의 자리가 위협받는다고 생각했을 수도 있다. 결국 그는 게르마니쿠스를 라인 강 방위선에서 철수시키고

티베리우스(Tiberius Caesar Augustus, B.C. 42~A.D. 37)
아우구스투스의 양아들로 로마 제국 제2대 황제이다. 아우구스투스의 후계자로서 금융 위기 극복, 변경 방위망 확립 등 뛰어난 행정 수완을 발휘하지만 전차 경기 대회와 검투사 경기 중지 등 재정 낭비 중단 정책의 단행으로 시민들로부터의 인기도는 낮았다. 77살에 병에 걸려 죽게 된다.

로마로 다시 불러들였다고 한다. 그런 상황이다 보니 아그리피나가 티베리우스를 의심하는 것도 이해가 된다.

자랑스럽고 든든했던 아버지의 죽음으로 칼리굴라는 살얼음 위를 걷는 듯한 불안한 성장 과정을 거친다. 법적으로 할아버지인 티베리우스와 티베리우스에 대한 증오심으로 불타오르는 어머니 사이에서 그는 무엇을 배우고 자랐을까?

하루아침에 승승장구하던 아버지가 죽음을 맞이하고 할아버지의 눈치를 보며 하루하루 숨죽이고 살아야 했던 어린 칼리굴라. 그는 보이지 않는 쇠사슬에 묶인 듯했다. 결국 명문가문의 좋은 혈통이라는 행운은 암살과 음모, 배신이라는 불운과 함께 동전의 양면을 차지한 것일 뿐이었다.

결국 티베리우스와 아그리피나의 갈등은 절정에 달해 칼리굴라가 15세 되던 해 아그리피나와 칼리굴라의 두 형은 국가 반역죄로 기소되어 섬에 유배되고 만다. 그리고 그들은 유배 중 사망한다.

칼리굴라는 다행히 나이가 어려서 티베리우스의 걱정거리는 되지 못했다. 그 뒤 칼리굴라는 할머니 안토니아에게 맡겨져 그전보다는 안정된 교육을 받으며 성장하게 되지만 화목했던 가족이 산산조각 나는 아픔을 속으로 삭여야 했다.

칼리굴라는 가장 중요한 인격 형성 시기에 자신을 감추고 가식적으로 사는 법을 배우고 익히면서 보내야 했다. 그는 자신을 완벽하게 통제하며 티베리우스에게 충성을 맹세했다. 얼마나 순종적이었는지 훗날 사람들은 "칼리굴라만한 노예 없고 티베리우스만한 악덕한 주인 없다"고 입을 모았다.

__ 회자되고 있는 칼리굴라에 관한 우스운 일화

게르만 지역에서 브리튼 지역으로 이동할 때 일어난 사건이다. 기력이 쇠해 불안해 하는 병사들을 해변에 정렬시킨 칼리굴라는 위엄 있게 검을 뽑아 얕은 물속으로 말을 몰며 냉혹한 목소리로 바다의 신 넵튠에 대한 복수를 맹세했다고 소리쳤다. 칼리굴라가 검으로 파도 거품을 베자 보병대도 얕은 물속으로 뛰어들어 창을 휘두르고 그 뒤를 이어 기마병들도 파도를 타며 물속을 들락날락했다. 칼리굴라가 "마음껏 약탈하라"고 소리치자, 모든 병사들이 바다에서 '노략질'을 시작했고, 그들은 마침내 칼리굴라의 영웅적인 승리의 전리품들을 가지고 로마로 금의환향했다. 그들이 투구에 가득 담아 온 전리품들은 조개였다. 강력한 로마 군대가 실성한 황제 때문에 어릿광대로 변한 우화이다.

그러나 칼리굴라의 내면에는 일찍부터 잔인하고 과격한 것을 좋아하는 사악한 본성이 자리 잡고 있었다. 그는 죄수들이 고문당하고 처형되는 장면을 즐겼으며 가발과 긴 옷으로 변장을 하고 술집과 음탕한 장소를 드나들었다고 전한다.

쇼 맨 십 의 달 인

드디어 서기37년 77세의 늙은 황제 티베리우스는 숨을 거둔다. 동시에 25세의 젊은 칼리굴라가 황제로 등극한다. 사실 티베리우스는 칼리굴라와 친손자 게멜루스에게 제위 계승권을 균등하게 남겼지만 원로원은 모든 권력을 칼리굴라에게 주기로 의결했다.

티베리우스는 원로원은 물론이고 로마 시민들에게 지독하게 인기 없는 황제였다. 로마 제국의 장기적인 안정과 발전에만 관심을 둔 티베리우스는 로마인들에게 재밋거리를 제공하고 인기 정책을 펼치는 데 무척이나 인색했기 때문이다.

인기 없는 선왕 덕분에 칼리굴라는 열광적인 지지를 받으며 즉위한다. 원로원은 원로원대로 칼리굴라가 젊어 조종하기 쉬울 것이라는 판단을 했을 테고, 시민들은 칼리굴라의 아버지 게르마니쿠스를 떠올리며 젊은 황제의 등장이 겨울이 지나고 화창한 봄이 찾아온 듯 마냥 기쁘고 반가웠을 것이다. 칼리굴라는 로마 시민들의 사랑에 보답하고 싶었다.

젊은 황제는 이렇게 약속했다.

"티베리우스와 정반대의 정치를 할 것이다."

원로원 귀족들은 젊은 황제를 보며 흐뭇한 미소를 지었다.

"1% 매상세를 없애겠노라!"

로마시민들은 우레와 같은 박수로 화답했다.

"그동안 금지됐던 검투사 시합과 전차 경주를 부활시키겠노라!"

원로원과 로마 시민 모두 환호성을 질렀다. 하나같이 돈이 많이 들어가는 정책이지만 칼리굴라는 신경 쓰지 않았다. 돈은 문제가 되지 않았다. 로마 시민들의 마음을 얻을 수만 있다면 그걸로 족했다. 칼리굴라는 상당한 웅변가였고 대중의 심리를 훤히 들여다보고 있었다. 다소 무책임해 보이는 정책들이지만 칼리굴라의 인기는 점점 더 높아졌다. 다행히 칼리굴라에게는 선왕인 티베리우스가 물려준 2억 7천만 세스테르티우스(로마 시대 화폐 단위로 '동화'를 말함)의 재정 흑자가 남아 있었다.

날마다 어딘가에서 검투사 시합이나 전차 경주가 열리고 연극이 상연되었다. 로마는 언제나 축제 중이었다.

또한 칼리굴라는 목욕을 좋아하는 로마 시민을 위해 대중목욕탕을 만드는 것도 잊지 않았다. 그가 만든 목욕탕은 둘레가 1.6km나 되는 초대형 목욕탕이었다. 무려 1천 6백 명이 들어갈 수 있는 규모였다고 하니 입이 다물어지지 않는다. 로마 시민들에게 목욕탕은 휴식의 장소는 물

로마 시대의 전차 경주

황제이면서 전차 경주 팀의 열렬한 팬이기도 했던 칼라굴라는 초록팀, 파란팀, 하얀팀, 빨간팀 4팀 중 초록팀의 광팬으로 시합이 끝난 뒤 경기장 안 마구간에서 열리는 '쫑파티'에도 참석하곤 했으며, 우승한 마부에게 2백만 세스테르티우스의 축하금을 하사한 적도 있을 정도였다고 한다.

칼라굴라 목욕탕은 217년 완성된 이 시대 세계 최대 공중목욕탕으로 예배당, 도서관, 산책장, 체육관 등이 갖춰진 종합 사교장을 겸한 장소였다. 최근 이탈리아 중부 아브루초 주 라퀼라 시 일대에 일어난 지진으로 100km 떨어진 로마에도 미미하지만 영향을 미쳐 3세기에 지은 이 칼리굴라 목욕탕에 균열이 발생했다고 한다.

론이고 수영이나 사우나, 향유 바르기, 체조 경기도 즐길 수 있는 다목적 오락 공간이었다고 볼 수 있다. 특히 돈 많고 지체 높은 귀족 남녀는 목욕탕에서 각종 서비스를 받을 수 있었는데 당시 가장 인기가 많았던 서비스는 바로 '성기 마사지'였다고 한다.

즉위한 지 7개월쯤 지나자 칼리굴라가 갑자기 고열로 쓰러졌다. 온 나라가 불안에 휩싸였고, 칼리굴라가 아버지 게르마니쿠스처럼 갑자기 떠나 버릴까 걱정했다. 로마 시민들은 자고 일어나면 맨 먼저 칼리굴라의 안부를 물었다고 한다. 칼리굴라가 차츰 회복하고 있다는 것을 알았을 때 사람들이 너나없이 거리로 뛰쳐나가 춤을 추었다고도 전한다. 칼리굴라에 대한 사랑이 어느 정도였는지 가늠해 볼 수 있다.

광 기 에 사 로 잡 히 다

칼리굴라는 이 병을 앓고 난 후 성격이 완전히 변해 버렸다고 전해진다. 완쾌된 뒤 가장 먼저 한 일은 칼리굴라와 동격의 계승권을 부여받았던 게멜루스를 죽인 일이다. 그는 황제 즉위 직후 법적으로 사촌지간이기도 한 17살의 어린 게멜루스를 입양하고 '청년 백작'의 작위를 내리는 선의를 베풀더니 갑자기 얼굴을 바꿔서 스스로 목숨을 끊을 것을 명령했다고 한다.

그는 오랫동안 쇠사슬에 묶였던 맹수처럼 피에 굶주려 있던 것이었을까. 사악한 본성이 속속 드러나기 시작한다.

먼저 그는 검투사 대회를 프로 검투사와 죄수의 대결로 바꾸었다. 칼싸움 기술을 전혀 훈련받지 않은 죄수가 시합에 나서자 경기는 더욱 과격해지고 잔혹해졌다. 또 하루는 서커스에 쓰이는 맹수의 먹이 값이 상당하다는 말을 전해 듣고는 경기장에 맹수를 풀어놓게 하고 죄수들을 넣어 잡아먹히게 했다. 가끔 감옥을 돌며 맹수에게 던져줄 죄수를 직접 고르기도 했는데, 칼리굴라는 눈에 띄는 대로 대머리 죄수를 골라 맹수 우리 속에 집어넣었다고도 한다.

그는 키가 크고 팔다리가 길고 매우 말랐던 것으로 전해진다. 얼굴은 심하게 창백했으며 머리 한가운데가 대머리였다고 한다. 그래서 그를 위에서 내려다본다거나 대머리에 대한 농담을 하면 무조건 사형에 처했다고 전한다.

날마다 열리는 성대한 만찬에서도 피의 향연은 계속되었다. 만찬 테이블 위에 검투사를 불러 올려 싸우게 하고 피 튀기는 걸 좋아했다고 한다. 특히 식사하면서 죄수들을 고문당하는 걸 즐겼는데, 가장 좋아하는

검투 시합장
목숨을 건 검투사들의 검술 시합, 맹수 사냥, 경기장에 물을 채워 넣고 벌이는 모의 해전 등이 수시로 벌어졌던 곳으로 검투사 시합은 세계 정복자로서 로마군의 전투 정신을 고양시키기 위해 공화정 말기부터 시작되었다.

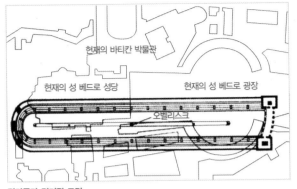

칼라굴라 경기장 도면
칼라굴라의 전차 경주용 경기장(키르쿠스)은 성 베드로 대성당 뒷벽에서부터 성 베드로 광장 끝에 이르는 길로 길이가 500m였다. 전차가 그 주위를 몇 바퀴씩 돌았기 때문에 중앙부에 띠 모양의 지대가 필요했다.

고문으로는 칼날로 조금씩 수백 번 반복해 찔러 죄수들 스스로가 죽어 가는 것을 느끼도록 하는 것이었다고 전한다.

또한 역사상 가장 처음 문신을 시행한 사람이 바로 칼리굴라라고 한다. 당시 문신은 형벌로서 도망가는 걸 막기 위해 죄인이나 노예의 몸에 새기는 표식이었다.

칼리굴라는 정치보다는 끔찍한 고문, 더욱 잔인한 형벌을 고안해 내는 데 신경을 썼던 것 같다.

칼리굴라는 21세부터 27세까지 네 명의 여자의 결혼했다. 하나는 죽었고 둘과는 이혼했다. 끝까지 죽음을 같이한 네 번째 아내는 카이소니아였다. 그녀는 아름답지도 젊지도 않는데다가 사치스럽고 경박한 여자로 알려져 있다. 그러나 칼리굴라의 열정적 사랑을 받았다고 한다. 그는 그녀에게 군복을 입히고 투구를 쓰고 방패를 들게 한 후 자기 곁에서 말을 타도록 했다. 그리고 친구들에게 그녀의 벌거벗은 모습을 종종 보여 주었다.

최고의 자리에 있는 무소불위의 칼리굴라에게 해서는 안 되는 일이란 애초 존재하지 않는 듯하다. 그는 궁중 연회에 상류 귀족 부부들을 초청해서는 남편들이 지켜보는 앞에서 여인들을 나체로 만들어 감상한 다음 그중 한 명을 연회장에서 끌어내 강제로 성관계를 가졌다. 그러곤 다시 연회장으로 돌아와 태연히 대중들에게 침대에서 일어난 일을 그림으로 그려 가며 자세히 발표하는 기행을 일삼았다.

섹스와 폭력에 이어 사치와 향락도 끝이 없었다. 그는 세상에서 가장 희귀하고 신기한 요리와 음료만을 요구했다. 값비싼 진주를 녹여 마시기도 했다. 그리고 호수 위에서 뱃놀이를 즐기기 위해 화려한 유람선을 만들 것을 명령했다. 3단 노가 보통이던 시대에 노가 10단이나 되는 초대형 유람선을 만들어 갑판 위에는 과일이 주렁주렁 매달린 나무를 심는 등, 먹고 마시며 호사스런 잔치를 즐겼다고 한다.

2천 년 전 칼리굴라의 죽음과 함께 이 초대형 유람선은 로마 네미 호수 밑바닥으

로마 네미 호수에서 발굴된 고대 바지선(1906년 복원)
티베리우스와 칼리굴라 황제 치하 로마 시대에 제작되어 네미 호수 바닥에 침몰했던 두 척 유람용 갤러리선에는 500년 동안 선망의 대상이던 아름다운 예술품들이 실려 있었다.

로 가라앉았다고 전해졌다. 그런데 고대 로마를 사랑하던 또 한 명의 폭군 '무솔리니'가 네미 호수의 물을 빼내고 유람선을 발굴하는 데 성공했다. 두 척의 유람선이 발견됐는데 큰 것은 길이가 71m, 너비가 21m나 되었다고 한다. 그러나 아쉽게도 2차 세계 대전 때 선체가 소실되어 지금은 남아 있지 않다.

칼리굴라의 정치는 모두 돈 쓰는 것뿐이었다. 이렇게 돈을 펑펑 쓰다 보니 국가 재정이 파탄나 버렸다. 정치를 시작한 지 1년 만에 티베리우스가 물려준 재산을 모두 탕진한 것이다. 이에 칼리굴라는 우선 귀족들의 재산을 노렸다.

로마인들은 평소 자기가 존경하던 사람을 유산 상속인으로 지명하는 경우가 많았다고 한다. 영리한 칼리굴라는 유산 상속인 명단에 자기 이름도 넣게끔 강

제 규정을 만들었다. 하지만 상속이란 것은 그 사람이 죽어야 받을 수 있는 법이다. 수중에 돈 한 푼 없고 게다가 참을성도 없는 칼리굴라는 그들이 죽을 때까지 기다릴 수가 없었다. 결국 알아서 죽지 않는 눈치 없는 귀족들에게는 조용히 독이 든 음식을 내렸다고 한다. 또한 국가 반역죄를 뒤집어씌우는 방식으로 재산을 몰수하기도 했다. 원로원 귀족들은 자기 차례가 언제 될까 항상 노심초사하며 하루하루를 버텨야 했다.

과 대 망 상 의 늪 에 빠 지 다

25살의 칼리굴라에게는 세 명의 누이동생이 있었다. 22세의 아그리피나, 20세 드루실라, 19세 율리아였다. 셋 다 티베리우스가 골라 준 명문가문의 남자들과 결혼했다. 하지만 칼리굴라는 이들과 모두 성적 관계를 맺었다고 한다. 특히 칼리굴라가 가장 사랑한 여동생은 드루실라였다. 결혼한 드루실라를 납치해 이혼시키고 공공연히 황후 대우를 해 주었다고 한다.

여동생을 사랑한 그는 양심의 가책을 받지 않았을까? 그는 스스로를 신이라고 생각하며 자기에게 면죄부를 준 것 같다. 인간 세계에서는 근친상간이지만 신의 세계에서는 얼마든지 가능한 일이라고 생각했을지 모른다. 제우스가 여동생 헤라와 결혼한 것처럼 말이다.

칼리굴라와 그의 세 누이들
네로의 어머니 아그리피나, 그가 제일 사랑한 드루실라, 그리고 율리아.

그가 스스로 신이라 생각해서 여동생을 사랑한 것인지, 여동생을 너무 사랑한 나머지 스스로 신이라는 생각을 갖게 된 것인지는 몰라도 그는 더욱더 신이 되고 싶었다.

그는 제우스처럼 머리와 수염을 황금색으로 물들이고 벌거벗은 상반신에 맨발을 하고는, 오른손에 황금 번개를 들고 원로원에 나타나기도 했다. 어떤 때는 삼지창을 들고 포세이돈을 흉내 내고, 어떤 때는 여자 옷을 입고 비너스라며 우겨댔다. 원로원 귀족들은 '그가 드디어 미쳤구나'라고 생각했다.

그러던 어느 날 사랑하는 드루실라가 21세의 젊은 나이로 숨을 거두었다. 그의 상실감은 이루 말할 수 없을 정도였다. 장례식에도 참석하지 않고 며칠씩 말을 달려 시칠리아까지 다녀왔다고 한다. 다시 로마로 돌아온 칼리굴라는 그녀를 위한 신전을 만들고 동상을 세웠다. 본격적으로 그녀를 신격화했다. 죽은 뒤에 신격화의 영예를 받은 것은 카이사르와 아우구스투스뿐이었다. 하지만 21세의 젊은 여인 드루실라도 로마 여성 최초로 그들과 나란히 신이 되었다. 그리고 그는 로마 시내에 있던 제우스를 비롯한 여러 신의 조각품을 없애고 그 자리에 자기의 황금 조각상을 세우도록 했다. 당시 하늘에서 천둥 번개가 치면 제우스가 내려온다고 생각했기 때문에 칼리굴라는 소리와 빛을 내는 장치를 만들어 제우스가 천둥 번개를 치듯 자기도 따라했다고 한다.

칼리굴라에게는 아끼는 말이 있었다. '인키타투스'라는 이름까지 지어 주며 무척 아꼈다고 하는데 그 정도가 지나쳐도 너무 지나쳤다. 보살피는 하인을 두고 대리석 마구간을 지어 주고 상아로 만든 명품 여물통도 마련해 주었다고 한다. 나중에는 인키타투스에게 지금의 총리에 해당하는 '집정관' 지위를 주려 했다고 하니 정말 기가 찰 노릇이다.

　　　　　　　　　　칼리굴라의 사치와 향락으로 로마에는 점점 어둠의 그림자가 드리워지기 시작했다. 아무리 귀족들의 재산을 무력으로 상속받아도 국가 재정은 메워지지 않았다. 한마디로 깨진 독에 물 붓기였다. 결국 세금을 늘릴 수밖에 없었다. 칼리굴라의 머리에서 나온 아이디어는 바로 '땔감세'였다. 당시 로마 빈민들은 밀을 무상으로 배급받고 있었는데 땔감에 세금을 부과하니 아무리 밀이 많아도 빵을 만들어 먹지 못하게 된 것이다. 땔감에 대한 세금은 로마 시민들의 참을성을 폭발시켰다. 불만의 목소리가 여기저기서 터져 나오고 시위도 일어났다. 칼리굴라는 근위병을 출동시켜 진압시켜 버렸다.

　41년, 칼리굴라가 황제 자리에 오른 지 만 4년도 되지 않았지만 많은 것들이 달라져 있었다. 벼락 스타였던 칼리굴라의 인기는 끝없이 추락했다. 로마 시민들은 젊은 황제 칼리굴라를 미치광이 폭군이라고 여겼다.

　칼리굴라는 왜 미치광이 폭군으로 변해 버린 걸까? 티베리우스가 다 차려 놓은 밥상에 얌전히 수저만 올려놓았어도 로마 시민들의 사랑을 독차지했을 텐데 왜 그 밥상을 엎어 버린 것일까?

　사학자 비비안 그린은 자신의 저서 『권력과 광기』에서 대부분의 폭군이 정신 질환을 앓았음을 밝히고 있는데, 칼리굴라는 심각한 수준의 '과대망상증' 환자였다고 분석하였다. 또, 그 정신병의 원인은 뇌염이었을 가능성이 높다고 보고 있다. 칼리굴라가 즉위 초기 앓았던 중병이 뇌염이었을 거란 추측이다.

　한편 실존주의자 알베르 카뮈는 희곡 『칼리굴라』를 썼다. 그는 작품에서 달을 갖고 싶어 하는 광기 어린 폭군으로 칼리굴라를 그리고 있다. 그가 칼리굴라에 주목한 이유는 무엇이었을까? 이 작품을 통해 어쩌면 2천 년 전 미치광이로 살았던 칼리굴라의 속내를 조금은 알 수 있을지도 모르겠다.

희곡 『칼리굴라』
폭군 네로에 버금가는 희대의 광기 어린 왕으로 불리는 칼리굴라를 모델로 한 작품으로 알베르 카뮈에 의해 집필되었다. 칼리굴라의 삶을 통해 권력을 지키려 애쓰는 황제가 결국 그 노력 때문에 무너지게 되는 인간의 부조리에 관해 역설하고 있다.

"이상한 일이군. 난 사람을 죽이지 않으면 외로워지거든. 산 사람들만 가지고는 이 세상을 메우고 권태를 쫓아 버리기에 부족해. 너희들이 모두 이렇게 모여 있으면 쳐다볼 수도 없을 만큼 공허감을 느끼게 되는 거야. 죽은 사람들에게 둘러싸여 있을 때만 마음이 편안하거든"

"모든 것이 너무나도 복잡해 보여. 그러나 사실은 모든 것이 너무나도 간단한데. 만약 내가 달을 가졌더라면, 사랑만으로 충분할 수 있다면 모든 것이 달라질 텐데. 그러나 이 마음의 갈증을 어디서 다스린다지? (무릎을 꿇고 울며) 이 세상에도 저 세상에도 내 척도에 맞는 것은 아무것도 없어. 그러나 나는 알고 있어. 그리고 너도 알고 있어. (울면서 거울을 향하여 손을 뻗는다) 다만 불가능한 일이 이루어지기만 한다면 된다는 것을. 불가능한 일, 나는 그것을 이 세계의 끝에서 나 자신의 한계점에서 찾아 헤맸던 거야."

〈알베르 카뮈 희곡 『칼리굴라』 중 칼리굴라의 대사 중에서〉

알베르 카뮈는 삶의 권태와 부조리에 직면할 때 우리가 할 수 있는 선택은 네 가지라고 말한다. 자살을 통해 죽거나 종교에 귀의하거나 그냥 참고 살거나 저항하기.

칼리굴라는 중병을 앓고 나서, 아니 티베리우스의 족쇄에 묶여 있을 때부터 삶의 부조리와 직면했는지 모른다. 어쩌면 사랑하는 드루실라가 죽었을 때였는지도 모른다. 인간으로서 더 높이 올라설 수 없는 최고의 자리에 선 칼리굴라는 삶의 부조리와 권태를 칼리굴라만의 방식으로 풀어낸 것이 아닌가 싶다.

칼 리 굴 라 의   비 참 한   죽 음

로마 시민들은 마음속으로 누군가 나서 칼리굴라의 광기를 잠재워 주기를 바랐다. 그러나 칼리굴라의 암살은 쉬운 게 아니었다. 칼리굴라의 신변 경호는 완벽했다. 먼저 로마의 꽃이라 불리는 근위대를 경호에 가담시켰다. 게다가 근위대 장교들은 특별히 게르마니아 군단에서 뽑았다. 아버지 게르마니쿠스 신봉자들이니 그 누구보다 자기에게 충성을 맹세할 것이라 확신한 것이다. 하지만 칼리굴라는 그들의 손에 살해되고 만다.

41년 1월 24일 팔라티노 축제에서 연극을 관람한 칼리굴라는 점심을 먹기 위해 황궁으로 돌아가려던 참이었다. 극장과 황궁에는 지하도가 이어져 있었다. 그 지하도를 빠져나가는 순간, 근위대 대대장 카이레아가 칼을 뽑아 칼리굴라의 목을 찔렀다. 칼리굴라는 고통으로 얼굴이 일그러지며 앞으로 고꾸라졌다. 칼리굴라는 비명 한번 지르지 못한 채 칼에 서른 번 찔리고 목숨을 잃었다. 칼리굴라의 네 번째 아내 카이소니아도 그 자리에서 칼에 찔려 죽고 한 살배기 딸 드루실라도 벽에 내동댕이쳐져 죽고 말았다. 그의 나이 고작 28세 때의 일이었다.

칼리굴라 살해의 주모자인 근위대 대대장 카이레아는 50대 후반으로 결혼도 하지 않은 채 독신으로 지냈는데 칼리굴라는 그런 카이레아를 동성애자라고 자주 놀렸다고 한다. 그래서 원한을 품고 칼리굴라를 죽였다고도 전해지지만 『로마인 이야기』의 시오노 나나미는 "칼리굴라 황제의 만행에 그토록 충성스러운 카이레아도 마음이 아팠을 것이다. 그런 카이레아가 자식을 죽이는 아비의 심정으로 '작은 군화' 칼리

팔라티노 언덕
로마 건국 신화의 장소인 역사가 가장 오래된 로마의 언덕으로 로마 시대의 황제와 귀족들의 궁전이 들어선 고급 주택지였다. 아우구스투스에게 바치는 축제가 이 팔라티노 언덕의 경기장에서 열렸는데 제물을 바치는 의식이 끝나면 으레 며칠 동안 검투사 시합과 연극 관람을 위해 경기장을 가득 메우고 함성을 지르는 사람들로 발 디딜 틈이 없었다고 한다. 이탈리아 고고학자들에 의해 팔라티노 언덕 황제들의 별장 아래에서 지하 통로가 발견됐는데, 학자들은 로마 역사가 수에토니우스가 "칼리굴라가 공연 관람 후 지하 통로를 지나다 근위대에게 살해됐다"고 서술한 내용에 들어맞는다고 밝혔다.

굴라에게 칼을 휘두른 건 아닐까. 마치 가족의 불상사는 가족이 처리하겠다는 듯이 말이다"라고 평가한다.

칼리굴라가 죽었다는 소문이 삽시간에 온 로마에 퍼졌지만 로마 시민들은 아무도 믿지 않았다고 한다. "아마도 미치광이가 스스로 지어낸 말일 거야. 이 소문을 내고 지켜보다가 또 사람들을 골라내 처형하려 들 거야." 라고 여기면서.

칼리굴라의 유해는 화장한 뒤 매장했다고 전해지는데 황족의 묘지인 '황제묘'에는 묻히지 않았다고 한다. 때문에 무덤이 어디인지는 아직도 알 수가 없는 상황이다.

A t t i l a

최고의 문명국가인 로마를 말안장에 앉아 휘두른 야만인 훈족의 수장 아틸라. 훈족의 잔인함과 파괴성을 경험한 유럽인들은 이들을 악령과 마녀 사이에서 나온 사생아라 믿었다.

유럽을 뒤흔든 야만인

아틸라

〈아틸라〉(Attila, 에다 作)
훈족의 최후의 왕이자 가장 강력한 왕인 아틸라(406~453)는 지금의 헝가리인 트란실바니아를 본거로 하여 주변의 게르만 부족과 동고트족을 굴복시키고 유럽 정복에 나서 북으로는 북해, 서로는 라인 강, 남으로는 알프스 산까지 영토를 넓혔던 '전쟁 군주'였다.

　　4세기에서 11세기까지 7백여 년에 걸쳐 유럽을 무대로 권력과 영토 다툼을 벌였던 주인공은 다름 아닌 야만인 부족들이었다. 그중에서 가장 카리스마 넘치는 인물이 바로 훈족의 왕 아틸라다.

　　유럽을 배경으로 바람처럼 나타나 블록버스터급 흥행 돌풍을 일으키며 일약 악역 전문 캐릭터로 우뚝 선 아틸라. 그의 등장은 한 편의 영화보다 더욱 스펙터클했다.

　　그가 나타나면 멀리서 구름 같은 먼지가 피어올랐다. 곧이어 황색의 구름 사이로 천지를 진동하는 말발굽 소리가 들려왔다. 먹구름이 지나면 장대비가 쏟아지듯이 황색 돌풍이 다가오면 폭풍 같은 화살비가 쏟아졌다. 무수한 화살이 하늘을 까맣게 뒤덮고 나면 그곳은 풀 한 포기, 돌멩이 하나 남지 않았다.

훈족의 왕 아틸라는 유럽 관객들에게 잔혹한 액션 호러 영화를 선보였다. 그가 맡은 야만스럽고도 잔인했던 역할은 유럽인들에게 아직도 절대적인 공포로 남아 있다.

아틸라는 유럽의 전설과 서사 문학에서 공포의 대명사로 이름을 떨치고 있다. '아더 왕의 전설' 등 중세 기사 전설 속에 나오는 흑기사는 아틸라를 모델로 했다고 전해지고, 가장 유명한 게르만족의 서사시인 〈니벨룽겐의 노래〉에서도 아틸라는 '에첼'이라는 이름으로 당당히 등장한다. 또한 무시무시한 흡혈귀 드라큘라 백작의 실제 모델로 알려진 블라드 3세가 훈족 아틸라의 자손일 것이라는 주장도 있다.

훈족
서양사에 등장한 최초의 투르크계 유목 기마 민족으로 4세기 중엽에 유럽에 침입하여 게르만 민족 대이동을 유발하였으며, 5세기 전반의 아틸라 왕의 전성기에는 로마 제국을 쓰러뜨리고 아시아에서 유럽에 걸친 대제국을 건설하였던 공포의 민족이었다.

유럽인들의 기록에 따르면 훈족은 태아를 끓는 물에 넣어 곤죽을 만들어 먹으며, 아틸라도 그의 아내가 꿀에 발라 구워 준 자신의 아이 두 명을 먹었다고 한다. 게다가 훈족의 병사들은 최초로 죽인 적의 피를 마시며, 머리 가죽을 벗기는 일도 서슴지 않고 저지르는 잔인무도한 야만인들로 묘사되어 있다.

그러나 훈족은 문자도 없었다. 그들은 어떠한 기록도 남기지 않았다. 결국 남아 있는 건 피해자의 진술만으로 그려진 가해자인 훈족의 모습뿐이다. 즉, 훈족에게 불리한 기록만이 남아 있는 것이다. 게다가 그들은 마치 벼락이 치듯 갑자기 역사에 등장했다가 연기처럼 사라졌기 때문에 여전히 세계사의 수수께끼로 남아 있다.

훈족의 제국에 남아 있는 허물어진 유적
헝가리는 오래전 동양의 훈족이 침략을 해서 왕국을 세워 동양과 서양이 융화된 곳이다.

그런데 유럽을 공포의 도가니로 몰아 놓은 훈족, 그들이 어떤 사람이고 어디서 왔는지, 왜 서쪽으로 이동했는지, 어떻게 사라졌는지 숨겨진 역사의 한 페이지를 찾다 보면 아주 흥미로운 사실을 발견할 수 있다.

훈 족 , 유 럽 의 역 사 를 바 꾸 다

우선 훈족이 유럽에 처음으로 이름을 알리게 된 때로 거슬러 올라가 보자. 4세기 유럽의 최강자는 로마 제국이었다. 유럽에서 로마 국경은 무려 2천km가 넘었다고 한다. 따라서 대부분의 지역에서는 국경 수비가 제대로 이루어지지 않았고 이 때문에 로마는 게르만족 등 북방 야만인들로 인해 골치를 썩고 있었다. 하지만 그때만 해도 이들은 대제국 로마에게 그다지 위협적인 존재는 아니었다.

그러던 376년 다뉴브 강가의 전방 초소에 배치된 로마 제국 군관에게 긴급한 보고가 들어왔다. 북유럽 야만인들이 고향을 버리고 자꾸 로마 국경을 넘어온다는 것이다. 알고 보니 게르만족보다 더 야만적인 민족이 나타나 그들의 공격을 피해 도망가고 있다는 것이었다. 정체를 알 수 없는 이민족의 침입과 약탈로 로마 국경을 넘은 피란민의 수는 무려 20만 명에 달했다고 전해진다. 이것이 바로 '게르만족의 대이동'이다. 게르만족이 로마 국경을 넘어와 자꾸 공격을 해오자 영원할 것만 같던 로마 제국은 힘없이 무너지고 만다.

훈족의 유럽 진출 때문에 발생하게 된 게르만족의 대이동은 영토 확장이란 의도보다 유목민으로서 기후 변화와 식량 부족 등의 생존 때문이었다. 그러나 이 사건은 유럽이 고대에서 중세로 전환되어 가는 과정으로서 매우 중요한 역사적 의의를 갖게 되었다.

이 거대한 역사의 소용돌이 속에 훈족이 있었다. 훈족은 작은 키에 떡 벌어진 체구, 큰 머리통, 노랗고 거무튀튀한 피부, 그리고 찢어진 눈을 가지고 있었다. 처음 그들을 본 로마 사람들은 그들이 괴물인 줄 알았다고 한다. 그들은 말을 탄 채 밥을 먹었고 그곳에서 용변을 보고 잠도 잤다. 그들은 신화 속의 반인반마 켄타우로스처럼 말과 한 몸인 것 같았다.

훈족의 기마 군단
훈족은 전사로서 놀라울 정도로 뛰어난 마상(馬上) 사수(射手)들이었다. 이들은 완벽한 승마술, 잔인한 공격과 예측을 불허하는 반격 능력, 그리고 전략적인 기동성 등으로 어떤 싸움에서나 압도적인 승리를 거두어 유럽 전역을 공포에 떨게 만들었다.

게다가 훈족의 전사들은 적을 위협하

기 위해 칼로 자신의 뺨에 일부러 상처를 냈고 어깨와 팔에 문신을 하고 온갖 동물 뼈와 뿔로 장식을 하고 쥐 가죽 옷을 입었으며, 변발을 하거나 한쪽만 밀어 낸 머리로 괴물 같은 소리를 내지르며 돌격했다.

당시 미개하고 잔인하다고 소문난 게르만족조차도 훈족만 보면 두려워 도망치기 급급했다고 하니 훈족이 얼마나 공포스러웠는지 상상이 된다.

무엇보다 가장 두려운 것은 훈족의 궁술이었다. 훈족의 기마 궁수들은 2초마다 한 대씩 화살을 쏠 수 있었다고 한다. 훈족은 전투 때마다 거대한 마차로 수십만 대의 화살을 가져와 1분에 1만 2천대의 화살을 쏘면서 쳐들어왔다. 이는 기관총 10대에 맞먹는 살상력이라 한다.

훈족, 그들이 서쪽으로 간 까닭은

야만인 훈족의 등장으로 역사는 바뀌게 되었다. 게르만족을 대이동시키고, 로마를 망하게 만들어 마침내 유럽사에서 고대의 종말을 가져온 것이다. 이처럼 세계 역사에 커다란 한 획을 그은 그들은 과연 누구이며 어디서 왔을까?

유럽인들 입장에서 훈족의 출현은 도무지 믿기지 않는 사실이었다. 그들은 바람처럼 말을 타고 나타났고 지옥에서 온 악마처럼 도시를 파괴했다. 그래서 유럽인들은 그들을 인간이라 여기지 않았다. 황야를 떠돌던 한 악령과 마녀 사이에서 가장 잔인한 민족이 탄생했는데 그것이 바로 훈족이라고 유럽인들은

서양인들이 묘사한 훈족의 모습
당시 유럽인들은 훈족의 출현에 대해 기이한 설화들을 지어냈다. 옛날에 필리메르라는 고트족 왕이 어떤 마녀를 스키타이인이 사는 황무지로 추방하였고, 황야를 떠돌던 한 악령이 그 마녀와 결합하여 세상에서 가장 잔인한 민족으로 탄생하게 되었다는 내용인데, 훈족의 잔인성과 파괴성을 경험한 고트족의 심리를 잘 반영한 설화라고 할 수 있다.

전투 중인 흉노족
프랑스 학자 드기뉴는 훈족을 몽골 초원에서 이주해 온 흉노족과 같은 민족으로 주장했다. 그 근거로 흉노와 훈의 언어학적 유사성과 양자 모두 몽골로이드적인 외모를 갖고 있었으며 유목 민족이라는 점, 중국 측 문헌에 보이는 기록 등을 지적했다. 그 후 여러 학자들이 흉노·훈 동족론에 대해 찬반의 뜨거운 논쟁을 벌였는데, 현재는 동족론을 지지하는 입장이 대세를 이루고 있다고 할 수 있다.

믿고 있었다.

훈족은 중국 접경 지역에서 살던 몽골계 유목 민족으로 알려져 있다. 보통 흉노족으로 알려진 이들이 훈족이 아닐까 추측하고 있다. 그들은 중국의 비옥한 황허 강(황하)을 약탈하며 살았다. 중국에게 훈족은 여간 골칫덩이가 아니었다. 그래서 해마다 고르고 고른 가장 아름다운 처녀를 훈족에게 진상해야 했다. 한편으로는 그들을 막기 위해 만리장성을 쌓았다. 그런데 그들에게 견딜 수 없는 시련이 닥친다. 바로 기후 변화였다. 그 무렵 겨울이 길고 여름이 매우 짧아졌다. 혹독한 추위가 이어지고 건조한 날씨가 계속됐다. 결국 훈족을 포함한 초원의 유목민들은 풀을 찾아 길을 떠났다. 중국보다 새로운 세계, 서쪽으로의 이동을 선택한 것이다. 사실 유목 민족에게 이동은 생활이자 삶의 방식이었다. 그들은 거침없이 서쪽을 향해 수천 마일을 이동했다.

일부는 페르시아와 소아시아를 침략했지만 대부분은 러시아를 지나 유럽으로 향했다. 로마 제국 쪽으로 여행하던 도중 훈족은 다양한 민족들과 만나 무수한 싸움을 벌였다. 그중 어떤 민족은 훈족의 지배를 받아야만 했다. 어떤 지역에서는 엄청난 피란민이 발생했고 어떤 곳에서는 훈족의 군대에 자진해서 들어가는 사람들도 있었다.

훈족의 이동 경로
흉노족이 서방으로 이주하여 훈족으로 나타난 과정을 알 수 있다.

훈족의 대규모 이동은 마침내 다뉴브 강 북부 헝가리 평야에서 멈추고 로마 제국과 운명적인 만남을 맞게 된다.

아 틸 라 , 용 병 에 서 유 럽 패 자 로

로마는 처음 몇 년 동안 훈족과 치열한 싸움을 벌였다. 그러다 곰곰이 생각한 결과 훈족과 싸우기보다 훈족을 이용해 골칫거리인 게르만족을 해치우는 것이 더 이득이 될 거라 판단했다.

그래서 로마는 훈족 왕 루가와 평화 관계를 맺는다. 로마인들은 매년 황금 350파운드를 조공으로 바쳤고, 신분이 높은 자를 볼모로 교환해 서로의 평화를 보장받았다. 그래서 로마의 젊은 귀족 액티우스는 훈족의 볼모가 되었고, 로마의 볼모로 루가 왕의 조카 아틸라가 뽑혀 서로마 제국의 라베나에서 살게 되었

〈아틸라의 축하연〉(The Feast of Attila, mor than 作)
중앙에 앉아 있는 사람이 아틸라이고 옆에 있는 소년은 아들이다. 상단 좌우 끝에 있는 두 여인은 그의 아내들이며 오른쪽 하단에 책을 들고 앉아 있는 노인은 역사학자 프리스쿠스이다.

다. 로마의 입장에서는 호랑이를 키우고 있던 셈이다.

406년에 태어난 아틸라는 어린 시절을 로마에서 보내며 라틴어를 배우고 라틴 문화를 익혔다. 그러다 20대가 되어 고향으로 돌아왔는데 곧 루가 왕이 죽어 형 브레다와 함께 훈족의 왕이 되었다. 그의 나이 27세 때의 일이었다.

당시 훈족은 다른 야만 부족처럼 제국의 용병으로 활약했다. 즉, 유럽인들 전투에 꼭 필요한 특전 부대였으며, 훈족의 생업은 전쟁이었던 셈이다.

하지만 아틸라의 생각은 조금 달랐다. 용병에 만족할 수 없었다. 그는 세상을 차지하고 싶었다.

아틸라는 가축과 고기와 모피 대신 돈, 즉 황금의 중요성을 깨닫고 있었다. 용병을 대여해 주는 것은 어리석은 짓이고 동로마, 서로마 두 제국을 협박해 현금을 뜯어내는 게 상책이라는 판단을 했다. 아틸라의 선왕인 루가는 그저 군대를 빌려 주고 돈을 벌었지만 아틸라는 이제 공갈 협박으로 보호비를 받고자 했다. 『전사들』의 작가 프랭크 맥린은 아틸라야말로 마피아식 사고방식을 확실하게 드러낸 역사상 최초의 인물이라고 평가한다.

브레다와 아틸라는 처음으로 사냥할 먹잇감을 골랐다. 당시 로마 제국은 동로마 제국과 서로마 제국으로 분열된 상태였다. 아틸라는 우선 세계에서 가장 커다란 도시 콘스탄티노플이 있는 동로마 제국을 표적으로 삼았다.

435년 이들은 동로마가 훈족에게 보내야 하는 공물 납기일을 번번이 어기는 것을 빌미로 삼아 동로마로 진격했다. 뒤통수를 한 대 맞고 정신이 번쩍 든 동로마는 버선발로 뛰어나와 훈족의 왕들과 협상을 시작했다. 브레다와 아틸라는 말 위에서 협상을 했고, 전보다 두 배의 황금을 더 챙기게 되었다. 로마는 훈족의 공갈 협박에 보기 좋게 당한 것이다. 훈족은 피 한 방울 흘리지 않고 세계 최고의 문명국가인 로마를 상대로 말안장에 앉은 채 원하는 것을 얻어 낼 수 있었다.

브레다와 아틸라는 형제지만 서로 다른 성격의 소유자였다. 불협화음도 자주 일어났다. 그러자 아틸라는 형이자 왕인 브레다를 잔인하게 살해하고 훈족의 단일 지도자가 되어 독재 정치를 펴게 된다. 이때 그의 나이 38세였다.

아틸라의 동상
아틸라가 갖는 역사적인 의미는 고대 유럽의 상징인 서로마 제국의 실질적인 멸망 원인이 동양계 유목 민족의 침략 전쟁에 있었다는 점과 이들에 의해 오늘날 유럽의 국경선이 확립되었다는 점에 있다. 주요 민족사인 인도사, 유럽사, 중국사 및 투르크사를 살펴보면 훈족의 영향은 매우 지대했다. 다만 그들의 자체적인 문자 기록이 없어 그 역사적 기록들이 제대로 남아 있지 않다는 점이 아쉬움으로 남는다.

나 는 신 의 채 찍 이 다

아틸라는 특유의 카리스마와 냉혹한 인간성을 지녔다.
적을 가장 잔인하게 다루도록 허용해, 피에 굶주린 가학적인 군대로 조련했다.

패트릭 하워스의 『훈족의 왕 아틸라』에 따르면 그는 전투를 시작하기 전에 훈족의 전사들에게 이렇게 연설했다고 한다.

"만약 적에게 부상을 당하면 적을 죽이는 것으로 앙갚음을 하고, 부상당하지 않은 사람들은 대학살의 향연을 맘껏 즐겨라. 나는 적에게 첫 창을 던질 것이다. 내가 싸우는 동안에 느긋하게 쉬고 있는 자가 있다면 그자는 틀림없이 죽은 자일 것이다."

소름 돋을 만큼 잔인한 말이지만 훈족 전사들 입장에서는 강한 리더십을 느꼈을 것이다.

아틸라는 차례차례 세계를 접수하기 시작했다. 훈족은 무려 100개가 넘는 유럽 도시를 점령했다. 그들은 교회와 수도원을 약탈했고, 수도사와 수녀들을 살해하고 성자들의 무덤을 파헤쳤다. 한번은 교회의 주교가 아틸라에게 자신은 신을 섬기는 사람이니 가혹하게 다루지 말 것을 부탁했다. 그러자 아틸라는 이렇게 말했다.

"나는 신의 채찍이다."

그는 지위 고하, 남녀노소를 막론하고 칼을 휘둘렀다. 특히 누구든 마음에 들지 않으면 기둥에 묶어 창으로 무자비하게 찔러 죽이는 책형을 가했다.

마을 사람들은 모조리 잡아다 차례차례 목을 베었고, 적의 군사들을 열 명씩 일렬로 세워 놓고 창을 던져 몇 명이나 죽일 수 있는지 내기를 했다고 한다.

한번은 훈족의 노예로 있다가 탈출해서 동로마

로마로 진군하는 아틸라
아틸라는 세계 6대 살인마(블라드 3세, 라스푸틴, 빌리 더 키드, 잭 더 리퍼, 바토리 여백작)에 들어가 있을 정도로 유럽에서는 악마 또는 괴물로 묘사되곤 한다. 그것은 자신들보다 약한 동양 민족에게 철저하게 짓밟혔던 서양인들의 자존심 때문인 것 같다. 하지만 헝가리에서는 자신들의 역사에 아틸라가 매우 중요한 인물이기 때문에 영웅으로 추앙하고 있다.

제국의 병사가 된 자들을 모두 내놓으라고 요구해 그들을 돌려받았다. 아틸라는 수백 명이 넘는 병사들을 땅에 눕게 하고 천을 덮어 놓은 뒤 말을 타고 그 위를 달리게 했다고 한다.

그들이 점령한 마을은 쥐새끼 한 마리 남기지 않고 모든 생명체가 말살되었다. 돌 한 조각까지도 빻아서 가루로 만들었다고 전해진다. 죽은 사람의 몸에서 흘러나온 피로 강물이 불어났고 썩은 시체에서 나는 냄새가 진동해 더 이상 사람이 살 수 없는 죽음의 땅으로 변했다고 한다.

허 망 한 종 말 · 죽 었 나 , 죽 였 나

무소불위의 권력을 휘두르는 아틸라도 서로마와는 비교적 평화 관계를 유지하고 있었다. 그러나 한 여인이 보내 준 반지로 인해 서로마를 공격하게 된다. 그 여인은 서로마 황제 발렌티니아누스 3세의 누이 호노리아였다. 450년 호노리아는 동생을 황제 자리에서 밀어내려는 음모를 꾸미다 발각되어 수도원으로 추방됐다. 그러자 호노리아는 어릴 때부터 잘 알고 지내던 아틸라에게 자신의 금반지를 보내 구원을 요청했다. 당시 반지를 보내는 것은 구혼을 뜻했다.

아틸라는 호노리아와 기꺼이 결혼하겠으니 로마 제국의 절반을 달라고 당당하게 요구했다. 하지만 야만인과 결혼시킬 수 없었던 발렌티니아누스는 이를 거절하고 호노리아를 다른 남자와 결혼시켜 버렸다.

서로마에게 배신당했다고 생각한 아틸라는 451년 현재의 벨기에와 프랑스에 이르는 갈리아 지역을 공격했다. 서로마도 물러서지 않고 게르만족과 힘을 합쳐 훈족에 대항했다.

세계 15대 전투 중 하나로 손꼽히는 이 전투는 일명 '살롱 대전투'라 불린다. 양측 전사자는 최고 50만 명, 아틸라 군에서만 30만 명이 죽었다고 전해진다. 특이한 점은 이 전투에서 포로는 없고 소수의 부상자만 있었다는 사실이다. 그야말로 철저한 살육전이었다는 걸 증명하고 있는 셈이다. 일부 학자들은 이 전투에서 아틸라가 승리했다면 오늘날 유럽인들은 아틸라와 그 후손들에 의해 지배받고 있을 것으로 단정해 말하기도 한다.

살롱 대전투
카탈라우니안 평원에서 451년 훈족의 대왕 아틸라와 서로마의 에이시우스 장군이 골(Gaul-현재 프랑스)을 놓고 한판 승부를 겨룬 전쟁으로 세계 최초 동서양이 대결한 대전으로 기록되고 있다. 이 전투는 결국 무승부로 끝났다.

하지만 결과는 무승부. 훈족은 그들의 근거지인 판노니아^(지금의 헝가리)로 후퇴했다. 그러나 잠시 숨을 돌린 아틸라는 1년 뒤 또다시 서로마를 공격한다. 이번에는 갈리아 지역이 아닌 이탈리아 반도였다.

이번에는 아틸라의 일방적인 승리였다. 아틸라는 북이탈리아를 쑥대밭으로

〈이탈리아로 진군하는 아틸라와 훈제군〉(V. Checa 作)
452년 훈족은 이탈리아에 침입하여 7개 도시를 휩쓸었다.

만들었다. 훈족의 공격에 도망친 이들은 해안 지역으로 몰려들었다. 그리고 "Veni etiam^(나도 여기에 왔다)"이라고 외쳤다고 한다. 그들이 도착한 곳은 현재의 베네치아이다.

아틸라는 파죽지세로 내려가 로마를 코앞에 두었다. 풍전등화와도 같은 서로마를 구해 낸 것은 바로 교황 레오 1세였다. 두 사람 사이에 무슨 대화가 오고 갔는지는 모르지만 레오 1세는 놀랍게도 아틸라를 설득해 서로마 공격을 중단하게 했다. 아틸라가 엄청난 황금과 북이탈리아의 지배권을 약속받았을 것이라 추측된다.

그러나 1년 뒤 이탈리아에서 철수해 판노니아로 돌아온 아틸라는 예기치 못한 죽음을 맞이한다. 그는 결혼식 다음 날 싸늘한 시체로 발견되었다.

아틸라는 정복한 부족들에게 족장의 딸을 바치도록 명령했다. 훈족은 신분

〈아틸라와 교황 레오 1세의 만남〉(The Meeting of between Leo the Great and Attila, 라파엘로 作)
두 사람은 아틸라의 진영인 민시오에서 각각 말 위에 앉은 채 협상을 진행했는데 레오 1세는 이탈리아에 침입하여 로마를 공격하는 아틸라를 설득하여 서로마 공격을 중단시켰다.

중세에 그려진 아틸라 대왕의 죽음

이 높은 여성을 아내로 두는 것을 특권의 상징으로 여겼다 한다. 아틸라는 게르만족 족장의 딸 일디코와 453년 성대한 결혼식을 올렸다. 일디코는 대단한 미인이었다고 한다. 그는 결혼식에서 술을 잔뜩 마시고 신방으로 들어갔다.

다음 날 오전이 지나도록 아틸라가 나타나지 않자 사람들이 불길한 예감이 들어 신방 문을 부수고 들어갔다. 방 안에는 아무 상처도 없는 아틸라의 시신이 흥건하게 고인 피 웅덩이 한가운데 누워 있었다. 신부는 베일을 쓴 채 머리를 숙이고 울고 있었다.

그의 사인은 과다 출혈이었다. 고혈압으로 인해 과다 출혈이 있었고 정상적으로 코로 흘러내려 가야 할 피가 기도로 흘러내려 죽고 만 것이다. 하지만 아틸라의 죽음에는 여러 가지 해석이 있다. 첫날밤 어린 신부와의 잠자리로 복상사했다는 설도 있고, 일디코가 자신의 가족들이 훈족에게 살해된 것에 앙심을 품고 그가 잠들자 살해했다는 설, 후계자 문제를 둘러싼 암투로 살해됐다는 설도 있다.

주인을 잃은 제국은 멸망하고 말았다. 아틸라가 죽고 나자 훈족은 힘 한번 써보지 못하고 흐지부지 역사에서 사라져 버렸다. 그들은 갑작스럽게 예고도 없이 나타났고 사라질 때도 마찬가지였다.

훈족은 전통에 따라 왕이 죽자 자신들의 머리카락을 자르고 얼굴에 일부러 깊은 상처를 내었다. 용감한 전사의 죽음을 애도하기 위해서는 여자의 눈물이 아니라 남자들의 피가 필요했기 때문이었다.

그의 관은 처음에는 황금, 두 번째는 은, 세 번째는 철로 감쌌다. 철은 여러 국가를 정복했음을 의미하고 금과 은은 그가 두 로마 제국으로부터 존경을 받았다는 것을 의미했다. 이때 그의 나이 58세였다.

아틸라 대왕을 장사 지내는 상상도
아틸라의 시신은 투르크의 풍습처럼 화장하지 않고 테이스(Theiss) 강물을 막아 관에 넣어 매장했다. 관을 묻는 일을 한 병사들은 묘의 위치를 보호하기 위해 죽였다. 막은 강물을 터 강물에 덮인 대왕의 묘는 아직도 발견되지 않고 있다. 아틸라의 묘는 알렉산더 대왕, 칭기즈칸의 묘와 함께 고고학자들이 가장 발굴하고 싶어 하는 무덤이다.

훈 족 의   원 류 는   한 민 족 ?

처음에 이야기했듯이 훈족은 역사상 가장 미스터리한 종족이다. 훈족이 역사에 등장한 것은 4세기 무렵이고 그들이 중요한 세력으로 존속한 기간은 기껏해야 100년 정도에 지나지 않는다. 게다가 4세기 이전의 행적은 전혀 알려져 있지 않다.

훈족의 왕 아틸라는 로마 동전에 조각되어 있는데, 백인의 모습을 한 아틸라가 새겨져 있다. 유럽인들은 훈족을 유

백인의 모습을 한 아틸라의 동전 조각
처음에 서양인들은, 로마를 멸망시킨 원인 중의 하나인 '게르만족의 대이동'을 야기시킨 훈족을 동양인으로 보지 않았다. 서양 문화의 뿌리인 로마가 자신들이 무시하는 동양인들에 의해서 파괴되었다는 것을 인정할 수가 없었던 것이다. 그래서 초기에 서양학자들은 훈족을 유럽계 유목민, 즉 스키타이인이라고 추측했다고 한다.

럽계 유목민으로 여겨 왔다. 이는 아마도 유럽이 유럽계가 아닌 아시아 야만 민족에게 지배당했다는 사실이 매우 자존심이 상한 탓이었으리라.

훈족에 대한 연구는 최근에서야 활발하게 이루어지고 있는데, 유럽계가 아닌 몽골계 유목 민족이라는 사실도 현대에 이르러 밝혀졌다.

그런데 최근 독일 방송 ZDF에서는 흥미로운 내용의 다큐멘터리를 제작했다. 여기에서 게르만 민족의 대이동을 촉발해 로마 제국을 멸망시킨 아시아 유목 민족 훈족을 집중적으로 추적했다. 여전히 수수께끼로 남은 훈족의 원류를 찾아 나선 것이다. 그런데 이 다큐멘터리는 훈족의 원류가 아시아 최동단, 즉 한국일 가능성이 있다고 방송했다.

신라 및 가야인과 훈족의 유물, 유적을 비교해 보면 여러 가지 공통점이 발견된다는 것이다. 아틸라의 재위 기간은 신라 눌지 마립간의 시대에 해당된다.

우선 훈족의 후예들에게 우리와 같은 몽고반점이 발견되었고, 훈족의 골상이 납작 머리, 즉 편두라는 사실이다. '위지동이전'에는 진한 사람은 모두 편두라는 기록이 있다고 한다. 고조선에는 일찍부터 편두를 만드는 풍속이 있었다고 전해진다. 법흥왕 등 신라의 왕들도 편두였다고 한다.

고대 인도에서 행해졌던 관습, 혹은 코카서스 북부 지역에 사는 유목민들 사이에서 많이 행해진 풍습으로 알려진 편두는 한민족과 연관성이 크다. 훈족은 편두를 만드는 풍습을 갖고 있는 특수 부족으로, 역시 편두를 한 한반도 남부의 가야와 신라 지역과 연관성이 있다는 것을 알 수 있다.

또 경주에서 출토된 신라 시대 기마 인물상 토기를 보면 북방 유목 민족의 특성을 한눈에 볼 수 있다. 훈족은 제물을 바칠 때 쓰는 용기로 화분처럼 생긴 동복을 말 잔등에 싣고 다녔는데 이 기마 인물상 토기도 말 잔등에 동복을 싣고 있다.

이 사실을 처음 접하는 사람은 무척 어리둥절할 것

이다. 한반도에 살고 있는 한민족이 어떻게 이동을 해서 유럽을 공격할 수 있는지 말이다. 그들의 주장을 정리하면 흉노에 속해 있던 한민족 원류 중 일부가 서쪽으로 진출해 훈족으로 성장하고 또 한 부류는 한반도 남부 지역까지 진출해 현재의 한민족 일부가 되었다는 것이다.

도제 기마 인물상
훈족은 동복(청동솥)을 말 등에 싣고 다녔는데 신라 시대 경주 금령총에서 출토된 기마 인물상도 동복을 말 등에 싣고 있다. 이 동복의 문양은 한국의 머리 장식에서도 흔히 볼 수 있다(국립중앙박물관 소장).

　도무지 알 수 없던 퍼즐 한 조각을 찾아내 전체 그림을 맞춘 듯한 기분이 든다. 과학적이나 고고학적으로 입증되지 않았지만 나름 일리가 있는 학설이다. 그러나 아직은 더 많은 연구가 필요하다. 4~5세기경 서양과 동양을 각각 주름잡던 아틸라와 광개토 대왕이 모두 우리 선조라니 참으로 흥미로운 주장이다.

The world of badguy

The world of badguy

C h i n g i z   K h a n

두 얼굴의 사나이 칭기즈칸. 그는 굶주린 사자처럼 유라시아 대륙을 피로 물들인 잔인한 정복자이지만, 대륙 간의 왕래를 가능하게 하여 역사상 최초로 지구촌 시대를 연 개척자였다.

잔인한 정복자

칭기즈칸

칭 기 즈 칸 의 두 얼 굴

세계 3대 정복자라 일컬어지는 알
렉산더 대왕, 칭기즈칸, 나폴레옹 중에서 가장 넓은 땅을 차
지한 이는 누구일까? 단연 칭기즈칸이다. 그가 정복한 땅은
무려 777만km²로 유라시아 대륙의 절반이 넘는 어마어마
한 크기다. 오늘날 지도로 본다면 칭기즈칸이 정복한 땅은
30개국에 달하고, 인구는 30억이 넘는다고 한다.

알렉산더 대왕(348만km²)과 나폴레옹(115만km²)이 지배한 땅
을 모두 합쳐도 칭기즈칸을 따라잡을 수 없다.

정복의 역사는 피의 역사다. 칭기즈칸은 세상을 자신의

칭기즈칸(成吉思汗, Chingiz Khan,
1167~1227)
세계 역사상 가장 넓은 대륙을 점유한 몽골
제국의 창시자이자 대칸으로 몽골 여러 부족
을 통합하여 능력주의에 입각한 강한 군대를
이끌어 역사상 가장 성공한 군사 지도자가 되
었다. 칭기즈칸이라는 칭호를 얻어 1206년
몽골 제국의 칸에 올랐다.

칭기즈칸 기마상
말에서 태어나 말에서 죽는다는 몽골 기병들은 기마 민족 출신답게 모든 숙식을 말에서 해결할 수 있을 정도로 경량화돼 있었고 항상 충분한 숫자의 말을 준비해 전광석화와 같은 기동력을 유지했다.

말발굽 아래 두고 말위에서 제국을 호령했다. 말 달리는 속도만큼이나 빠르게 세상을 정복했고, 몽골 제국의 깃발을 꽂으며 이렇게 말했다.

"남자로 태어나 최고의 즐거움은 적의 무리를 무찔러 그들의 재물을 빼앗고, 그들이 눈물로 얼굴을 적시는 것을 보는 일이야. 그리고 그들의 말에 올라타 그들의 딸이나 아내를 품에 안는 일이지."

소름 끼치도록 호전적이고 잔혹한 말이다. 칭기즈칸은 그의 말대로 파괴를 일삼고 정복을 통해 희열을 느끼는 전쟁광에 불과했던 것일까?

유라시아 대륙을 황무지로 만들어 버린 칭기즈칸은 야만인, 침략자로 오래도록 기억되고 있다. 하지만 800년이 지난 지금, 세계 역사는 칭기즈칸을 다르게 평가하기도 한다.

워싱턴 포스트와 타임지는 지난 1천 년간 세계사에서 가장 중요한 인물로 칭기즈칸을 뽑았다. 우주처럼 광활한 지구를 좁게 만들어 사람들이 대륙을 넘어 서로 왕래할 수 있도록 만들었다는 점, 즉 최초의 지구촌 시대를 열었다는 점을 높이 샀다. 또한 21세기는 새로운 유목 시대로 떠오르며 칭기즈칸의 리더십이 새롭게 주목받고 있다.

그렇다면 칭기즈칸은 야만인인가, 위대한 리더인가? 두 얼굴을 가진 사나이, 칭기즈칸을 만나보자.

항복하면 포용, 저항하면 말살

다다닥 다다닥 멀리서 말발굽 소리가 불길하게 들려
온다. 그 소리가 점점 가까워지고 뿌연 모래바람이 눈앞에 아른거린다.

"우르와! 우르와!"

괴상한 소리를 내지르며 몰려들고 있는 한 떼의 기마 부대, 검은 깃발이 펄
럭이고 있다. 바로 칭기즈칸의 푸른 군대이다.

성안의 사람들은 손써 볼 겨를도 없이 성을 빼앗겼다. 점령군 칭기즈칸은 이
렇게 명령한다.

"항복하는 자는 모두 부인과 자식, 재산과 더불어 살려 주어라. 그러나 항복
하지 않는 자는 부인과 자식, 인척들까지 모조리
말살하라."

칭기즈칸의 논리는 단순했다. 한마디로 항복하
면 포용, 저항하면 말살이었다. 저항하는 도시의
주민들은 모두 성 밖으로 쫓아낸 뒤 도시를 약탈하
고 모조리 불태웠다. 한 번 저항한 뒤에는 아무리
나중에 무릎을 꿇고 항복해도 자비는 없었다. 병사
들은 모두 죽이고 젊은 남자는 다음 전투 때 방패
막이로 썼으며 다만 기술자들만 족장에게 보내 살
려 주었다.

푸른 군대가 나타나면 사상 유례가 없는 대학살
이 벌어졌다. 들판에는 수만 개의 해골이 뒹굴고

말을 탄 칭기즈칸의 모습
드넓은 초원을 통일한 패자의 군대는 초원의 다섯 부족을
제압하고 몽골 고원을 통일한다. 칭기즈칸은 '푸른 군대'를
이끌고 중원의 금나라, 중앙아시아의 강국 호레즘, 아프칸
지역 등을 차례로 정복했다.

마을은 쑥대밭이 되어 연기와 재만이 남았다. 몽골인이 지나간 자리에는 먼지만 뒹굴었다.

칭기즈칸은 한 도시를 정복하고 나면 다른 도시로 대표단을 보내 자신들의 잔혹한 행위를 널리 알렸다. 공포를 등에 업고 소문은 꼬리에 꼬리를 물고 퍼져 나갔다. 그중에는 몽골족이 사람을 잡아먹는다는 것처럼 과장되거나 거짓인 것도 있었다. 그런데 이 소문의 근원지는 바로 몽골족이었다.

멀리서 모래바람을 헤치며 돌격하는 몽골군을 보며 적장은 나라에 떠돌고 있는 괴소문을 떠올렸다.

"이리가 양 떼를 몰듯 부대를 몰아대는 자는 바로 칭기즈칸의 네 마리 개라 불리는 장수들입니다. 그들은 사람 살코기를 먹고 쇠사슬에 묶여 자랐습니다. 이마는 청동, 입은 끌, 혀는 송곳, 심장은 강철, 꼬리는 칼날과 같습니다. 밤이면 이슬로 목을 축이고 바람을 타고 달려갑니다. 싸움이 있는 날에는 사람고기를 먹습니다. 지금 저들은 사슬에서 풀려나 기쁜 나머지 입에서 침을 흘리고 있습니다."

저승사자와 같은 칭기즈칸의 침입

적장의 얼굴은 아예 백지장처럼 하얗게 변했다. 이런 경우 백이면 백, 무기를 버리고 무릎을 꿇었다. 공포로 무장한 몽골군은 덕분에 피 한 방울 흘리지 않고 성으로 들어갈 수 있었다. 몽골의 또 다른 명칭이었던 '타타르(Tatar)'가 라틴어에서 '지옥'을 뜻하는 '타르타르(Tartar)'와 발음이 비슷하기 때문에 유럽인들은 이 이름을 들으면 으레 저승사자가 떠올라 몸을 부르르 떨 정도였다고 한다.

슬 퍼 하 지 말 고 죽 여 라

〈아들들에게 왕국을 나누어주는 칭기즈칸〉(칭기즈 나마 作)

칭기즈칸 군에게 가장 심하게 살육당한 도시는 니샤푸르(이란의 대도시)였다. 1221년 4월 저항하는 니샤푸르 군과 맞서던 칭기즈칸의 사위 토쿠차르가 그들이 쏜 화살에 맞아 죽고 말았다.

칭기즈칸은 미망인이 된 딸에게 니샤푸르에 대한 전권을 일임했다. 그들의 생사여탈권을 쥔 그녀는 니샤푸르의 모든 생명체에 사형선고를 내리고 그들의 머리로 피라미드를 쌓으라고 명령했다. 니샤푸르의 주민은 물론이고 개, 고양이 등 생명이 있는 것은 하나도 남아나지 않고 목이 날아갔다. 무려 700만 명이 학살되었다고 전해진다. 그들은 피가 뚝뚝 떨어지는 머리를 남자, 여자, 아이로 나누어 세 개의 피라미드를 쌓았다. 남편 잃은 딸을 위로하는 방법이 참으로 잔혹하고 괴기스럽다.

칭기즈칸에게 가장 고통스러운 사건은 아프가니스탄의 바미안 골짜기에서 일어났다. 가장 사랑하는 손자 무투겐이 적의 손에 죽게 된 것이다. 칭기즈칸은 쏟아져 나오는 눈물을 애써 참으며 병사들에게 이렇게 말했다.

"슬퍼하지 말고 죽여라."

이렇게 하여 바미안에서는 단 한 명의 포로도 잡지 않고 뱃속에 있는 아이들까지 모두 죽여 버렸다. 때문에 그곳은 아예 씨가 말라 버렸다고 한다. 그는 가

부하라 시민들에게 자신에 대해 자랑하는 칭기즈칸

습이 찢어질 듯 괴로운 마음을 바미안 골짜기 사람들에 대한 분노와 피비린내 나는 학살로 바꾸어 버린 것이다.

칭기즈칸은 슬픔이면 슬픔, 복수면 복수 모두 피로 해결했다. 그는 피에 굶주린 맹수 같았다.

그의 잔혹함을 보여 주는 일화가 또 있다. 터키의 특산물을 구입하기 위해 재물을 산더미처럼 실은 대상을 투르케스탄에 보냈을 때의 일이다. 그곳 총독이 대상을 억류하고 100여 명이 넘는 몽골인을 살해해 버렸다. 분노로 이성을 잃은 칭기즈칸은 당장 전군을 동원해 투르게스탄을 침공했다. 무자비한 살육이 자행되었고, 만용을 부린 총독에게는 녹인 금속 물을 귀와 눈에 쏟아붓는 끔찍한 형벌이 주어졌다.

데르메스 도시를 점령했을 때의 일이다. 한 노파가 목숨을 살려 주면 진주를 주겠다고 애원했다. 병사들이 진주가 어딨냐고 묻자 노파는 삼켜 버렸다고 대답했다. 그러자 칭기즈칸 병사는 노파의 배를 갈라 진주를 챙겼다. 그 말을 전해 들은 칭기즈칸은 모든 시체의 배를 갈라 혹시 귀중품이 있는지 조사하라고 명령했다.

그는 왜 이토록 잔혹했던 것일까? 어쩌면 그에게 방해되는 것을 없애는 것은 고양이가 생쥐를 죽이는 것처럼 아주 자연스러운 일인지도 모른다. 사실 동물의 세계에서도 맹수인 사자나 작은 들쥐에 이르기까지 지배자가 된 많은 수

컷은 패배한 라이벌 새끼들을 죽이지 않는가?

그럼 그는 왜 동물의 본능을 억누르지 못하고 피에 굶주린 정복자가 되고 말았을까? 그의 어린 시절로 돌아가 단서를 찾아보자.

칭기즈칸 시대의 고대 주화

주 먹 에 피 를 쥐 고 태 어 나 다

1167년 드넓은 초원에 우렁찬 아기 울음소리가 퍼졌다. 아이의 아버지 예수게이는 몽골 부족의 우두머리였고 어머니 호엘룬도 이름난 여걸이었다. 예수게이는 호엘룬을 납치하여 결혼했다. 당시에는 약탈혼이 풍습이었다. 8백 년 전 몽골 유목민은 메르키트, 케레이트, 나이만, 타타르, 그리고 몽골까지 크게 다섯 부족으로 나뉜 채 거칠게 살아가고 있었다. 목초지와 가축을 서로 약탈하고 약탈당하며 살아갔고 언제 끝날지 모르는 싸움이 계속 이어졌다.

예수게이는 아이에게 '테무친'이라는 이름을 지어 주었다. 아이가 태어날 무렵 타타르 족장 테무친을 죽인 것을 기념하기 위해 이같이 지어 준 것이다. 몽골에서는 복수해야 하는 사람이나 죽인 사람의 이름을 아이 이름으로 지어 주는 풍습이 있었다.

신기하게도 아기는 오른손에 작은 크기의 핏덩이를 움켜쥐고 있었다. 테무친의 운명은 태어날 때부터 정해진 것이었을까. 칭기즈칸의 잔인함은 이미 예

칭기즈칸의 검

고된 것인지도 모른다.

테무친의 어린 시절은 고난과 역경의 연속이었다. 9살 때 아버지 예수가이가 독살당하자 그의 부족은 테무친 가족을 추방해 버렸다.

그들이 사는 몽골 고원은 여름이면 40℃ 가깝게 오르고, 겨울이면 영하 30℃까지 떨어지고 눈보라가 몰아치는 극한의 날씨가 이어진다. 초원에 버려진다는 것은 죽는 것과 같았다. 추방된 일가는 풀이나 나무 열매를 먹고 물고기를 잡으며 비참하게 생활했다. 구멍에 숨어 있는 몽골 초원의 들쥐 모르모트를 잡아먹으며 근근이 생명을 이어 나갔다.

어린 칭기즈칸의 비탄

그러던 어느 날 테무친의 배다른 형제 베크테르가 테무친이 잡은 종달새와 물고기를 힘으로 빼앗아 버렸다. 이 일로 혈기 왕성한 테무친은 베크테르와 도저히 한 집에서 살 수 없다고 생각하게 된다. 결국 아우 카사르와 짜고 화살을 쏘아 베크테르를 쓰러뜨리고 만다.

결과적으로 테무친은 자기와 맞설 수 있었던 형제를 죽이고 집안의 가장 자리에 오르게 되었다. 그런데 테무친이 베크테르를 없애지 않았다면 베크테르의 손에 테무친이 죽었을지도 모를 일이다. 그것이 테무친이 사는 초원의 법칙이었다.

복 수 는   초 원 의   법 칙

초원에서 살아남기 위해서는 누구라도 늑대와 같아야 했다. 강한 자는 약한 자를 약탈하여 정복했고, 약한 자는 강한 자에게 복수심을 가졌다.

테무친은 한 마리 푸른 늑대였다. 그는 어린 시절 아버지를 잃고 고독하게 살았고, 늑대처럼 초원의 우두머리가 되었다.

몇 년 뒤 테무친은 자기 가족을 버렸던 무리에게 사로잡혀 칼에 채워진 채 노예 신세가 되고 만다. 하지만 구사일생으로 빠져나온 테무친은 어렸을 적 결혼을 약속했던 보르테를 만나 행복한 하루하루를 보낸다. 그러나 행복한 순간은 잠시뿐이었다.

어느 날 메르키트 부족이 쳐들어와 보르테를 납치해 갔다. 옛날 테무친의 아버지 예수가이가 아내 호엘룬을 납치해 왔던 부족이 바로 메르키트족이었던 것이다. 그들은 보르테를 치르겔 부크라는 자에게 넘겼다. 그 사나이는 지난날 예수가이에게 아내를 빼앗겼던 남자의 아우였다. 유목민들의 복수는 부족에서 부족으로, 한 세대에서 다음 세대로 이어졌다.

정신없이 도망가 부르칸 산에 숨었다 돌아온 테무친은 텅빈 게르를 보며 이를 악물었다. 그는 또 한 번 목숨을 구했지만 아내를 빼앗겼다. 용사로서 이보

활발한 정복 활동을 펼치는 테무친

다 더한 수치는 없었다. 테무친은 칼로 얼굴을 그으며 복수를 다짐했다. 그에게 복수는 초원의 법칙이면서 성스러운 의무이기도 했다.

테무친은 아버지 예수게이의 의형제였던 토그릴을 찾아가 말했다.

"오오 어버이 칸이시여, 원컨대 빼앗긴 자들을 빼앗기 위하여 저에게 힘을 빌려 주소서."

테무친은 가장 큰 부족의 족장인 토그릴과 어릴 적 의형제 자무카와 함께 군사를 모아 메르키트 부족을 공격해 보르테를 되찾게 된다.

몇 달 후 보르테는 아들을 낳았다. 사람들은 수군거렸다. 테무친이 아닌 다른 사람의 아이임에 틀림없다고 입을 모았다. 하지만 정작 당사자인 테무친은 침묵했다. 그 아이의 진짜 아버지가 누군지 알려고 하지 않았다. 보르테는 조용히 눈물만 흘렸다.

한편 보르테의 납치 사건을 계기로 테무친의 가슴 속에 강렬한 야망의 불꽃이 타올랐다.

"초원에 흩어진 부족을 하나로 모아야 한다. 언제까지 우리끼리 피 흘리며 살 것인가? 초원의 무질서를 바로잡자. 우리 초원을 지키기 위해 말을 타고 더 큰 세상으로 나가 보자."

마침 메르키트 부족과의 전쟁 이후로 테무친 진영은 날로 번창했다. 매일 수많은 가축들과 함께 여러 씨족과 부족들이 무리를 지어 찾아왔다. 테무친은 흩어진 부족을

___ 주치(Juchi ? ~ 1227)

칭기즈칸의 큰 아들로서 강간에 의한 출생이라는 의심을 받았다. 후에 아들 바투가 사촌들에게 모욕을 당하는 혈통에 의한 알력다툼을 낳았으나, 칭기즈칸은 문제 삼지 않았다. 큰 아들이 가장 멀리 있는 땅을 물려받는 몽골의 풍습에 따라 아버지와 가장 먼 곳에 거주하였다. 바투는 후에 킵차크한국을 건설하고 몽골 본국과의 직접적인 관계는 끊어 버렸다.

칭기즈칸과 아들
네 아들 중 세 아들과 함께한 칭기즈칸. 페르시아 필사본(파리 박물관 소장).

결집시켜 세력을 모았다. 그리고 토그릴과 연합해 몽골 내의 적뿐 아니라 불구대천의 원수였던 타타르족을 정복했다. 저항하는 자는 죽였지만 상당수는 자신의 군대로 흡수했다.

_ 쿠릴타이

몽골 제국의 대칸 선출이나 원정 결의 등을 위한 왕공들의 대집회를 말하며, 칭기즈칸과 우구데이를 대칸으로 지명했다. 몽골법에서는 대칸이 사망하면 쿠릴타이가 열릴 때까지 화로의 수호자가 감국을 맡아 임시로 통치를 하게 되어 있다.

통일 몽골의 위대한 과업을 역사적 사명이라 생각한 테무친은 토그릴의 케레이트족은 물론 나이만족도 차례로 정벌한다. 결국 테무친은 몽골 전체를 지배하게 된다. 1206년 쿠릴타이에서 테무친은 황제로 추대되었다. 그는 '세계의 왕'이라는 뜻의 '칭기즈칸'이라는 칭호를 얻었다. 이로써 몽골 제국이 탄생하게 된 것이다.

카자흐스탄의 화폐에 새겨진 칭기즈칸

속 임 수 도 병 법 이 다

칭기즈칸은 사막을 가로지르고 눈보라를 헤치고 강을 넘어 광활한 몽골 제국을 건설했다. 동쪽의 만주 벌판에서 서쪽의 러시아, 북쪽의 시베리아에서 남쪽의 인도까지 몽골 제국은 점점 커지고 막강해졌다. 해가 뜨는 나라에서 해가 지는 나라까지 몽골은 세계를 정복해 나갔다.

고비 사막을 건너 서하 변경 마을을 정벌할 때였다. 마침내 성곽과 마주쳤다. 속도 빠른 기마전에는 탁월했지만 철통 같은 성곽 앞에 서자 속수무책이었다. 칭기즈칸은 성곽을 오랫동안 바라보다가 슬그머니 미소를 지었다. 그러고는 고양이 천 마리와 제비 천 마리를 조공으로 바치면 철군하겠노라고 선포했다.

강철 같은 몽골군대를 앞에 두고 이러지도 저러지도 못하고 있던 서하의 왕은 마침 몽골군이 자진해서 철군하겠다고 하자 펄쩍 뛰며 좋아했다. 게다가 재물이나 가축이 아니고 제비와 고양이를 내놓으라니. 어리석은 왕은 고개 한번 갸웃거리지 않고 성안에 있는 고양이와 제비를 몽땅 잡아 몽골군에게 넘겼다.

칭기즈칸의 미소는 어떤 작전을 염두에 두고 있었을까? 물론 화공법이다. 먼저 몽골군은 고양이와 제비의 꼬리에 솜뭉치를 매달아 불을 붙인 뒤 풀어 주었다. 제비와 고양이는 본능적으로 자기들의 둥지를 찾아 성안으로 찾아 들어갔다. 잠시 뒤 여기저기서 연기가 피어올랐다. 얼마 안 가 불어오는 강풍에 성 전체가 불타올랐다. 칭기즈칸은 성벽 너머에서 불구경을 하며 환하게 웃었을 것이다. 『삼국지』의 적벽대전에 비할 만큼 탁월한 전략 전술이라 하지 않을 수 없다.

몽골군은 초원의 늑대처럼 흩어져 사라졌다가 적이 경계심을 늦추면 기습적으로 다시 돌아와 덮쳤다. 마치 영양을 사냥하듯 적을 사냥했던 것이다.

몽골군은 침묵 속에서 기수의 신호에 따라 움직이다가 돌진의 순간 비명과 고함을 지르며 달려들었는데, 이는 사냥물을 흥분시키고 갈피를 못 잡게 하는 사냥꾼 방식이었다. 사냥감을 지치게 하고 갈팡질팡하다가 기진맥진하게 한 뒤, 포위하여 조직적인 살육으로 끝을 내는 거대한 몰이사냥의 모습을 띠고 있었다.

"낮에는 늙은 늑대의 경계심으로, 밤에는 갈까마귀의 눈으로 지켜보아라. 전투에서는 적을 매처럼 덮쳐라."

약육강식 야생의 법칙에 익숙한 몽골군은 속임수도 능수능란했다. 몽골군의 수가 적을 때에는 나무판자로 흙먼지를 일으켜 대병력인 것처럼 보이게 하여 겁을 먹게 한 후 일사분란하게 돌격하기도 하였다. 가짜 야영지를 만들어 아무도 없는 곳에 불을 피우고 건초로 만든 허수아비에 병사의 옷을 입혀 놓기도 했다.

내 흔적을 없애라

칭기즈칸은 체격이 크고 이마가 넓었다. 얼굴은 크고 수염은 길며 눈은 고양이 눈을 닮았다. 노년에도 흰머리가 없었으며 성욕이 대단했다고 한다.

70년대 후반 독일 그룹이 불러 히트했던 〈칭기즈칸〉 노래 가사에 이런 부분이 있다.

칭기즈칸의 부조

그는 마음에 드는 여자마다 자기 천막으로 데리고 갔다.

사람들은 말했다 그를 사랑하지 않는 여자는 이 세상에 없었다고.

그는 하룻밤에 7명의 자식을 만들었고

자신의 적들에 대해서는 단지 비웃기만 했다.

왜냐하면 아무도 그의 힘에 저항할 수 없었기 때문이었다.

그 당시 정복 전쟁은 약탈과 강간의 역사라 할 수 있다. 실제로 칭기즈칸은 나라를 점령하고 나서 그 나라의 공주나 가장 아름답다고 이름난 여인을 자기의 천막 게르로 불러들였다. 60세 가까이 되었을 때 칭기즈칸의 주치의가 사냥과 음주, 섹스를 줄이라고 충고했을 정도였다. 온 세상을 점령해 '세상의 왕'이 되었듯이 세상 모든 여자들의 왕으로 군림하고 싶었는지도 모르겠다.

칭기즈칸은 오랜 싸움 끝에 그만 병이 들었다. 말에서 떨어지는 부상을 당했는데 그 후유증이 심했던 것이다. 영원할 것만 같던 칭기즈칸도 이번 부상을 끝내 이겨 내지 못했다. 평생 글을 읽지도 쓰지도 못한 야만인이지만 유럽과 아시아를 하나로 잇고 세계 문물을 왕래할 수 있게 만들어 르네상스의 발판을 이룩한 위대한 정복자이자, 평생을 말 위에서 보낸 영원한 유목민 칭기즈칸은 1227년 어느 날 조용히 눈을 감았다. 이때 그의 나이 60세였다.

칭기즈칸은 항상 자식들에게 당부하는 말이 있었다.

"내 자손들이 비단옷을 입고 벽돌집에 사는 날 내 제국이 망할 것이다."

칭기즈칸은 그의 후손들이 영원한 유목민으로 살아야 함을 강조했던 것이다. 칭기즈칸은 세계의 대제국을 이룩하기 위해 정복 전쟁을 일으킨 것이 아니었다. 자기 민족을 위해 새롭고 더 나은 세상을 만들려고 노력한 것뿐이다. 칭기즈칸의 아들들은 이 준엄한 경고를 가슴 속에 다시 한 번 새겨 보았다.

2006년 2월 12일. 칭기즈칸이 통합 국가를 세운 지 800주년이 되는 해로 미국과 몽골 합작 탐험대가 울란바토르 동쪽 300㎞ 떨어진 성벽 안에서 칭기즈칸의 무덤으로 추정되는 것을 발굴했는데 이 소식에 오히려 많은 사람들이 걱정과 불안을 느꼈다. 왜냐하면 무덤을 파내는 것은 죽은 이에 대한 모독이며 칭기즈칸의 무덤을 건드리면 나쁜 일이 생길 것이라 믿기 때문이다.

칭기즈칸은 덧없는 죽음 앞에서 한 마디 말을 덧붙인다.

"나를 매장한 뒤 말 천 마리를 몰고 무덤 위를 달려 나의 흔적을 없애라."

칭기즈칸은 그가 타던 말과 함께 매장되었다. 고대의 몽골인들은 사후 하늘나라로 올라갈 때 말이 없으면 올라갈 수 없다는 믿음에서 말을 순장하는 풍습이 있었다.

칭기즈칸의 유언대로 8백 년이 지난 지금까지도 칭기즈칸의 무덤은 발견되지 않고 있다. 몽골인들 또한 그 유언을 받들어 굳이 무덤을 찾지 않는다고 한다. 아니 어쩌면 못 찾고 있는지도 모른다.

당시 칭기즈칸의 무덤 위로 말을 달렸던 사람들은 비밀 장소가 새어 나갈까 두려워 모두 죽었다고 한다. 그래도 안심할 수 없던 칭기즈칸은 그들을 죽인 사람들 또한 없애야 한다고 당부했다.

그렇게 칭기즈칸은 자기의 흔적을 없애 버렸던 것이다. 순수하면서도 잔인한 면을 동시에 갖춘 칭기즈칸다운 철두철미한 죽음이다. 그렇게 칭기즈칸은 바람처럼 살다 안개처럼 사라져 버렸다.

끝으로 칭기즈칸은 과연 야만인인지 위대한 리더인지에 대한 대답은 프랑스의 동양사학자 르네 그루세의 평가로 대신하기로 한다.

"당시 숲의 사냥꾼 몽골족은 원시적이었다. 적어도 당시에는 아는 것이라곤 파괴뿐이었다. 그러나 이처럼 한정된 여건 속에서도 칭기즈칸은 완벽한 인간이자 공정한 지도자의 면모를 보였다. 훌륭한 통치자이자 현명한 정치가였다."

_ 칭기즈칸의 죽음

수레에 실려 고향으로 가던 칭기즈칸의 장례 행렬은 도중에 만나는 생명체를 모두 죽였다. 오르도스의 무나 산에서 진흙에 빠진 수레가 더 이상 움직이지 않자, 이를 칭기즈칸의 뜻으로 여겨 그곳에 매장하였다. 몽골군의 사기를 염려해 사체가 사아리 게르(물이 흐르는 초원)에 도착한 뒤에야 칭기즈칸의 죽음을 공표하였다 한다.

1227년 칭기즈칸 사후 죽은 자를 방해해서는 안 된다는 몽골 전통적 믿음에 따라 그 주검을 비밀스럽게 묻었고 기념비나 묘비도 세우지 않았다. 또한 당시 무덤을 만들었던 병사들을 살해해 영원히 비밀을 지켰다는 전설도 있다.

T i m u r

티무르 제국의 창시자 절름발이 티무르.
그는 코끼리 부대를 거느리며 무차별적으
로 칼을 휘둘렀다. 그가 지나간 곳은 피로
물들었고, 그가 정복한 땅에는 해골 피라
미드가 쌓여 갔다.

해골로 피라미드를 만든 정복자

티무르

칭기즈칸을 능가하는 정복자가 있었다

세계 최고의 정복자를 들라 하면
누구나 칭기즈칸을 떠올릴 것이다. 그러나 역사상 칭기즈칸
못지않은 커다란 제국을 건설한 사람이 있었다면 과연 믿을
수 있을까.

　칭기즈칸은 세계 최고의 영토를 지배한 인물로 우리에게
각인되어 있다. 그러나 사실 칭기즈칸이 이룬 몽골 대제국은
칭기즈칸이 살아 있을 당시 이뤄진 것이 아니라 그의 유업을
이어받은 자손들 대에서 이루어진 업적이다. 칭기즈칸이 생
전에 지배했던 영토는 지금의 중국 북부 일부와 중앙아시아

티무르의 동상
티무르(Timur, 1336~1405)는 중앙아시아
티무르 제국의 창시자(재위 1369~1405)로
사방으로의 대원정으로 코라즘 병합과 더불
어 동차가타이한국, 카르토 왕조, 자라일 왕
조, 킵차크한국 등을 무너뜨렸고, 인도 침입
으로 델리를 점령하였으며 앙카라 전투에서
바야지트를 격파하고 대승리를 얻었다. 잔
인한 학살로 악명 높은 반면 학자·문인을
보호하고 산업을 장려하기도 하였다.

정도에 불과하다. 서아시아와 동유럽, 중국, 우리나라까지 정복했던 몽골 대제국은 그의 아들과 손자 시대에 완성된 것이다.

반면, 살아 있을 당시 정복한 지역으로만 따지면 칭기즈칸도 빛을 잃을 만큼 놀랄 만한 인물이 있으니 그가 바로 티무르이다. 그러나 티무르는 칭기즈칸에 비해 우리에게 어쩌면 생소할 정도로 잘 알려져 있지 않은 인물이기도 하다. 도대체 티무르는 누구이며, 어느 정도의 영토를 정복했던 인물일까?

티무르는 살아 있을 당시 14세기 말에서 15세기 초까지 사마르칸트를 근거지로 거의 40년 동안이나 정복 사업에 매진했으며, 그가 정복했던 영토는 아프가니스탄, 인도 북부와 이란, 이라크, 그리고 동유럽과 러시아 남부 지방까지로, 중국을 제외한 몽골 제국이 차지했던 영토의 거의 대부분에 해당하는 광대한 지역이었다.

티무르의 사마르칸트 입성 장면

그러나 칭기즈칸 가문과는 달리 티무르 가문은 티무르가 죽은 후 더 이상 영토 확장을 하지 못하고 아주 짧은 시간 내에 멸망하고 말았기 때문에 티무르 제국의 이름과 함께 티무르의 이름도 세계의 역사 속에서 빛을 발하지 못한 측면이 있었다. 그럼에도 불구하고 티무르가 살아생전 이룬 업적은 분명 높이 평가하고도 남음이 있을 것이다.

티무르가 우리에게 남긴 것은 그가 지배했던 광활한 영토 뿐만이 아니다. 그는 정복지를 다니며 무참히 가했던 악행으로도 유명하다. 그는 정복지 희생자들의 머리로 피라미드를 쌓는 것을 즐겼는데, 이란의 이스파한에서는 7만여 개의 시체로, 메소포타미아의 바그다드에서는 9만여 개의 시체로 피라미드를 쌓았을 정도라고 한다.

또한 그는 정복지에서 살인을 저지를 뿐만 아니라 온갖 약탈을 감행하고 도시를 완전히 황폐화시킨 후 떠나 버리는 잔악무도한 행위로도 유명했다. 상황이 이렇다 보니 정복지들은 공포에 떨어야 했으며, 이 때문에 그에 관한 많은 전설이 생겨나기도 했다. 영국의 극작가 크리스토퍼 말로(Christopher Marlowe)가 쓴 『탬벌레인 대왕 Tamburlaine the Great』은 바로 티무르를 모델로 하여 탄생한 희곡 작품이다. 여기서 탬벌레인(Tamburlaine)이란 '절름발이 티무르'란 뜻을 담고 있다. 사실 티무르는 정상인이 아니었으며, 절름발이 불구자였다. 이 희곡에서 탬벌레인은 페

코란
이슬람교의 경전으로 마호메트가 히라 산 동굴에서 천사 가브리엘을 통해 알라의 첫 계시를 받은 뒤 죽을 때까지(610~632)의 계시를 기록한 것이다. 이슬람 상인이었던 연유로 코란 안에는 상업 용어, 상업 도시의 논리, 가치관, 규범 등이 많이 사용되고 있다.

르시아 제국과 터키와 아프리카까지 정복한 후 교만이 극에 달해 마침내 자신이 신보다 위대하다고 외치며 '코란'을 불태우다가 저주를 받아 죽고 마는 인물로 묘사된다. 실제 티무르 역시 이 인물 못지않게 파란만장한 삶을 살았다. 이제 이 신비 속에 감춰진 인물의 삶을 파헤쳐 보기로 하자.

비비하눔 모스크의 대형 코란 책받침

티무르는 1336년, 당시 차가타이한국의 지배지였던 트란스옥시아나(현 우즈베키스탄)의 도시 사마르칸트 남쪽에 있는 케쉬(현 샤흐리사브즈)에서 태어났다.

그의 조상에 대해서는 잘 알려져 있지 않은데, 이에 대해 티무르 왕조의 역사가들이 티무르가 칭기즈칸의 둘째 아들인 차가타이의 후손일 거라 주장하는 것은 사실과 다르다. 티무르는 투르크계 귀족 가문인 바를라스(Barlas) 씨족의 자손으로 태어난 것이 거의 확실해 보인다. 아마도 투르크계였던 선조 부족이 이곳을 지배한 몽골족의 일원이 되면서 칭기즈칸의 아들 차가타이의 정복 전쟁 시 공훈을 세우면서 귀족 가문으로 올라선 것으로 추정된다. 그렇다면 사실 티무르는 몽골의 피를 이어받은 것이 아니라 투르크의 피를 이어받은 것이기 때문에 그가 세운 티무르 제국이 몽골보다는 이슬람 쪽과 연관이 있어 보이기도 한다. 실제로 티무르는 종교 또한 칭기즈칸과 달리 이슬람교를 믿었다. 그럼에도 불구하고 티무르 제국을 이슬람 제국에 포함시키지 않는 것은 그 자신이 티무르 제국을 몽골 제국의 후계자라고 공언했기 때문이다.

티무르가 태어날 당시 몽골 제국에서 분리된 차가타이한국은 서쪽의 트란스옥시아나와 동쪽의 우글리스탄 지역으로 분열되어 있었다. 트란스옥시아나는 투르크계 귀족들이, 우글리스탄은 몽골족들이 실권을 잡고 있는 상황이었다. 티무르는 그중 트란스옥시아나에서 태어나 성장했으며, 그의 어린 시절에 대해서는 거의 알려진 것이 없다.

어른이 된 티무르의 가슴은 이미 정복욕에 활활 불타고 있었던 것 같다. 이

시기에 그는 무너진 몽골 제국의 현실
을 통탄해 하며, 자신이 옛 몽골 제국의
영화를 되찾겠다고 결심하기에 이른다.
그러나 몽골 제국의 뒤를 잇는 자는 반
드시 칭기즈칸의 후손이어야 했기에 티
무르는 우선 칭기즈칸 직계 후손이었던
아미르 카즈간(명목상 트란스옥시아나의 통치자였
음)의 손녀와 혼인부터 서둘러 했다.

티무르의 용맹을 나타내는 그림

　이때 동쪽의 우글리스탄으로부터 티글룩 테무르가 쳐들어와 트란스옥시아
나를 점령한 후 자신의 아들 일리야스 호자를 이곳 총독으로 세우는 일이 발생
한다. 이때 티무르는 티글룩 편에 붙어 충성을 맹세하여 일리야스 호자의 부관
자리에 오르는 이중성을 보였다. 그러나 티무르는 호자를 배신하고 도주하여
자신의 처남이자 아미르 카즈간의 손자였던 후사인과 연합하여 트란스옥시아
나를 쳐서 정복하기에 이른다. 그러나 이 당시 티무르의 아내이자 후사인의 누
이동생이 급사하는 일이 발생하면서 두 사람 사이에는 냉기류가 흐르기 시작
한다. 결국 티무르는 자신이 왕이 되기 위해 걸림돌이 되었던 후사인마저 물리
친 후 트란스옥시아나의 통치자 자리를 차지한다.

　이처럼 이 시기의 티무르는 권력을 차지하기 위해 수단과 방법을 가리지 않
는 교활함을 보였다. 이렇게 하여 왕의 자리를 차지한 티무르는 자신이야말로
칭기즈칸의 유일한 후계자라고 선언하며 드디어 대정복 사업에 나서겠다고 공
언하기에 이른다. 한편 티무르는 이슬람교 신봉자였기에 자신의 정복 사업을
'성전(지하드)'이라고 외치는 이중성을 보여 주기도 했다.

세 계 의   정 복 자 로   떠 오 른   티 무 르

드디어 권력을 장악한 티무르의 정복 사업이 시작

되었다. 이때부터 그는 약 30년간의 정복 전쟁에서 서쪽으로는 소아시아와 지

중해 동쪽의 시리아까지, 동쪽과 남쪽으로는 북인도까지, 그리

고 북쪽으로는 카프카즈(현 러시아 남부)와 킵차크한국까지 이르는

대제국을 건설하였으며, 마지막으로 당시 최고의 강국이었던

오스만 제국과의 앙카라 전투까지 승리하며 당대 최고의 영웅

으로 떠오른다. 짧은 시간 그가 일으킨 전쟁이 너무도 많았기에

이를 연도별로 정리해 보면 다음과 같다.

_ 킵차크한국
칭기즈칸이 죽은 뒤 자손들 간의 알
력 다툼으로 바투가 건설한 몽골 4
한국의 하나로 금장한국이라고도 한
다. 많은 전투에서의 승리로 영토를
확장시키고 기틀을 다진 몽골 제국의
서쪽 봉건국 킵차트한국은 지중해 특
히 이집트 맘루크 왕조와 제노바와의
광범위한 교역으로 13세기 중엽에서
14세기 말에 최대 번영을 누렸다.

1369년 권력 장악. 사마르칸트를 수도로 티무르 제국(서 차가타이한국) 세움.

1380년~1389년 이란 지방의 카르토 왕조를 멸망. 여러 전투 끝에 이 지역을 차지함.

1393년 당시 바그다드를 차지하고 있었던 자라일 왕조를 물리침.

1395년 킵차크한국을 격파해 모스크바까지 진격.

1397년 다섯 차례에 걸쳐 침입한 끝에 무글리스탄(동 차가타이한국)을 복종시킴.

1398년 인도에 침입해 델리 점령.

1401년 시리아 정복.

1402년 오스만 제국의 바야지트 1세와 격돌하여 승리함.

이상의 기록을 보면 놀랍기 그지없다. 근 30여 년 동안 계속된 전쟁에서 단

한 차례도 패한 적이 없다는 사실 때문이다. 이 때문에 그는 칭기즈칸 이후 또

다시 대제국을 건설할 수 있었다. 또한 당시 최강이라 불리던 오스만 제국과의 격돌에서도 승리했다는 사실은, 왜 우즈베키스탄인들이 그를 영웅으로 받드는지 충분히 이해할 수 있게 한다.

그가 이렇게 무수한 전쟁에서 승리를 거둘 수 있었던 요인으로 군사 전문가들은 '게릴라 전술'을 들고 있다. 즉, 이는 적은 병력으로도 적군을 물리칠 수 있는 고도의 전술을 말한다. 그의 게릴라 전술을 엿볼 수 있는 대표적 전투가 바로 그의 처남 후사인과의 권력 다툼에서 있었던 전쟁이다.

티무르는 당시 후사인과의 경쟁에서 밀려 자신의 추종자 3백여 명을 데리고 탈출을 시도한다. 이 사실을 간파한 후사인은 1만여 명의 군사를 이끌고 티무르를 추격하였다. 3백 대 1만. 만약 정면으로 맞붙는다면 도저히 게임이 되지 않을 대결이었다. 그러나 이때 티무르는 치고 빠지는 게릴라 전술로 후사인의 1만 군대를 혼란에 빠뜨렸다. 후사인의 군대는 곧 분열의 조짐을 보이기 시작했고, 그 틈을 타 몽골 청년들을 부추긴 끝에 1만 명보다 훨씬 많은 병사를 모집할 수 있었다. 이 병력으로 후사인을 역공한 티무르는 가볍게 후사인을 물리치고 권력을 잡을 수 있었던 것이다.

이제 티무르를 진정한 영웅으로 만들어 준 전쟁, 오스만 제국과의 앙카라 전투에 대해 살펴보자.

앙카라 전투(Battle of Ankara)
1402년 티무르와 오스만 투르크 바야지트 1세가 벌인 싸움으로 소아시아의 시바스후국(侯國)을 공격한 바야지트의 12만 병력에 인도 코끼리군을 포함한 20만 대군의 티무르 군대가 7월 20일 터키 앙카라에서 맞붙었는데 전세는 티무르군의 우세로 기울었고 도망치던 바야지트도 말에서 떨어져 붙잡혔다가 다음 해 병사하였다. 자살이라는 설도 있다.

코끼리 부대

말과 마찬가지로 겁이 많고 고성에 민감한 코끼리는 도강이나 산악 지대를 넘는 데 있어 애를 먹는 동물임에도 불구하고 티무르는 전장에 투입시켜 전투용으로 상대방에게 심각한 타격을 가했다. 무거운 중장비의 수송에도 적격이기에 지금도 인도나 태국 등지에서는 코끼리가 무거운 목재를 나르는 장면을 쉽게 볼 수 있다. 티무르도 인도 코끼리를 출격시킨 앙카라 전투에서 대 오스만 투르크군을 격파했다.

앙카라 전투에서의 티무르와 바예지드 1세

인도와 시리아까지 굴복시킨 티무르 앞에는 이제 동쪽 지역의 실권을 장악하고 있는 최강국 오스만 제국만이 남아 있었다. 티무르는 오스만 군대가 이전까지 맞붙었던 그 어떤 상대보다 강하다는 사실을 미리 간파하고 있었다. 때문에 인도 침략 시 데리고 온 대규모 코끼리 부대를 이끌고 드디어 앙카라^(현 터키의 수도) 평원에 도착하여 먼저 진을 치고 있었다.

이를 알아챈 오스만의 바예지드 1세는 직접 투르크 기병을 이끌고 티무르에게 선제공격을 가했다. 이때 좌우에는 헝가리, 루마니아 등에서 데리고 온 유럽 용병 부대를 배치하였는데, 이것이 결정적인 패인이 될 줄은 몰랐다. 왜냐하면 이들은 오스만에 대한 충성도가 약했기 때문에 게릴라 전술에 익숙했던 티무르의 병사들이 이들을 쉽게 농락해 무너뜨릴 수 있었기 때문이다. 좌우가 무너지자 티무르의 용맹한 코끼리 부대는 거침없이 오스만의 병사들을 물리쳤고, 그 용맹하다는 오스만의 군대는 속절없이 무너지고 말았다. 그리고 바예지드 1세는 포로로 잡혔다. 드디어 티무르가 오스만 대군을 물리치고 세계 최고의 영웅으로 등극하는 순간이었다.

정 복 지 마 다   해 골   피 라 미 드 가   쌓 이 고

우즈베키스탄의 영웅 티무르는 그러나 세상 사람들에게는 영웅의 이미지보다 극악무도하고 잔인한 정복자로 더 유명하다. 이는 그가 정복지를 다니면서 역사상 유례를 찾아보기 힘든 학살을 감행했기 때문이다. 지금부터 그가 잔인하게 행한 악행을 더듬어 보기로 하자.

1383년 당시 티무르는 자신이 지배하고 있던 지역인 사브제와르(현 이란의 동부에 있는 도시)와 세이스탄(Seistan, 이란, 아프가니스탄의 국경 지대에 있는 지역)에서 반란이 일어나자 군대를 출동시켜 무력으로 이들을 진압하였다. 그리고 이들 지역을 반란 지역으로 선포하고 어른 아이할 것 없이 수천 명에 달하는 마을 사람들을 모두 산 채로 차곡차곡 쌓아 산처럼 만들었다. 거기에 진흙과 돌을 마구 뿌려 사람들을 서서히 죽어가게 했다. 이렇게 하여 시체들로 만들어진 탑이 세워졌는데, 훗날 사람들은 이를 '해골 탑'이라 불렀다.

그의 악행은 여기에서 그치지 않았다. 1385년 당시에는 티무르가 서부 이란 지역을 넘보고 있을 때였다. 그는 먼저 종교 전쟁의 이유를 들면서 기독교도들이 살고 있다는 루리스탄(이란 서부 자그로스 산맥 속에 있는 한 지방)으로 진격하였다. 이 지역에는 산적들이 들끓고 있었는데, 이들은 주로 메카로 가는 상인들을 상대로 약탈을 일삼고 있었다. 티무르는 이 산적들을 모두 잡아다 산꼭대기로 데리

병사들 뒤에 보이는 것이 그 유명한 해골 탑이다. 반란 지역의 남녀노소를 불문하고 산 사람들을 산처럼 쌓아 죽게 만든 시체 탑이다.

고 간 후 무참하게도 그곳에서 모두 아래로 던져 버렸다고 한다.

또한 이스파한(이란 중부 도시)을 점령했을 때 그가 저지른 악행에 대해서는 그가 직접 당대 최고의 역사가들로 하여금 기록하게 한 『승전기』에 다음과 같이 써 있다.

7만여 개의 머리가 이스파한 성벽 바깥에 산처럼 쌓였고, 마을 곳곳이 해골 무더기로 덮였다.

티무르의 악행은 메소포타미아의 타크리트(현 이라크 북부)를 점령한 후에도 계속되었다. 그는 적병들을 모조리 죽인 후 그들의 머리를 잘라 피라미드 모양의 산을 쌓았다. 그의 이러한 악행은 바그다드는 물론 알레포(시리아의 도시)와 다마스쿠스(시리아의 수도)로까지 이어졌다.

그런데 이 두 곳에서 그는 철저한 이중성을 보여 주기도 했다. 알레포를 점령한 후에는 이곳 이슬람 학자들에게 매료되어 그들의 문화를 칭송하는 등 평화적인 분위기를 조성하는 듯했지만, 한편으로는 맘루크 왕조의 병사들과 이곳 주민들을 가차 없이 학살하였다. 그리고 그는 다마스쿠스로 진격하였다. 다마스쿠스에서도 그의 이중성은 계속되었다.

그가 다마스쿠스의 성문 앞까지 진격해 왔을 때 이미 티무르의 소문을 들은 이곳 사람들은 지레 겁을 먹고 티무르에게 먼저 평화 협상을 제안했다. 이에 티무르가 협상을 받아들이는 척하자 그들은 성문을 열어 주었고, 그곳으로 쳐들어간 티무르는 악인으로 돌변하였다. 그는 가차 없이 철저한 약탈과 학살을 자행하였다. 이때 우마이야 왕조 최고의 모스크가 불타 없어졌다고 한다.

특히 그는 이곳에서 이븐 할둔이라는 학자로부터
최고의 코란을 선물로 받고 이에 고무되어 그로 하여
금 10여 권이 넘는 책을 저술하게 하고, 이곳의 기술
자, 문인, 학자, 노예 등을 포로로 데려갔다. 그는 잔인
성 이면에 문화를 사랑하는 마음도 가지고 있었던 것
이다. 이때 데리고 갔던 학자 중 이븐 아랍샤는 훗날
티무르의 역사를 기록하는 업적을 남기기도 했다.

한편 티무르는 인도를 침략했을 때도 엄청난 악행
을 저질렀다. 당시 인도의 델리는 매우 부유한 도시였
다. 그러나 티무르를 만난 델리는 순식간에 지옥으로
변해 버렸다. 티무르는 수만 명 주민의 목을 친 후 그
머리로 만들어진 피라미드 산을 도시 곳곳에 세웠으

티무르가 태어난 고향 마을에 세워진 궁전 기둥
기둥 곳곳에 아랍어가 새겨져 있다.

며, 이곳에 넘쳐 나는 엄청난 보물들을 약탈하기에 정신이 없었다. 그리고 100
여 마리에 가까운 코끼리까지 데리고 고향으로 돌아와 자신의 수도인 사마르
칸트를 꾸미는 데 사용했다.

끝 이 없 는 티 무 르 의 야 망

끝없는 정복욕을 발휘하여 최강국 오스만 제국까
지 무너뜨린 티무르는 왜 유럽까지 세력을 펼치지 않았을까? 실제로 티무르는

오스만 제국을 무너뜨린 후, 이집트와 북아프리카를 접수하고 유럽까지 정복할 계획을 세웠다고 한다.

그러나 이런 꿈에 부풀어 있던 티무르는 이집트의 술탄으로부터 기린 1마리와 타조 9마리를 받게 된다. 이집트의 술탄이 티무르에게 복종한다는 뜻으로 보낸 선물이었다. 이집트의 술탄은 자기들은 티무르와 같은 이슬람 형제국임을 강조하며 제발 자기 나라를 침략하지 말아 줄 것을 애원하였다. 이때 아마도 야만적인 살인마 티무르에게도 일말의 인간적인 감정은 남아 있었나 보다. 티무르는 조용히 철수하고는 그의 시선을 동쪽으로 돌렸다.

정말로 티무르가 다음 정복지로 삼아야 할 곳은 이교도들의 나라인 중국이었던 것이다. 당시 중국은 몽골 제국이 세운 원나라를 멸망시키고 명나라가 들어서 있는 상황이었다. 그리고 그곳에는 중국 역사상 최고의 군인 제왕이라는 평을 듣는 영락제(永樂帝, 1360~1424)가 버티고 있었다. 영락제는 당시 5차례나 몽골을 정벌하였고, 헤이룽 강(흑룡강) 하구부터 쿠이(지금의 사할린)까지 영토를 넓힌 티무르 못지않은 중국 최고의 영웅이었다.

만약 이때 티무르와 영락제의 대결이 성사되었다면 이는 역사상 최고의 명승부가 될 뻔했다. 그러나 이때 티무르의 나이는 70세로 정력적인 젊은 영락제와는 비교할 수 없는 노인에 불과했다.

때는 1404년 12월, 살을 에는 듯한 매서운 바람까지 불어대면서 하늘은 티무르를 도와주지 않았다. 그 칼바람 같은 추위 속을 뚫고 겨우 침켄트 서쪽 시르다

영락제(永樂帝, 1360~1424)
명나라 제3대 황제(재위 1402~1424)로 북경 천도로 왕성하게 세력을 넓히고, 중앙 집권 체제를 강화했으며, 문화 사업에도 관심을 쏟아 명나라 학문을 종합한 『영락대전』, 『사서 대전』, 『오경 대전』, 『성리 대전』을 편찬하여 학술을 장려했다. 타타르와 여진족, 남으로 베트남을 정복하였으며 위신을 넓히기 위해 동아프리카에 심복 정화를 보내 외교 활동을 펼친 결과 다수의 나라로부터 조공을 받는 관계를 맺었다.

리아 강변의 오트라르에 도착했을 무렵, 티무르는 갑자기 열이 오르기 시작했다. 중병에 걸린 것을 직감한 티무르는 자신이 회복될 가망이 전혀 없다는 것을 깨달았다. 그는 대신들과 손자를 불러 뒷일을 부탁하고는 1405년 1월 19일 71세의 나이로 정복과 악행으로 점철했던 생을 마감했다.

티무르의 무덤과 비비하눔 모스크에 얽힌 전설

티무르는 영웅적인 행적을 남겼기에 그에 관한 많은 전설이 전해 내려오고 있다. 그중 몇 가지를 소개하고자 한다.

젊은 시절 티무르는 한때 힘없이 도망 다니는 신세가 된 적이 있었다. 그러나 이때 그는 우연히 개미가 자신보다 몇 배나 큰 곡식 한 톨을 지고 낑낑대며 담을 오르는 모습을 보게 되었다. 개미가 결국 담을 오르는 모습을 보고 티무르는 다시 용기를 얻어 칭기즈칸 못지않은 정복 왕의 자리에 오를 수 있었다고 한다.

또한 티무르는 못생기기로 유명했다. 한번은 무역상을 통해 거울을 선물로 받고는 처음으로 거울에 비친 자신의 모습을 보게 되었다. 그는 이때 처음으로 자신의 모습이 이렇게 못생긴 줄은 몰랐다며 탄식했다고 한다.

티무르에 얽힌 일화 중 그의 무덤에 관한 것과 비비하눔 모스크에 얽힌 이야기는 빼놓을 수 없다.

사마르칸트에는 구르 에미르(Gur emir, 티무르의 묘란 뜻)란 티무르의 묘가 있다. 그

1941년 발굴된 티무르의 묘당인 '구르 에미르' 안의 모습
앞에 보이는 관은 가짜로, 진짜는 같은 위치에서 지하로 4미터 정도 아래에 있다. 내부 사진 촬영은 돈을 받으며, 참배객들이 들러 예배를 보곤 한다.

런데 이 무덤 속의 검은 돌로 된 관 속에는 "내가 이 무덤에서 나오면, 커다란 재앙이 일어날 것이다"라는 문장이 새겨져 있다. 그래서 아무도 이 무덤을 건드리지 못하고 있었다. 그런데 1941년 당시 구소련의 고고학자들이 학문적인 연구라는 미명 아래 티무르의 무덤을 발굴하러 왔다. 이때 발굴 현장에 허술한 옷차림의 세 노인이 나타나 책을 펼쳐 보이며 고고학자들을 경고하였다. 책에는 "티무르 무덤에 손을 대면 전쟁이 일어나리라"란 글귀가 적혀 있었다. 그러나 고고학자들은 노인들의 말을 무시하고 티무르의 관을 열었다. 관 속의 사체는 분명 다리 한쪽이 불구인 것이 티무르의 것임이 분명했다. 그런데 놀랍게도 그 일이 있은 지 3일 후 2차 세계 대전이 일어나 독일의 히틀러가 소련(당시 이곳은 구 소련의 영토였음)을 침공하는 일이 일어났다. 정말로 티무르의 예언이 적중한 것이다. 이에 두려움을 느낀 소련의 지도자들은 즉시 관을 열지 못하게 납으로 용접하여 그 이후로는 한 번도 이 관이 열리지 않았다고 한다.

그리고 사마르칸트에는 중앙아시아 최고의 사원이라 불리는 비비하눔 모스크가 있다. 이 모스크는 티무르가 자신의 왕비 9명 가운데 가장 사랑했던 비비하눔을 위해 지은 사원이다. 티무르는 인도 원정에서 착취해 온 엄청난 보물들과 100여 마리에 달하는 코끼리를 이용하여 이 사원을 짓기 시작했다. 그러나 또 다시 전쟁에 나가야 했던 티무르는 이 사원의 건설을 사랑하는 왕비 비비하

눔에게 맡기고 원정에 나섰다. 그런데
이 사원의 건축을 맡았던 건축가가 그
만 아름다운 비비하눔을 보고 사랑에
빠지고 말았다.

그는 비비하눔에게 공사 완성의 조건
으로 자신에게 키스해 줄 것을 요구했
다. 비비하눔은 처음에는 터무니없는
건축가의 요구에 응하지 않았으나 티무
르가 돌아오기 전에 사원을 완성하고픈
마음이 간절했기에 결국 건축가에게 손
등에 키스할 것을 허락하고 말았다. 그
러나 건축가는 갑자기 비비하눔의 볼에
키스하였고, 이 자국이 비비하눔의 볼
에 반점으로 남게 되었다. 이윽고 원정
에서 돌아온 티무르는 이 반점 때문에

중앙아시아 최대 사원 비비하눔 모스크
티무르가 사랑하는 왕비 비비하눔을 위해 지은 사원

사건의 내막을 알게 되어 극도의 분노를 표출하고 만다.
건축가는 가차 없이 처형하였으며(일설에는 도망갔다고도 함), 비
비하눔은 완성된 비비하눔 모스크의 첨탑으로 데리고 가
처참하게 내던져 버렸다. 이것으로도 분이 풀리지 않은
티무르는 제국의 모든 여자들에게 천으로 얼굴을 가리고
다니도록 엄명을 내렸다고 한다.

이슬람 여인의 모습
아름다운 머릿결과 얼굴을 천으로 가리는 히잡을
억압과 굴레, 차별의 상징이라 하는 이들이 있는
반면, 신과 남편에 대한 헌신이자 무슬림으로서
의 자부심과 긍지의 표현이라 말하는 사람도 있
다. 가린 부위나 범위에 따라 히잡, 차도르, 니캅
으로 구분된다.

푸른 수염의 변태 성욕자 질 드 레. 수많은 아동을 살해하고 수많은 여자들을 범한 세기 최고의 악마인 그는 결국 사랑했던 여인 잔 다르크처럼 화형에 처해져 생을 마감했다.

악의 쾌락에 빠진 전쟁 영웅

질 드 레

잔혹 동화 『푸른 수염』의 실제 주인공

어릴 적 들었던 무시무시한 이야기 한 대목으로 질 드 레 이야기를 시작해 볼까 한다.

옛날 옛날에 푸른 수염이라 불리는 귀족이 살았다. 그는 여러 번 결혼했으나 희한하게도 그의 아내들 행방을 아는 이는 아무도 없었다. 이웃집 막내딸은 푸른 수염의 성화에 못 이겨 결혼식을 치르고 그의 성에서 함께 살게 되지만 어쩐지 마음 한 구석이 꺼림칙하고 두렵기만 했다. 하루는 푸른 수염이 지방에 일이 있어서 오랫동안 성을 비워야 할 것 같다며 성의 모든 열쇠를 그녀에게 맡

『푸른 수염』(La Barbe Bleue, 샤를 페로 作, 1697년)
이 동화에 등장하는 살인마는 15세기 프랑스의 연쇄 살인마 실존인물 질 드 레 백작을 모델로 한 동화이다.

「푸른 수염」의 한 장면

잔인하게 살인을 저지르는 푸른 수염
「푸른 수염」의 한 장면

기는데 오직 하나, 절대로 들어가서는 안 되는 방이 있다고 경고한다. 하지만 호기심을 억누르지 못하고 금지된 방의 문을 열게 되는데……

그녀가 보게 된 것은 그 방에 꽁꽁 숨겨져 있던 푸른 수염의 끔찍하고도 추악한 비밀이었다. 방은 피로 얼룩져 있었고, 벽에는 사라졌던 푸른 수염의 아내들이 시체가 되어 갈고리에 걸려 있었다.

유명한 잔혹 동화 『푸른 수염』은 언제 들어도 등골이 오싹하다. 그런데 푸른 수염 이야기가 더욱 잔인하고 무서운 이유는 이 이야기의 실제 주인공이 정말로 존재했었다는 사실에 있다. 그가 바로 질 드 레이다.

질 드 레는 동화 속 주인공처럼 부유한 귀족이었고, 게다가 별명도 푸른 수염이었다. 다른 점이 있다면 질 드 레는 전쟁 영웅이었고, 아내 대신 아이들을 이유 없이 죽였다는 점, 그리고 그 수법이 훨씬 더 잔인하고 변태적이라는 점이다.

1440년 5월, 질 드 레의 티포주 성에 사람을 잡아먹는 악마가 살고 있다는 소문이 소리 없이 퍼지기 시작했다. 하지만 질 드 레는 나라를 구한 전쟁 영웅이자 프랑스 내에서 가장 넓은 영토를 가지고 있는 부유한 영주였다. 아무도 그를 함부로 조사할 수는 없었다.

그러나 주변 마을의 소년들이 계속해서 행방불명되고 부모들의 탄원이 계속되자 9월에 정식으로 질 드 레에 대한 체포령이 내려졌다. 마침내 티포주 성의 모든 출구를 막아 질 드 레를 체포했다.

병사들은 횃불을 들고 지하실로 내려가자 이상한 냄새가 지하실 계단에 가득했다. 불길하고 생각에 배짱 두둑한 병사조차 지하실 문을 선뜻 열지 못하고 주춤했다. 설마 설마 하는 마음으로 조심스럽게 문을 밀었다. 끼이익. 드디어 온갖 소문이 들끓었던 티포주 성의 지하실이 활짝 열렸다.

〈질 드 레〉(Gilles de Rais, 스테파노 볼로그니니 作, 1921년)

질 드 레(Gilles de Rais, 1404~1440)는 프랑스 귀족이자 군인으로, 한때 잔 다르크의 전우로 백년전쟁에서 활약했다. 그러나 잔 다르크 화형 후 강간, 고문, 수많은 아동 살해로 기소되어 유죄 판결을 받아 처형당했다. 한 세기 뒤의 사디즘적인 행각을 벌인 헝가리의 귀족 에르체베트 바토리와 함께 근대 연쇄 살인범의 전조로 여겨지고 있다.

정말 악마라도 살았던 것일까? 그곳은 지옥이었다. 지하실 바닥은 피로 얼룩져 있었고 한쪽 벽에는 벌거벗은 아이들 시체가 갈고리에 걸려 매달려 있었다. 여기저기 피 묻은 도끼와 화살, 칼, 채찍이 흩어져 있었고 지하실 한구석에는 잘린 머리 6개가 탁자 위에 놓여 있었다.

참혹하고 끔찍한 광경은 눈 뜨고 볼 수 없을 정도였다. 병사들은 차마 보지 못하고 고개를 돌렸고 구역질을 하거나 기절을 하는 병사도 있었다.

티포주 성 안에서는 50여 개가 넘는 작은 두개골이 추가로 발견되었다.

결국 악마가 사람을 잡아먹는다는 소문은 사실로 판정이 났다. 그 악마는 질 드 레였고, 악마가 잡아먹은 사람은 무려 300명이 넘는 아이들이었던 것이다.

공 포 의 성 , 그 안 에 선 무 슨 일 이 ?

질 드 레는 소아 살해, 남색, 향마술, 신성 모독, 이단
등의 죄목으로 체포되었고, 곧 종교 재판을 받았다. 그러나 그는 끝까지 죄를
부인하고 주교에게 욕설을 퍼부었다. 할 수 없이 그를 고문하기로 결정했다.
그러자 무릎을 꿇고는 제발 고문만은 하지 말라고 애원하며 스스로 자백했다
고 한다. 아이들 목숨을 파리 목숨처럼 여겼던 연쇄살인마라고 하기엔 참으로
약한 모습이 아닐 수 없다.

당시에는 피고를 쇠의자에 묶은 뒤 불꽃이 활활 타오르는 난로를 향해 의자
를 조금씩 옮기는 고문, 피고에게 가죽 장화를 신기고 그 장화 안에 펄펄 끓는
물을 붓는 고문 등이 있었다고 한다.

티포주 성
프랑스 뱅데 주, 티포주 코뮌에 위치한 12세기와 16세기 사이에 건축된 성으로 언덕 위에 위치하여 적에 대항하여 보호
할 수 있게 하였다. 또한 푸른 수염으로 알려진 티포주 성의 소유자 질 드 레 이후로 푸른 수염의 성으로 알려져 있다.

그는 성 안에서 일어났던 일들을 침착하게 자백하기 시작했다.

질 드 레는 부하들에게 아이들을 잡아오라고 명령했다. 그들은 처음에는 길거리의 고아들을 유인했고, 점점 평민의 아이들을 납치하기 시작했다. 그리고 소년 기사단을 만들어 아예 대놓고 아이들을 끌어모으기도 했다.

부하들이 성으로 데리고 온 아이들은 주로 6살에서 18살 사이였다. 질 드 레는 주로 남자 아이들, 그중에서도 금발머리에 파란 눈을 가진 소년을 특별히 좋아했다고 한다.

부하들이 아이들을 잡아오면, 질 드 레는 우선 벌벌 떨고 아이들을 인자한 얼굴로 안심시켰다. 악마의 얼굴을 철저히 숨긴 채 아이들에게 맛있는 음식을 먹이고 좋은 옷을 입히고 편안한 잠자리를 내주었다.

며칠 지나면 길거리 출신 아이일지라도 오래 묵은 때가 벗겨져 몰라보게 사랑스러워졌다. 그러면 질 드 레의 눈빛은 악마로 변했다. 한번 맛본 악의 쾌락을 잊지 못하고 몸을 떨었다. 그는 일그러진 미소를 지으며 한 소년을 가리켰다.

부하는 서둘러 그 소년을 예쁘게 단장시켰다. 붉은 루즈를 칠하고 뺨에는 장미색 연지를 바르게 했다. 실크 브래지어와 팬티, 스커트와 스타킹을 신게 했다. 그리고 우아한 모습으로 나이트가운을 걸치고 있는 질 드 레의 방 안으로 들여보냈다.

질 드 레는 여장을 하고 방 안을 돌아다니는 소년을 무심히 바라보았다. 그러다 갑자기 달려들어 소년의 목을 조르기 시작했다. 고통에 몸부림치는 소년의 얼굴을 보자 그는 점점 더 흥분하기 시작했다. 그의 눈은 핏발이 선 채 이글이글 타올랐다. 주체할 수 없는 욕망의 늪에 빠져 버린 그는 품에 감춰 두었던 칼을 꺼내 소년의 목을 찔렀다. 그리고 소년의 시체 위로 올라가 음탕한 행위를 했다. 때론 시체를 토막 내고 내장을 빼내 그 냄새를 즐기기도 했다고 한다.

또한 그는 소년들의 시체에서 잘라 낸 머리를 벽에 걸어 놓고 소년들의 외모를 평가해 순위를 매기기도 했다고 덧붙였다.

지금도 공포의 성, 티포주에서 일어났던 일들이 낱낱이 공개돼 재판 기록으로 남아 있다. 그러나 당시 질 드 레가 고백한 내용은 너무나 끔찍해서 심한 부분은 아예 재판 기록에서 삭제해 버렸다고 하니 그의 악마적 범죄 행각이 어느 정도였는지 상상조차 할 수 없다.

그는 140명의 소년을 유괴해 잔혹한 고문 끝에 살해한 사실을 털어놨다. 하지만 실제로 그가 유괴한 소년의 수는 그보다 훨씬 많은 300명에 달한다고 전해진다. 그가 시신 대부분을 매장하거나 불에 태워 없애 버렸기 때문이다.

악마의 사운드 질 드 레 앨범 표지

그 뒤 프랑스에서는 질 드 레를 주인공으로 한 무시무시한 푸른 수염의 악마 이야기가 입에서 입으로 이어져 오고 있었다. 당시 질 드 레의 공포가 프랑스를 얼마나 지배하고 있었는지 짐작할 수 있다.

아직도 프랑스 시골 마을에서는 칭얼대는 아이를 달랠 때면 이렇게 말한다고 한다.

"자꾸 울면 푸른 수염의 악마가 데려간다."

최초의 연쇄 살인마, 그의 정체는?

그는 왜 푸른 수염의 악마로 변했던 것일까? 그의 내면에 숨어 있는 잔인한 악마의 본성을 찾아내기 위해서는 그가 어떤 시대에 살고 있었는지 우선 알아야 할 것 같다. 그 속에서 작은 단서라도 발견할 수 있을 테니까.

역사상 최초의 연쇄 살인마, 질 드 레는 1404년 프랑스 부르타뉴 국경 근처 마쉬쿨에서 태어났다. 중세 유럽은 봉건주의 국가였다. 왕이 광활한 영토를 다스리는 중앙 집권적 체계가 아니라 영주들이 각자의 영토를 다스리고 국왕을 섬기는 방식이었다. 영주가 성을 하나 가지고 있으면 백작, 서너 개 이상이면 공작의 지위를 부여받았다. 국왕보다 영주의 세력이 큰 경우도 종종 있었다.

이처럼 군주, 영주, 기사, 농노로 이루어진 중세 사회는 영주의 세력이 막강했다. 농노의 주인인 영주는 그들의 소유권은 물론이고 마음대로 할 수 있는 지배권까지 누리고 살았다. 농노들은 결혼도 마음대로 못 하고 영주의 허락을 받아야 했는데 더 기가 막힌 것은 결혼 첫날밤에는 신랑 대신 영주가 신부를 취할 수 있었다는 점이다. 이것이 초야권이다. 이처럼 영주들은 농민들을 약탈하고 농민의 피와 땀으로 호의호식을 하며 살았다.

그의 아버지는 명문 라바르 가문 출신이고 그의 어머니도

_ 질 드 레를 모델로 한 작품들
질 드 레는 샤를 페로의 동화 『푸른 수염』의 주인공, 조지 버나드 쇼의 희곡 『성 조안』의 조연, 우로부치 겐의 소설 『fate zero』의 제4회 성배 전쟁의 서번트 캐스터로 등장한다. 또 오스카 와일드가 리딩 감옥에 수감되었을 때 작성한 서간집인 『절망에서』 가운데 알프레드 더글라스 경에게 보내는 긴 편지 구절 "나는 어느 면에서 질 드 레와 사드 후작 중간 안에 있다"에 등장한다.

질 드 레 문장
질 드 레는 1429년 샤를 7세의 대관식에서 프랑스 육군 원수로 임명되었고 전쟁의 공으로 가문의 문장에 왕가의 상징인 백합이 더해지는 프랑스 최고의 영예를 누렸다.

프랑스에서 가장 넓은 영토를 소유하고 있는 귀족 집안 출신이었다. 질 드 레는 7살 때부터 무술, 궁정 관습, 라틴어, 그리스어 등을 습득하며 영리한 아이로 자랐다. 그러나 14살에 부모를 여의고 외할아버지 손에서 자라면서 교육적인 환경에서 멀어지게 된다.

그의 외할아버지 장 드 크라옹은 교활하고 탐욕스러우며 권모술수에 능한 영주였다. 자기 목적을 달성하기 위해서라면 어떠한 수단과 방법도 가리지 않는 양심 없는 사람이기도 했다. 게다가 방탕한 생활을 즐기고 남색 기질도 있었다.

질 드 레의 아버지는 하나뿐인 아들을 그런 사람에게 맡기고 싶지 않았다. 숨이 넘어가는 순간에도 장인어른이 자기 아들을 맡아 키우지 못하도록 유언을 남길 정도였다고 한다.

그러나 어린 질 드 레의 후견인은 외할아버지로 결정되었다. 어린 질 드 레는 외할아버지 장 드 크라옹을 바라보며 청소년기를 보내고 성인이 되었다. 성적 취향과 탐욕, 방탕함이 그대로 대물림이 되었다. 늙고 추한 괴물은 새로운 괴물을 키운 셈이다. 질 드 레는 그런 외할아버지를 보며 양심이나 윤리를 배울 수 없었고, 선과 악의 구분도 모호해졌다.

게다가 당시 프랑스는 영국과 한창 전쟁 중이었다. 바로 1337년부터 무려 116년이나 지속되었던 그 유명한 백년전쟁이었다. 많은 땅을 가진 영주들은 딸이 시집갈 때 땅을 나눠 주었다. 이 때문에 프랑스 귀족 딸과 결혼한 영국 왕들은 프랑스에 많은 땅을 갖게 되었다. 그런데 13세기 무렵, 영국 왕의 프랑스 내 영토가 프랑스 왕보다 많은 지경이 되어 버렸다. 이에 영국 왕 에드워드 3세는 자신이 프랑스 왕위를 계승해야 마땅하다고 주장했다. 화가 머리끝까지

_ 백년전쟁(百年戰爭, Hund-red Years' War)
중세 말기 1337년부터 1453년까지 116년 동안에 영국과 프랑스가 벌인 전쟁으로 프랑스를 전장으로 하여 여러 차례 휴전과 전쟁을 되풀이하면서 계속되었다. 전쟁의 명분은 프랑스 왕위 계승 문제였으나 실제 원인은 영토 문제였다.

치솟은 프랑스 왕 필리프 6세가 영국 왕이 프랑스 내에 가지고 있는 영토를 몰수해 버린다. 이에 영국이 프랑스를 침략하게 되고 100년이 넘는 기나긴 세월 동안 전쟁을 하게 된 것이다.

외할아버지의 막대한 유산을 상속받아 프랑스 왕국에서 가장 부유한 사람 가운데 하나였던 질 드 레는 25살이 되자 갑자기 무슨 생각이 들었는지 군인의 길을 가겠다고 나섰다. 그는 1427년부터 8년간 프랑스군 소속 지휘관으로 복무를 하게 된다. 그곳에서 그는 인생에 전환기를 맞게 되고 운명적인 만남을 갖게 된다.

그가 사랑한 여자, 잔 다르크

전쟁 중반 까지는 영국이 우세했다. 파리를 점령했고 대부분의 프랑스 영토를 차지했다. 그러자 영국 왕 헨리 6세가 자신이 영국은 물론 프랑스 두 나라의 왕임을 자처했다. 프랑스에서는 샤를 7세가 왕위 계승에 나섰지만 영국군이 오를레앙을 포위하고 있어 대관식도 치루지 못하고 있는 형편이었다. 그때 무늬만 왕인 샤를 7세에게 한 줄기 희망의 빛이 비치게 된다. 바로 잔 다르크의 등장이다.

1429년 2월 25일 샤를 7세는 젊은 영주이자 지휘관인 질 드 레를 불렀다. 승리를 거듭하고 있던 잔 다르크의 부관으로

잔 다르크(1412~1431)
백년전쟁(1337~1453)에서 활약한, 절대적으로 열세였던 프랑스를 구해 낸 전설적인 프랑스 구국의 영웅이자 로마 가톨릭의 성녀. '오를레앙의 성처녀'라고도 불린다. 흔히 깃발을 들고 말 위에 올라탄 여기사의 모습으로 상징화된 인물이다. 백년전쟁에서 만난 잔 다르크를 마음에 둔 질 드 레는 남장 전사인 그녀의 부관으로 많은 전쟁을 승리로 이끌었다.

잔 다르크의 오를레앙 포위전을 그린 낭만주의 화풍의 그림

질 드 레를 임명하기 위해서였다. 그는 잔 다르크를 보자마자 그녀에게 빠져들었다.

프랑스의 작은 시골 마을 동레미의 양치기 소녀 잔 다르크는 '프랑스 왕국을 구하라'는 신의 음성을 듣고 고향을 떠나 600km를 달려와 샤를 7세를 알현했다. 17세의 남장 소녀 잔 다르크는 궁지에 몰린 프랑스를 위해 혼신을 다 바쳐 영국군을 격퇴해 프랑스의 영웅으로 떠올랐다.

빛나는 갑옷을 입고 선두에 서서 프랑스군을 지휘하는 잔 다르크의 모습 속에서 질 드 레는 자신의 절대적인 이상형을 발견하게 된다.

그에게 그녀는 지휘관이자 전우이며 사내아이이자 소녀이고 게다가 빛으로 둘러싸인 성녀였다.

잔 다르크는 적은 수의 프랑스군을 이끌며 오를레앙 전투에서 승리했다. 오를레앙이 해방되자 대대로 프랑스 왕조의 대관식 장소였던 랭스를 차지할 수 있게 되었고 마침내 샤를 7세의 대관식이 거행되었다.

항상 잔 다르크 곁에서 그녀를 지키며 용감하게 싸운 부관 질 드 레에게 파리에서 랭스까지 대관식용 성유를 나르는 임무가 주어지고, 그는 그 임무를 성실히 마쳤다. 그런 그를 프랑스 국민들은 잔 다르크에 버금가는 영웅으로 존경해마지 않았다.

방탕하고 제멋대로였던 영주 질 드 레는 잔 다르크를 만나 전쟁 영웅으로 다시 태어날 수 있었던 것이다.

1429년 7월 17일 샤를 7세의 대관식에서 질 드 레는 프랑스 육군 원수로 임명되었고 가문의 문장에 왕가의 상징인 백합이 더해지는 프랑스 최고의 영예도 누리게 된다.

하지만 프랑스 국민들의 존경도 국왕의 신임도 그의 악마적 본성을 바꿀 수는 없었다. 그가 잠시 영웅일 수 있던 이유는 잔 다르크 때문이었을 뿐 그녀가 사라지자 그의 악마성이 다시 고개를 내밀었다.

〈랭스에서 열린 샤를 7세 대관식의 잔 다르크〉(앵그르 作, 1854년)

왜 잔혹한 악마의 화신으로 돌변했을까?

다 이긴 전쟁에서 자꾸 밀리게 되자 영국군에게 잔 다르크는 눈엣가시 같은 존재였다. 영국은 호시탐탐 그녀를 없앨 기회만 노리고 있었다. 그러던 중 그녀의 독자적인 군사행동으로 샤를 7세의 심기가 불편해졌다는 사실을 알게 되고 그녀를 음해하기 위해 그녀가 마녀라는 소문을 퍼뜨렸다. 프랑스 백성들에게 전폭적인 사랑을 받고 있던 그녀는 프랑스 귀족들에게도 골칫덩이였다.

결국 1431년 봄, 잔 다르크는 신성을 모독하고 백성을 기만하고 악마에게 기도하고 미신을 숭배하며 문란한 여자라는 등 무려 16가지 죄목으로 붙잡혔다. 그녀는 화형대 말뚝에 묶이고 화형이 시작되었다. 시뻘건 불길과 검은 연기 사이로 그녀는 사라져 버렸다.

질 드 레는 그녀가 사라진 뒤에도 오를레앙 기념 축제 등 다양한 축제를 벌여 잔 다르크와 닮은 사람을 찾아내려 했다. 그러던 중 희한하게도 잔 다르크와 똑같이 생긴 사람을 발견해 그녀를 고용하였으며, 그녀가 진짜 잔 다르크라고 믿었다고 한다. 이처럼 그녀의 부재는 그를 혼란에 빠뜨렸다.

원래 질 드 레는 신앙심이 깊었다고 한다. 그러나 신의 부름을 받고 정의를 위해 프랑스를 구한 잔 다르크가 신의 구원을 받기는커녕 화형을 당하자 그는 절망에 빠져 몹시 괴로워했다. 결국 그는 신실했던 신앙심을 잃고 방황하다 흑마술에 빠지게 된다.

당시 중세 유럽에서는 유일신에 대한 맹목적인 믿음만큼이나 흑마술, 어둠의 마법 등의 신비주의가 팽배해 있었다.

〈감옥 안의 잔 다르크〉(폴 들라로슈 作)

신성 모독, 백성 기만, 미신 숭배, 문란한 여자 등 16가지 죄목으로 마녀로 몰려 화형당한 잔 다르크

마침 질 드 레에게 22살의 젊은 이탈리아 신부 프렐라티가 나타났다. 프렐라티는 남색에다 방탕하며, 흑마술과 연금술에 빠져 있었다. 그는 상처받고 곪은 질 드 레의 마음을 악마의 세계로 유혹했다.

사탄 숭배를 통해 자신의 힘과 권력을 더욱 증가시킬 수 있다는 프렐라티의 감언이설에 매료된 질 드 레는 사탄에게 바치는 제물로 아이들을 선택하게 된 것이다.

그들은 금속을 금으로 바꿀 수 있는 '철학자의 돌'의 비밀이 피 속에 있다고 믿고 아이들의 피를 받아 실험을 하고, 그 피로 마법의 주문을 외웠다. 그의 성에서는 밤이면 밤마다 악마에게 아이들 심장과 눈, 성기를 제물로 바치는 악마의 제식이 벌어졌다.

그러나 질 드 레의 악마성은 조심스럽게 현대에도 영향을 미치고 있다. 사디즘이라는 용어를 탄생시킨 프랑스 소설가 사드는 질 드 레를 발 벗고 찬양하고 있고, 『에로티즘의 역사』를 쓴 조르주 바타이유는 그를 이렇게 옹호하고 있다.

"끊임없이 괴롭히는 분노 말고는 무엇도 그를 막을 수 없었다. 내면의 모든 억압에 대한 부정과

사드(Sade, Marquis de, 1740~1814)
18세기 후반 프랑스의 소설가로 사회, 창조자에 대한 반항자로서 높이 평가된다. 사디즘이란 말을 낳을 정도로 성애 문학의 저자로서 성 본능에 대하여 날카롭게 관찰하여 인간의 자유와 악의 문제를 추구하였다. 작품으로 소설 『미덕의 재난 Les Infortunes de la vertu』, 단편집 『사랑의 범죄 Les Crimes de l'amour』, 『쥐스틴, 또는 미덕의 불행』, 『쥘리에트 Juliette』 등이 있다.

__ 사드의 '로즈 켈러 사건'
결혼 후 자신의 집에 창녀들을 불러들여 온갖 가학적인 성행위로 그녀들을 학대했다. 1768년에 처음으로 공개적인 추문이 일어났는데 이것이 로즈 켈러 사건이다. 부활절 일요일에 파리에서 만난 젊은 창녀 로즈 켈러를 자기 집으로 데려가 가두어 놓고 성적으로 학대했고, 로즈는 이웃들에게 상처를 보여 주며 사드의 비정상적인 행위와 잔인함에 대해 이야기했다. 이 일로 사드는 피에르앙시즈 요새에 투옥되었고 석방 뒤 마르세유로 간 그는 하인을 시켜 창녀들을 데려오게 한 다음 성적 가혹 행위를 저질렀다. 라투르 또한 주인의 명령으로 동성애 행위를 해야만 했다. 젊은 여자들은 성욕을 자극하는 최음제가 든 후작의 사탕을 먹고 위에 심한 통증을 느끼자 독약을 먹였다고 고발했다. 사드와 라투르는 체포되어 재판에서 사형 판결을 받았으나, 1772년 인형(人形)으로 대신 되었는데, 사형 판결이 내려지기 전에 그가 도망쳤기 때문이다. 탈출에 성공한 사드는 애인 사이인 처제 로네 수녀와 함께 이탈리아로 도망쳤다가 다시 돌아와 아내와 재회했다. 아내는 공범자가 되어, 남편이 납치해 온 소년·소녀들과 더불어 난잡한 쾌락을 함께 즐겼고, 소년·소녀들의 부모의 고발로 사드는 체포되어 1777년 뱅센의 지하 감옥으로 보내졌다. 갇혀 있는 동안 다른 죄수들과 잦은 싸움을 벌였고, 다른 죄수들을 선동하여 반란을 일으키려고도 했다.

다를 바 없는 범죄는 그 사내가 소유한 어린아이를 상대로 무한한 절대적인 힘을 느끼게 해 주었던 듯하다.”

질 드 레, 역사의 어둠과 의문 속으로

1440년 성 안에 은둔하며 악마 같은 만행을 저지르던 질 드 레의 최후가 시시각각으로 다가오고 있었다. 9월에 체포된 질 드 레는 10월 25일 전 재산을 몰수당하고 교수형에 처해진 뒤 화형될 처지에 놓였다. 광장에는 푸른 수염 악마의 마지막을 구경하러 나온 사람들로 북새통을 이루었다. 질 드 레는 반성의 기운도 없이 교수대에 매달려 아이들 부모들에게 앞으로는 아이들을 잘 보살피라는 충고까지 했다고 한다. 곧 그의 목은 교수대에 매달렸고 불길이 타올랐다. 오직 불이 타는 소리와 엄숙한 찬송가만이 울려 퍼질 뿐이었다.

질 드 레의 재판

그의 비참한 처형이 아이를 잃어버린 부모의 마음을 달래 주진 못해도 아이가 있는 가정에 작은 평화를 가져다 주기는 하였다. 사람을 잡아먹는 푸른 수염 악마는 이제 세상에 존재하지 않게 되었기 때문이다.

한편에서는 마녀사냥으로 화형을 당한 잔 다르크와 마찬가지로 질 드 레 또한 귀족들의 음모로 희생양이 된 것이라는 시각도 있다. 그가 워낙 방대한 영토의 주인이었기 때문에 그의 재산을 노리는 사람들이 많았고, 전쟁 영웅으로 유명해지자 그를 시기하는 자들도 늘어났다고 한다. 게다가 당시에는 아이를 잃어버리거나 심지어 버리는 경우도 허다했고, 의학이 발전하지 못해 아이들이 많이 죽었던 시대라는 것도 간과할 수 없다는 것이다. 하지만 역사가들은 그럴 확률은 무척 적다고 보고 있다.

그렇게 질 드 레는 역사의 어둠 속으로 사라졌지만 그가 벌인 충격적이고도 엽기적인 행각은 아직도 무시무시한 공포로 남아 있다.

형장으로 끌려가는 질 드 레의 모습

V l a d I I I

흡혈귀의 원조 블라드 3세, 드라큘라. 그
는 루마니아 역사상 가장 잔인한 통치자
로 산 사람을 꼬챙이로 찔러 죽이고 그 시
체를 삶아 병사들에게 먹이며, 그 장면을
보면서 식사를 즐겼다.

악랄함의 극치를 보여준 루마니아의 영웅

블라드 3세, 드라큘라

흡혈귀 드라큘라의 실존 모델

루마니아 민족의 역사서에 등장하
며, 민족 영웅으로 추앙받는 인물 중 한 명으로 블라드 3세가
있다. 그런데 이 블라드 3세가 바로 우리의 온몸에 소름을 돋게
했던 무시무시한 흡혈귀 드라큘라 백작의 실존 모델이었다고
하니 귀가 솔깃하지 않을 수 없다. 도대체 루마니아의 영웅이
었다는 사람이 어떻게 흡혈귀 드라큘라가 될 수 있단 말인가!

그는 실제 15세기 루마니아 지방의 왈라키아(Walachia, 현 루마
니아의 남서부) 공국을 다스린 영주였으며, 그때 행한 잔악무도한
처형 방법 때문에 드라큘라라 불리게 되었다고 한다. 도대체 그는 어떤 방법을

블라드 3세(Vlad III, 1431~1476)
블라드 체페슈, 블라드 더 임펠러, 블라드
드라큘라라고도 불린다. 드라큘라란 이름은
그의 아버지의 이름인 드라큘에서 따온 것
으로 오늘날 드라큘라 얘기를 탄생시킨 장
본인이기도 하다. 전쟁 중에 잡힌 포로들을
말뚝에 꽂아 처형하는 방법으로 루마니아
역사상 가장 잔인한 통치자로 유명하다.

블라드 드라큘라의 잔인한 집단 말뚝형 집행을 묘사하고 있는 루마니아의 역사 판화

사용했기에 드라큘라라 불리게 되었을까? 이에 대해 15세기의 독일 뉴른베르그의 출판물에 기록된 한 부분을 인용해 보자.

왈라키아 공국에는 블라드 3세라는 피에 굶주린, 꼬챙이 인간 드라큘라가 있다. 드라큘라는 잔인무도하게도 산 사람의 등을 나무꼬챙이나 쇠꼬챙이로 찔러 죽인 다음 손발을 자르고 머리털을 뽑고 전신을 토막 내었다. 그리고 머리는 큰 솥에다 삶고 살덩이는 햄으로 만들어, 아이의 시체는 어미에게 먹이고 도끼로 절단한 병사의 손발은 동료 병사에게 먹였다. 또한 허다한 남녀의 토막 시체가 궁전의 정원에 널려져 있고 그 피 냄새에 숨이 탁 막힐 지경이었다. 꼬챙이에 찔린 사람들 중 아직 살아 있는 사람들도 성 밖에 세워져 날아가는 새와 지나가는 개의 밥이 되게 하였다. 악귀의 화신인 드라큘라는 이 지옥과 같은 광경을 바라보며 식사를 즐겼다.

이 기록이 사실이라면 정말 소름끼치는 일이 아닐 수 없다. 어떻게 인간을 저리도 잔인하게 죽이고 식인종처럼 먹을 수 있단 말인가. 물론 이 기록은 블라드 3세에게 당했던 유럽인의 시각에서 쓰여진 글이라 분명히 조금은 과장된 면이 있을 것이다. 그러나 정도의 차이는 있겠지만 블라드 3세가 이러한 꼬챙이 살인을 즐겼다는 사실만은 분명한 것 같다. 도대체 블라드 3세는 어떤 인물이었기에 이런 잔인한 인간이 되었을까? 이제 그 신비한 인물 속으로 파고들어가 보자.

원한에 사무쳤던 블라드의 성장기

블라드 3세(Vlad III, 1431~1476)는 본래 이름인 블라드 더 임펠러 외에 사람들 사이에 두 가지 이름으로 더 불린다. 하나는 블라드 체페슈이고, 다른 하나는 블라드 드라큘라이다. 여기서 전자에 등장하는 '체페슈'는 꼬챙이라는 뜻으로 그가 행한 꼬챙이 살인 때문에 붙여진 별명이다. 또한 후자의 '드라큘라(Dracula)'라는 이름은 그의 아버지 블라드 드라큘(Blad Dracul)의 이름에서 유래한 것이다. 아버지의 이름 Dracul에 어미 a가 붙은 Dracula는 '드라큘의 아들'이란 뜻이

드라큘라의 생가로 알려진 곳
블라드 3세가 태어난 집으로, 드라큘라 백작의 아버지 블라드 쩨뻬쉬 2세가 1431년부터 1436년까지 살았다. 루마니아 무레슈주 시기쇼아라 지구의 시계탑 근처 성당 광장에 있는 황갈색 3층 건물이다. 현재는 레스토랑으로 운영되고 있다고 한다.

다. 여기서 드라큘의 의미는 '용' 또는 '악마'란 뜻을 가진다. 루마니아어로 용을 'dragon(드라곤)'이라고도 하지만 악마라는 뜻의 dracul(드라큘)도 '용'이라는 뜻을 함께 가지고 있다.

블라드 3세의 출생에 관한 이야기는 그의 아버지 블라드 드라큘(이후로 블라드 2세)과 함께 시작된다.

블라드 2세는 당시 왈라키아 공국(현재의 루마니아)을 다스리는 왕이었다. 그는 신성 로마 제국의 황제였던 지기스문트(Sigismund, 1368~1437)로부터 '용(또는 악마)의 기사단'의 기사로 임명받으면서 이후로 블라드 드라큘로 불리게 되었다.

런던의 마담 투소 박물관 '공포관' 입구에 세워져 있는 블라드 3세의 모습
얼굴은 블라드의 실제 초상화와 매우 흡사하다. 프란시스 포드 코폴라 감독의 영화 〈드라큘라〉 초반부에 등장하는 게리 올드만은 바로 이 모습에 기초하여 분장을 한 것이라고 한다.

블라드 체페슈는 1431년(혹은 1430년), 이러한 아버지와 어머니인 몰다비아 공녀 크네아지아 사이에서 둘째 아들로 태어났다. 위로는 형인 '미르체아'가 있었고 후에 동생인 '라두'가 태어났다.

당시 동유럽 국가들은 발칸에서 일어난 오스만 제국의 위협을 받고 있는 상황이었다. 왈라키아 공국 역시 예외가 아니었기에 블라드 2세는 신성 로마 제국의 속국이었던 헝가리와 동맹 관계를 맺고 대항하고 있었다. 이러는 사이 1436년에 왈라키아 공국의 블라드 2세는 오스만 제국의 공격을 받고, 이에 굴복하여 오스만에 협력하는 조건으로 강제 동맹을 맺고 만다. 이때 그는 술탄 무라드 2세에 의해 어린 두 아들(블라드 체페슈와 그의 동생 라두)과 함께 오스만 제국으로 끌려가는 신세가 된다.

얼마 후 오스만 제국은 두 왕자만 인질로 남기고 아버지 블라드 2세는 석방한다. 이 때문에 블라드 체페슈는 오스만 제국에서 포로로 자그마치 16년의 세월을 보내야 했다. 이러는 사이 그의 고향 왈라키아 공국에서는 자신들을 배신하고 오스만과 동맹을 맺었다는 이유로 헝가리에 의해 아버지 블라드 2세가 암살당하고 형이 생매장당하는 처참한 일이 일어난다. 그리고 그의 친척들도 대부분 처형당하거나 고통 속에 사라져 갔다. 어린 시절부터 이국땅에서 포로로 지내며 이러한 일을 지켜봐야 했던 블라드의 마음속에는 이루 말할 수 없는 분노와 원수들에 대한 적개심이 자리 잡았을 것이다.

한편 오스만 제국은 다시 왈라키아 공국을 자신들의 지배 하에 두기 위해 블라드를 풀어 주고 그를 왈라키아 공국의 왕으로 자리에 앉힌다. 왕위에 오른 것도 잠시 블라드는 한차례 위기를 겪고 잠시 왕의 자리에서 물러나기도 하지만, 행운을 얻어 다시 왕의 자리에 오른다. 이렇게 하여 아버지 블라드 2세의 뒤를 이어 블라드 3세가 왈라키아 공국의 왕이 된 것이다.

드 디 어 잔 혹 성 을 드 러 내 고

왕위에 오른 블라드는 가장 먼저 나라를 안정시키기 위해 군대를 강화하였다. 이는 아버지 때와 같은 일을 당하지 않기 위해서였다. 또한 급변하는 국제 정세 때문이기도 했다. 당시 거침없이 세력을 떨치고 있던 오스만 제국이 드디어 기독교의 마지막 보루였던 동로마 제국(비잔틴 제국)을 삼켜 버린 것이다. 이에 바티칸을 중심으로 하는 기독교 국가들은 오스만 제국을 응징할 것을 결의하였다.

이 결의에 블라드도 동참하여 과감히 오스만 제국에게 바치던 공납을 거부하기에 이른다. 이에 발끈한 오스만 제국에서는 즉시 블라드에게 사신을 보냈다. 이때부터 블라드의 잔혹성이 기록되기 시작한다.

"도대체 뭘 믿고 공납을 바치지 않는 것이오?"

그러자 블라드는 자신 앞에서 거만하게 굴고 있는 사신들을 향해 외쳤다.

"저놈들을 당장 꼬챙이로 찔러라!"

그러자 블라드의 부하들이 우르르 몰려와 날카로운 장대로 사신들을 찔러 버렸다. 그리고 장대를 번쩍 들자 장대는 순식간에 사신들의 가슴을 뚫고 튀어

오스만 사신을 접견하는 블라드
블라드 드라큘라는 섬뜩하고 잔인한 유머를 즐겼다고 한다. 그를 알현하는 사신들은 말뚝형에 처해지지 않도록 항상 말조심을 해야 했다.

나왔다. 여기저기 비명 소리가 난무하고 벌건 핏덩어리가 튀겼으며, 현장은 순식간에 아수라장으로 변해 버렸다.

이 소식을 들은 오스만 제국이 가만히 있을 리 만무했다. 오스만 제국은 즉시 대군을 이끌고 왈라키아를 침공했다. 그런데 이쯤에서 짚고 넘어가야 할 게 있다. 당시 오스만 제국은 막강한 군사력을 자랑하는 대국이었으며, 왈라키아 공국은 루마니아의 한 부분에 지나지 않는 자그마한 나라에 불과했다. 겉으로 봐서는 도대체 게임이 되지 않는 형국이었다. 그런데 놀랍게도 블라드의 군대는 오스만 대군을 통쾌하게 물리쳐 버린다. 이 때문에 블라드는 훗날 루마니아의 영웅으로 대접받게 된다. 하여튼 블라드는 이후에도 몇 번이나 계속된 오스만과의 전쟁에서 모두 승리하였다. 도대체 오스만 대군은 어떻게 소국에 불과한 군대에게 하염없이 당할 수밖에 없었을까. 이를 이해할 수 있는 끔찍한 일화가 전해 오고 있어 소개하고자 한다.

블라드의 반역에 발끈한 오스만 투르크가 대군을 이끌고 왈라키아를 침공할 때였다. 오스만 대군은 왈라키아를 눈앞에 두고 다뉴브 강가에 이르렀다. 그때 갑자기 시체 썩는 냄새가 코를 찔렀다. 이상히 생각되어 강 건너편을 바라보는 순간 이게 웬일인가! 그들의 눈앞에서는 도저히 믿을 수 없는 상황이 벌어지고 있었다.

강 건너편에 말뚝이 쭉 세워진 것이 보였는데, 놀랍게도 그 말뚝 하나하나에는 시체들이 달려 있었다. 그리고 더 놀라운 것은 그 말뚝에 달린 시체의 수가 셀 수 없을 정도였다는 사실이다. 도대체 끝이 보이지 않을 지경이었다. 그리고 그들이 맡았던 냄새의 정체는 바로 그 시체들 때문이었던 것이다. 이렇게 오스만의 군사들이 치를 떨며 잔인무도한 광경을 보고 있는 사이 한쪽에서 더 잔인한 모습이 보였다. 그것은 왈라키아 군인들이 시체를 토막 내고 있는 광경이었으며, 그 옆에서 블라드가 태연히 식사를 즐기고 있는 모습이었다.

이러한 끔찍한 광경에 그 용맹하다던 오스만 군인들도 간담을 쓸어내렸으며, 완전히 겁에 질려 버렸다. 이런 상황에서 싸운다면 백전백패할 것이 분명했다. 결국 오스만 대군은 싸워 보지도 못하고 도망가는 신세가 되

블라드 3세의 동상

루마니아 사람들에게 블라드 3세는 헝가리와 오스만 투르크라는 강대국 사이에서 약소국 왈라키아 공국을 지킨 국가적인 영웅이자, 이교도의 침입으로부터 기독교령을 지켜 낸 종교 영웅이기도 하다. 다만, 치세에 그가 보여 주었던 적에 대한 잔인성과 유럽에 퍼져 있던 흡혈귀 전설이 맞물리면서 19세기 아일랜드의 괴기 소설가 브램 스토커의 소설에 '흡혈귀 드라큘라'로 변형되어 등장하게 되면서 이 이름이 널리 알려지게 된 것이다.

사람을 꼬챙이에 꾀어 놓은 장면

고 말았다는 웃지 못할 이야기다. 그야말로 오스만 대군은 왈라키아의 힘에 당한 것이 아니라 블라드의 잔혹성에 당하고 만 것이다.

잔 혹 한   처 형   방 법

블라드는 자신이 오스만에 인질로 있을 당시 애국심을 키우며 적국에 대한 적개심을 키웠었다. 이제 자신이 적국으로부터 잡은 인질들에게 앙갚음을 할 차례가 되었다. 당시 블라드는 오스만 제국, 헝가리 제국 등과의 전투에서 승리하여 남녀할 것 없이 많은 포로들을 붙잡아 왔다. 블라드가 이러한 인질들을 처형하는 방법은 차마 입에 담기 어려울 정도로 잔인했다. 처형 방법에는 여러 가지가 있었는데, 그중 대표적인 몇 가지를 소개하겠다.

먼저 포로들을 옆으로 쭉 눕힌다. 그 위로 커다란 바퀴가 굴러가는데, 그 바퀴에는 굵고 뾰족한 철못이 박혀 있다. 이윽고 철못이 포로들의 몸에 박히고, 비명을 지르며 신음하는 포로들의 몸에는 구멍이 뚫리며 피가 솟구친다. 또 다른 방법으로 포로들의 살가죽을 벗겨 죽이는 것이 있었다.

무엇보다 블라드가 더 즐겨 쓰는 방법은 뾰족한 장대를 이용하는 것이다. 그는 오스만에 인질로 잡혀 있을 당시부터 투르크족들의 무기 다루는 기술에 매료되어 있었다. 그중 특히 창 찌르기를 좋아했는데, 잔인하게도 이것을 포로들의 처형 방법에 응용한 것이다. 우선 장대를 깎아 만든 창으로 항문(여자인 경우 질)을 아래에서 위로 찌른다. 그리고 창을 번쩍 들어 올리면 체중에 의해 포로의 몸속으로 날카로운 창이 점점 박혀 들어간다. 결국 창은 포로의 가슴으로 나와 포로는 창에 매달린 모습이 된다. 어떤 경우 창이 입으로 나오게 하는 잔인한 처형도 서슴지 않았다고 한다. 이때 블라드는 포로들이 고통스러워 하는 모습을 좀 더 오랫동안 지켜보기 위해 창끝을 너무 뾰족하게 하지 않고 뭉툭하게 한 후 기름칠을 하여 목숨이 빨리 끊어지지 않도록 했다고 하니 그 잔인성에 입이 다물어지지 않을 지경이다. 블라드는 이렇게 시체가 꽂힌 장대를 성내는 물론 도시 곳곳에 세워 놓고 공포 정치로 국민들을 벌벌 떨게 했다.

또한 블라드는 이렇게 포로들이 흘린 피를 모아 잔에 따라 마시며 승리를 축하하는 일도 잊지 않았다고 한다. 이 때문에 흡혈귀 드라큘라가 탄생했으리라.

그 는 왜 공 포 정 치 를 펼 쳤 을 까

이상에서 살펴본 블라드의 행위가 도저히 상식적으로 납득이 되지 않을 것이다. 그는 왜 이렇게 잔인한 방법을 사용했을까? 물론 어린 시절 그가 품었던 독기가 가장 근본적인 원인임은 분명하다. 그러나 그것만으로는 설명이 부족하다. 혹자는 블라드가 아주 어릴 때부터 사형이 이루어지는 장

블라드의 끔찍한 악행은 수많은 연대기 작가들에게 좋은 소재를 제공했고, 결국 그는 오늘날의 흡혈귀 신화와 뗄래야 뗄 수 없는 전설 속의 인물이 되었다.

면을 보며 자란 것이 원인이라고 이야기한다. 아마 이것도 그의 인격에 크게 각인되었음에 틀림없을 것이다. 그러나 블라드의 이러한 내면에 잠재해 있던 잔혹성이 겉으로 표출된 것은 바로 정치적인 목적 때문이었던 것으로 보인다.

블라드가 집권할 당시 왈라키아 공국은 러시아 명문 귀족 집단이었던 보야르들의 세력이 만만치 않았고, 또 다른 권력을 넘보는 자들로 우글거리고 있었다. 이런 가운데 세력이 약했던 블라드는 권력을 장악할 수 있는 방법을 모색해야 했다. 이때 그가 생각해 낸 것이 바로 자신의 내면에 간직하고 있었던 '잔혹성'으로 상대의 기를 눌러 버리는 것이었다.

블라드는 이러한 '공포 정치'로 간단히 권력을 장악할 수 있었다. 이때 그가 행한 공포 정치에 대한 몇 가지 일화는 듣는 것만으로도 소름이 끼치며, 그의 악행이 얼마나 대단했는지 짐작하고도 남을 것이다.

어느 날 블라드는 보야르들을 궁전으로 초대하였다. 그런데 보야르 중 몇몇이 궁전 내에 진동하고 있는 피 냄새에 비위가 상하여 손으로 코를 막았다. 이를 본 블라드는 자신을 무시하는 짓이라며 노발대발했고, 즉시 꼬챙이 형벌에 처했으며, 보야르 귀족들은 무참히 목숨을 잃고 말았다. 이뿐만이 아니다. 또 어느 마을이 보야르 편을 들었다는 이유로 마을 주민들을 통째로 처형한 후 마을을 불살라 버리기도 했다.

드라큘라 성으로 가는 길

브란성

흡혈귀 백작 '드라큘라의 성'으로 더 잘 알려져 있는 곳으로 브람 스토커의 소설 드라큘라의 배경으로 지목돼 세계적으로 알려진 루마니아 최고의 관광 명소이다. 14세기 말 왈라키아의 블라드 1세가 주인이었으나, 그의 손자이자 드라큘라인 블라드 3세가 이곳을 다스렸다는 기록은 없다. 현재는 중세미술박물관으로 개조되어 있다.

블라드는 특히 엄격한 도덕과 공공복지를 강조했다. 그래서 부도덕한 일을 행한 사람이나 도둑들은 어른, 아이할 것 없이 참수형에 처했고, 거지와 병자들은 복지 차원에서 궁전으로 초대해 만찬을 베풀었다. 그러나 이렇게 선을 베푸는 척하며 배불리 먹인 후 그들을 모두 건물에 가두고 불을 질러 죽여 버렸다고 한다.

상황이 이 정도니 권력을 넘보던 세력들은 모두 잠잠해졌으며, 좀도둑조차 찾기 힘들 정도로 나라는 조용해졌다. 이는 모두 블라드가 공포 정치를 펼친 덕분이었다. 블라드의 공포 정치가 얼마나 무서웠는지 단적으로 보여 주는 다음과 같은 또 하나의 일화가 있다.

어느 날 블라드는 자신의 공포 정치가 어느 정도 백성들에게 먹히는지 시험해 보고 싶어졌다. 그래서 몰래 사람들이 많이 다니는 길목 한가운데에다 보석으로 만들어진 황금 잔을 일부러 떨어뜨리고 가 버렸다. 며칠 후 블라드가 다시 그 자리에 왔을 때 황금 잔은 처음 떨어뜨린 모습 그대로 그곳에 고이 간직되고 있었다고 한다.

불 행 한 악 인 의 최 후

이처럼 악행이 거침없이 벌어지고 있는 사이에도 블라드는 계속해서 오스만 제국과의 전쟁을 치러야만 했다. 결국 1462년, 블라드는 오스만 제국과의 전쟁에서 패하고 이웃 헝가리로 도망가는 신세가 된다. 그러나 이미 헝가리도 오스만 제국을 돕기로 밀약을 맺은 상태였기 때문이다. 블라드는 곧 잡혀서 감옥에 갇히고 말았다. 그 사이 자신의 동생이었던 라두가 오스만의 편에 붙어 왈라키아 공국의 왕이 되었다.

이렇게 블라드가 헝가리에 잡혀 있을 때, 그의 첫째 부인이 포에나리 성(드라큘라 성이라고도 함) 탑에서 투신자살하는 사건이 일어난다. 이후로 블라드는 다시 일어서기 위해 온갖 노력을 벌여 헝가리 왕의 신임을 얻기에 이른다. 결국 1474년, 블라드는 로마 가톨릭으로 개종(당시 왈라키아 공국의 종교는 정교회였음)하는 것을 조건으로 붙잡힌 지 12년 만에 풀려났다. 그리고 마침내 동생 라두를 물리치고 1476년, 다시 왈라키아 공국의 왕으로 등극한다.

그러나 이듬해 또다시 오스만 제국이 왈라키아를 침공했다. 그는 군대를 이끌고 전장에 나가 부쿠레슈티(현재 루마니아의 수도) 근교에서 오스만 군대와 싸웠다. 한바탕 전투가 끝나고 모두가 쉬고 있는 순간이었다. 블라드 역시 혼자 한적한 곳에서 쉬고 있었다. 그때 갑자기 블라드에게 창이 날아들었다. 그렇게 블라드는 최후를 맞이하고 만다. 이때 그의 나이는 45살이었다.

자신이 그토록 광적으로 즐겨 사용했던 창살 처형의 저주 때문이었을까. 우연히도 그 역시 창

드라큘라가 묻힌 것으로 추정되는 부카레스트 인근의 스나고프의 수도원으로 스나고프는 루마니아 최고의 문화 유적 중의 하나였으나, 근세 시대 버려지면서 약탈과 관리 소홀로 폐허가 되었다. 20세기 초 이 수도원에서 묘지를 파 보았는데, 머리가 없는 드라큘라 백작의 시신이 있는 것이 아니라 동물의 뼈만 있었다고 한다.

에 맞아 죽는 최후를 맞이했던 것이다. 일설로는 이때 그를 죽인 사람은 적군이 아니라 다름 아닌 블라드에게 반감을 품은 왈라키아의 귀족이었다는 주장도 있다.

블라드의 시체는 목을 벤 후 콘스탄티노플로 보내졌으며, 이후 루마니아에 있는 스나고프의 수도원에 매장된 것으로 추정된다. 놀라운 것은 훗날 블라드의 무덤을 팠을 때 관 속이 텅 비어 있었다는 사실이다. 그래서 블라드는 죽어서도 미스터리한 존재로 우리 곁에 남아 있다.

블라드 드라큘라에서 흡혈귀 드라큘라로

지금까지 블라드의 섬뜩하고도 파란만장한 생애에 대해 살펴보았다. 그러나 이러한 이야기들이 대부분 서방 세계의 시각에서 기록된 것임에 유의해야 한다. 적어도 블라드 3세는 루마니아에서는 영웅적인 존재이다.

무엇보다도 그는 오스만 제국이라는 당시 최강국과의 전쟁에서 승리를 거두었으며, 그가 다스린 기간 동안 루마니아는 평화를 누렸다. 그는 법을 어기는 악한 자들(당시 대부분 귀족들이었음)을 엄히 처벌하였고, 오직 차별받는 민중의 편에 서서 정치를 한 것으로 기록되고 있다.

그런데 왜 서방 세계에 비춰진 그의 모습은 유독 잔혹하고 냉혈한 인간으로

1992년 상영된 영화 〈드라큘라〉의 포스터

그려졌을까? 그것은 당시 루마니아에 살던 서방 세계의 민족들이 그에게 너무도 처참히 당했던 기억 때문이라고 할 수 있다.

대표적인 그룹이 보야르라고 불리는 러시아 귀족들과 색슨족 상인들이었다. 이들은 블라드가 권력을 잡기 훨씬 전부터 이곳에서 부를 축적하며 기득권을 가지고 있는 세력이었다. 그러나 대부분 기득권 세력들이 그러하듯이 이들도 불법을 자행하였고, 깊은 부분까지 부패해 있었다. 블라드가 권력을 장악하기 위해서는 이들을 어떻게든 처단해야만 했고, 결국 블라드는 이들을 꼬챙이로 찔러 무참히 학살하기에 이른다.

이때 블라드에게 학살당한 유럽인들의 수가 수천 명에 달할 정도였다고 한다.

이 때문에 유럽인들에게 블라드는 영웅이 아니라 잔혹하고 냉혈한 인간이 될 수밖에 없었을 것이다. 이렇게 하여 탄생한 것이 흡혈귀 드라큘라에 관한 전설이다.

그리고 1897년 영국의 유명한 괴기 소설가였던 브람 스토커는 블라드 드라큘라에서 영감을 얻어 소설 『드라큘라』를 완성해 낸다.

브람 스토커(Bram Stoker, 1847~1912)
영국의 괴기 소설가로 1897년에 블라드 3세의 이야기에 영감을 얻어 그의 이름을 따 소설 『드라큘라 Dracula』를 출판하여 유명해졌으며, 『드라큘라』는 오늘날에도 J. S. 레파뉴의 『카밀라 Camilla』 등과 함께 흡혈귀 문학의 고전으로 손꼽힌다.

The world of badguy

CHAPTER 03
16세기~17세기

The world of badguy

Ivan IV Vasilyevich

잔인한 이반 뇌제(雷帝). 정신 이상적 행동으로 극단적인 공포 정치를 펴 시민들을 겁에 떨게 만들었으며, 결국 그는 자신의 아들까지 쇠꼬챙이로 죽이는 우를 범하게 된다.

영웅인가, 미치광이인가

이반 4세

　　러시아라는 국가가 세계 역사에 처음 등장한 시기는 우리의 생각보다 훨씬 늦은 9세기 말 무렵이었다. 그러나 이때의 나라 이름은 '루시'였으며, 국가다운 모습도 갖추지 못한 유럽 변방의 나라 중 하나에 불과했다. 이러한 러시아를 세계사의 중심에 올려놓은 인물이 있었으니, 그가 바로 이반 4세 바실리예비치(Ivan IV Vasilyevich, 1530~1584)이다.

　　그는 이전까지 공국(역사적으로 왕보다 낮은 작위를 가진 군주가 다스리는 군주국)의 수준에 불과했던 러시아를 처음으로 국가의 지위에 올려놓았고 스스로를 공작이 아닌 왕(러시아어로 '차르'라고 함)이라 부른 최초의 군주이기도 하였다. 또한 그의 시대에는 주변 지역들을 차례로 정복하여 러시아를 동유럽의 강국으로 만드는 등 최대의 전성기를 구가하기도 하였다. 그러나 그는 극단적인 공포 정치를 휘둘러 전 러시아를 공포에 빠뜨린 인물로, 그 때문에 붙여진 별명 '이반 뇌제(雷帝, 잔인한 이반을 뜻함)'로 우리에게 더 잘 알려져 있다.

그가 보여 준 잔인성과 난폭함은 노보그라드 지역에서 반역의 기운이 감돈다는 이유만으로 무고한 주민 수만여 명을 닥치는 대로 학살한 사건에서 여실히 엿볼 수 있다. 그는 당시 주민들을 무참히 학살한 후 그 책임을 다른 사람에게 돌려 버리는 야만적인 행동을 스스럼없이 보이며 '뇌제'로서의 이름을 떨쳤다.

그 외에도 이반 4세는 훗날 역사가들이 그에게 '어떤 정신적인 문제가 있지 않았나'라고 의심할 정도로 온갖 기행을 저지른 것으로 유명하다. 그러나 상처투성이였던 이반 4세의 어린 시절을 돌이켜 보면 그가

이반 4세(Ivan Ⅳ, 1530~1584)
러시아의 황제로 귀족의 힘을 약화시키기 위해 극단적인 공포 정치를 펼쳐 '무서운 이반' 또는 '이반 뇌제'라고 불린다. 공식적으로 최초로 차르(황제)를 칭하고, 이후 러시아 왕의 공칭이 되었다. 이후부터의 모스크바 대공국을 '모스크바 러시아'라고 부르게 되었다. 러시아의 경제적 발전에 새로운 가능성을 여는 공을 세우기도 했다.

왜 이러한 행동을 할 수밖에 없었는지 조금은 이해할 수 있을 것이다.

처 절 하 고   잔 인 했 던   어 린   시 절

이반 4세는 1530년 당시 모스크바 대공국을 다스리던 바실리 3세와 옐레나 대공비의 아들로 태어났다. 이반 4세를 소개하기

전에 먼저 당시 러시아의 상황과 그의 부모에 대해 언급할 필요가 있다. 이는 이반 4세의 어린 시절을 이해하기 위해 꼭 필요하기 때문이다.

당시 러시아는 모스크바 대공국이라 불리는 나라였으며, 이 지역의 세력을 쥐고 있던 '타타르(현 러시아 연방 중동부, 볼가 강과 카마 강 유역에 있는 자치 공화국으로 터키족이 주류를 이루고 있음) 족'에게 장장 240년 동안이나 조공을 바치며 지내왔던 나라였다.

그러나 이반 4세의 할아버지였던 이반 3세가 과감히 타타르족을 물리치고 모스크바 대공국의 자치권을 수립하기에 이른다. 그리고 그의 아들인 바실리 3세 때에 주변 지역을 합병하여 진정한 통일 러시아의 모습을 갖추게 된다. 이런 환경 가운데서 이반 4세가 태어난 것이다. 문제는 그의 아버지인 바실리 3세가 너무 일찍 – 이반 4세가 태어난 지 불과 3년 만에 – 죽는 바람에 시작되었다.

바실리 3세의 뒤를 이를 후계자가 없었기에 3살에 불과한 이반 4세가 뒤를 이었고, 어쩔 수 없이 그의 어머니 옐레나 대공비가 섭정을 하게 되었다. 그러나 옐레나 역시 독살당하므로 일찍 세상을 뜨고 만다. 이는 옐레나 대공비가 권력을 지키기 위해 이반 4세의 삼촌들을 처형하는 일을 서슴지 않았는데, 그에 대한 원한

바실리 3세와 옐레나 황후
바실리 3세는 러시아의 수많은 독립 공국을 하나의 통일된 모스크바 국가로 통합시키려 했던 아버지인 이반 3세의 정책을 1523년경 완수했다. 또한 자신의 전제주의적 경향을 거부하는 보야르(대귀족)들의 반대를 극복했으며 아들인 이반 4세에게 더욱 확대되고 강력하며 중앙 집권화한 국가를 물려주었다.

__ 이반 4세의 출생에 대한 일화

이반 4세의 아버지인 바실리 3세는 그의 첫 아내 살로메아를 아이를 못 낳는다는 이유로 수도원에 가두어 버리고 새 아내 옐레나를 얻었다. 정교회의 대주교는 바실리의 재혼을 죄악이라고 저주했다.

"그대는 악한 아들을 낳을 것이다. 그대의 나라가 공포와 눈물로 얼룩지리라, 피가 강처럼 흐르고 그대의 도시는 불길에 휩싸이리라."

대주교의 저주는 그대로 실현됐다. 이러한 징조는 바실리의 아들 이반 4세가 태어나면서 나타나기 시작했다. 전설에 의하면 하늘이 갈라지고 번개가 크레믈린을 덮치는 가운데 후계자인 이반 4세가 태어났다고 한다. 이 소문은 온 땅에 퍼져 나갔고, 멀리 동방의 타타르 왕과 카잔의 칸은 러시아의 새 차르가 괴물이 될 것이라고 예언했다.

"새로 태어난 차르는 이가 두 개다. 하나는 우리를 잡아먹을 것이고, 다른 하나는 당신들을 잡아먹을 것이다."

으로 일어났던 일이라 여겨진다. 여하튼 불과 7살의 나이로 졸지에 고아가 된 이반 4세는 이후로 실로 험난한 삶을 살아야 했다.

이반 4세가 너무나 어리다는 빌미로 권력 주변에 서성거리던 귀족들이 나라를 마음대로 주무르는 형국이 이어졌다. 권력을 독차지한 이들은 이반 4세를 안중에도 없다는 듯이 막 대하기 시작한 것이다. 그들은 이반에게 옷도 아무렇게나 입혔으며, 심지어 먹을 것도 제대로 주지 않았다. 전해 오는 이야기에 의하면 어린 왕을 때리거나 밀실로 데리고 가 고문하는 일도 서슴지 않았다고 한다. 그러면서 자기들끼리는 권력을 차지하기 위해 암투를 벌이거나 심지어 어린 왕자 앞에서 참혹한 살인을 저지르는 것도 마다하지 않았다.

이처럼 처절한 환경 속에서 자란 이반의 가슴 속에는 부모에 대한 뼈에 사무치는 원한까지 더해져 뭐라 형용할 수 없는 적개심이 생기기 시작했다. 이런 이반에게 올바른 인격이 형성되지 않은 것은 어쩌면 당연하다 할 수 있겠다. 그랬기 때문일까. 어린 이반은 이 시기부터 이미 이상한 행동을 보이기 시작한다.

처음에는 애완견이나 애완 고양이들을 학대하기 시작하더니 어느 날은 이 동물들을 크렘린 궁의 높은 탑 꼭대기로 데리고 가 거기서 떨어뜨려 죽여 버렸다. 이렇게 포악한 성격을 드러내기 시

콜로멘스코예 교회
모스크바 근처의 콜로멘스코예 황실 영토에 위치해 있으며, 1532년에 훗날 '공포의 황제' 이반 4세가 되는 왕자의 탄생을 기념하여 건립하였다. 이 교회는 목조텐트로 된 지붕과 벽돌로 이루어진 하부 구조 형식으로 되어 있으며 러시아 교회 건축 발달에 지대한 영향을 끼쳤다.

작한 이반은 그 대상을 주변의 신하들에게로 옮기기 시작했다. 조금이라도 자기의 비위를 거슬리는 신하가 있으면, 분노를 터트리며 가차 없이 처벌했다. 한 번은 자신에게 무례한 행동을 했다는 이유로 권력의 핵심 파벌의 지도자인 슈이스키 공을 즉각 체포하도록 명령했다. 그리고는 자기가 기르던 사냥개의 사육사들을 시켜 사냥개에게 뜯겨 비참하게 죽도록 만들었다고 한다.

이처럼 그의 난폭한 성격은 해가 갈수록 더해 갔으며, 그에 의해 처형당하는 신하들의 수는 점점 늘어만 갔다. 그러나 어느 누구도 그를 말릴 수는 없었다.

아내의 사랑이 영웅을 만들다

이반 4세는 러시아 황제 중에 광기가 있는 황제였다. 그는 항상 쇠촉이 달린 지팡이를 가지고 다녔는데 자신에게 반항하는 사람이 있으면 그 쇠촉이 달린 지팡이로 찔러 죽였다고 한다. 심지어 그 지팡이로 자기 아들까지 찔러 죽이게 된다.

이런 가운데 1547년 이반 4세는 17세의 나이로 대관식(왕이 왕위에 오르는 의식)을 치르게 된다. 이는 이반 4세가 당시 러시아 정교회의 마카리 대주교에게 공식적으로 요청함으로써 이루어졌다. 당시 러시아는 기독교 국가였기에 대주교가 머리에 씌워 주는 왕관은 상징적인 의미가 있었다.

이반 4세가 이러한 대관식을 치른 것은 실질적인 러시아 왕으로서의 권력을 행사하기 위해 필수적인 과정이었다. 그는 이 의식에서 이전까지 러시아 왕의 칭호였던 '대공'을 벗어 버리고 '차르(황제라는 의미)'라는 칭호를 부여받으며,

국가 이름도 '모스크바 대공국'에서 '러시아 왕국(Tsardom of Russia)'으로 바꾼다. 드디어 이반 4세의 시대가 시작된 것이다.

그 이듬해 이반 4세는 오랜 역사를 가진 안드레이 코빌라코슈킨 가문(이 가문에서 로마노프 왕조가 탄생했음)의 아나스타샤 자하리나 유레바를 왕비로 맞이한다. 이후로 그는 진정으로 아나스타샤 왕비를 사랑했는지 그녀 앞에서는 한 마리의 얌전한 양처럼 변했다고 한다. 이런 아내의 영향 때문이었는지 이후 이반 4세는 영웅에 필적할 만한 놀라운 업적을 후세에 남긴다.

그는 가장 먼저 대신들을 모아 놓고 이렇게 말했다.

"전에 내가 그대들에게 보였던 난폭한 행동들은 모두 잊어 주시오. 다 어린 시절 좋지 않았던 환경 때문에 일어난 일이오. 앞으로 부강한 러시아를 건설하기 위해 최선을 다하겠소."

그리고 내부 체제를 정비하여 당시 흩어져 있던 권력을 중앙으로 모으는 데 온 힘을 기울였다. 이렇게 하여 내정이 어느 정도 안정이 되자 나라 안의 정치는 그가 유일하게 믿고 있었던 마카리 대주교에게 맡기고 자신은 주변 지역의 정벌에 나섰다. 그리하여 1552년에는 카잔에 있었던 타타르한국(타타르족이 세운 나라), 1556년에는 아스트라한한국을 점령하는 쾌거를 이뤄 낸다. 이로써 러시아는 볼가 강 전역은 물론, 카스피해까지 영토를 넓히

이반 4세의 군대에 대항하는 타타르군

바실리 성당

러시아 모스크바의 붉은 광장에 있는 그리스 정교회 성당으로 러시아의 황제 이반 4세가 카잔 칸을 항복시킨 기념으로 만든 건물로서 1555~1560년에 걸쳐 완성했다. '러시아 건축 최고의 걸작'이라 불릴 정도로 유려한 외관과 독자적인 양식으로 갖추어진 이 건물은 8개의 양파머리 지붕이 불균형의 조화를 이루는 것도 특징이다. 이반 4세는 이 성당을 보고 너무 아름답다고 칭송하면서 항상 감탄사를 연발했다고 한다. 이 아름다운 건축물이 또 다른 곳에 세워지는 것을 용납하지 않아 설계한 두 건축가의 눈을 인둣불로 지진 일화는 유명하다. 하지만 몇 년 뒤에 두 건축가가 또 다른 성당을 건축한 것이 알려지면서 이반 4세는 "내 인두불이 약했구나"라고 말했다고 한다.

게 되었다. 이는 당시 소국에 불과했던 러시아가 동유럽 최강국으로 떠오르는 계기가 된 역사적인 사건이었다.

특히 이반 4세는 타타르한국을 점령한 기념으로 세계적으로도 아름다운 건축물의 하나인 '바실리 성당'을 건축하였는데, 훗날 성당이 완성되자 잔인하게도 이 성당을 지은 건축자들의 눈을 모두 뽑아 버렸다고 한다. 그가 이런 행동을 저지른 이유는 당시 영국 여왕이 이 성당의 모습에 반해 건축가들을 영국으로 보내 달라고 하자 '이런 아름다운 성당이 다른 곳에 지어져서는 안 된다'며 자객으로 하여금 이런 일을 저질렀다고 하니 가히 그 괴팍성에 혀를 내두를 지경이다.

이반 4세는 1547년 러시아의 차르로 등극한 이후 1560년이 될 때까지만 하더라도 러시아의 부흥을 이끈 영웅적인 존재였다. 일찍이 그만한 왕이 없었을 정도였다. 비록 잔잔한 사건은 있었으나 적어도 이 시기 동안만은 '이반 뇌제'의 이름에 걸맞는 잔인성을 드러내지는 않았다.

그러나 1560년에 일어난 비극적인 사건으로 인해 이반 4세는 다시 옛날의 그 잔인했던 '이반 뇌제'로 되돌아가고 말았다. 그것은 다름 아닌 사랑하는 왕비 아나스타샤의 급작스런 죽음 때문이었다. 아나스타샤 왕비는 왜 갑자기 죽었을까? 이에 대해 궁정 내에서는 왕비가 독살되었다는 소문이 일파만파로 퍼지기 시작했다. 이에 이반 4세는 격노하였고, 이성을 잃어버렸다. 이반 4세는 이것이 분명 자신의 권력을 넘보는 자들의 소행이라고 생각한 것 같다. 조금이라도 의심이 가는 사람이 있으면 즉시 잡아들여 잔인하게 처형했고, 궁정에서는 피 냄새가 끊이질 않았다.

이런 가운데 설상가상으로 탁월한 야전군 지휘관이며 이반 4세의 핏줄이기도 했던 쿠르프스키가 자신을 배반하고 폴란드 편에 붙는 사건이 발생하고 만다. 극도의 배신감에 주체할 수 없었던 이반 4세는 이때부터 완전히 태도를 바

〈죽은 아내를 지키는 이반 뇌제〉(세도브 作, 1875년)
이반 4세는 훌륭하고 지혜로웠던 아내 아나스타샤 덕분에 13년 동안이나 훌륭하게 러시아를 통치했으나 아나스타샤가 의문의 죽음을 당하자 오랫동안 억눌려 있던 그의 분노가 다시 폭발하기 시작했다. 역사가들은 아나스타샤가 마카리 대주교처럼 이반 4세에게 유익한 영향을 끼쳤고 빈번히 평화 중재자 역할을 수행한 것으로 평가하고 있다.

꾸어 공포 정치 체제로 돌아
선다.

그는 우선 자신의 친위 암
살 부대(또는 비밀경찰)라 할 수
있는 '오프리츠니키'를 창설
하였다. 많은 역사가들은 이
부대의 창안이 이반 4세의
두 번째 왕비였던 마리아 템
류코브나의 머리에서 나왔다
고 믿고 있다.

그렇다면 '오프리츠니키'

오프리츠니키는 이반 4세가 직할령의 영지를 확보하고 자신에게 충성을 다하는 귀족과 관리
들을 중심으로 만든 친위대로 반대파를 무자비하게 숙청하고 토지를 몰수하여 그 권력이 확
대되면서 전 국토의 절반을 장악하게 되었다(니콜라이 네브레프 作).

는 도대체 어떤 부대였을까? 이반 4세는 당시 극도로 자신의 권력이 위태롭다
고 생각했던 것 같다. 그래서 스스로를 '신적 능력을 가진 존재'로 선언하고
자신에게 충성을 다하는 300여 명을 모아 오프리츠니키로 임명하였다. 그리
고 그들을 '오프리치나'라고 부르는 특별 영지(차르 직할령)에서 집단생활을 시키
며 철저히 교육하기 시작했다. 그는 이 부대원(오프리츠니키라고 함)들에게 내부의 적
을 색출해 내어 그들을 고문하고 죽이고 암살할 수 있는 잔인한 권한을 부여하
였다. 그리고 오프리츠니키들을 풀어 주었고, 그들은 마치 미친개처럼 날뛰기
시작했다.

이반 4세의 사주를 받은 오프리츠니키들은 검은 수도사 복장의 옷을 입고
검은 말을 타고 갑자기 마을에 나타나 공포 분위기를 조성하며, 자신들이 반역
자라고 생각하는 사람은 무조건 잡아 무참히 고문하고 처형하였다. 그들이 사

오프리츠니키들이 나타나자 공포에 떨며 도망가는 마을 주민들
오프리치니키는 1565~1572년까지 단지 7년간 존속했으며, 오프리치나 연대가 크림 반도 지역에 있는 타타르족의 공격으로부터 모스크바를 방어하는 데 실패하자 폐지되었다.

용했던 방법을 보면 소름이 돋는다. 산 사람을 끓는 물통에 빠트려 버리거나 화형에 처하거나 말뚝에 박아 버리기도 했다. 이런 잔인 무도한 일을 서슴지 않았기에 그들이 나타나기라도 하면 마을 사람들은 "차르의 미친개들이 나타났다"며 벌벌 떨었다.

이반 4세는 이런 공포의 암살 부대를 이끌고 조금이라도 자신의 눈에 벗어나는 자들을 색출하여 처형하였다. 문제는 거기에 선량한 주민이나 성직자도 포함되어 있다는 데 있었다.

노 보 그 라 드   대 학 살   사 건

이반 4세가 오프리츠니키를 활용하는 방법은 조금 독특했다. 즉, 오프리츠니키들을 특별한 영지인 '오프리치나'라고 부르는 차르 직할령의 땅에서 살게 했으며, 이들이 반대파를 숙청하고 토지를 몰수하면 그곳은 오프리치나의 영토가 되게 하는 방식이었다. 따라서 오프리츠니키들이 행한 약탈과 강제적인 토지 몰수가 급격히 확대되어 한창 전성기 때는 전 국토의 절반을 차지할 정도가 되었다.

이반 4세는 이 공포의 부대를 1565년부터 1572년까지 유지시켰는데, 이 기간 동안 그가 펼쳤던 공포 정치는 가히 혀를 내두를 정도였다. 1566년에는 오프리츠니키를 반대하는 200여 명에 달하는 귀족들을 무참히 처형하였으며, 1568년에는 리보니아 전쟁(이반 4세가 서유럽 진출을 위해 일으킨 전쟁)에서 패하자 그 분풀이로 대귀족 회의의 의장인 페트로비치 표도로프와 여러 관리들을 반역죄로 몰아 처형하였다.

이반 4세와 말류타 수크라토브
말류타 수크라토브는 오프리츠니키들 중 가장 악독한 인물이다.

이러한 이반 4세의 공포 정치가 극에 달한 사건이 1570년 1월 19일, 러시아 '노보그라드(Novogorad)'에서 시작되었다.

이반 4세는 이 지역에서 반역의 기운이 감돌고 있다는 정보를 입수하였다. 이에 이반 4세는 자신이 직접 오프리츠니키를 이끌고 노보그라드에 나타났다. 오프리츠니키들은 즉시 마을 사람들이 도망치지 못하게 마을 주변에 벽을 쌓고, 교회와 수도원 같은 대형 시설들은 사람들이 접근하지 못하도록 폐쇄시켜 버렸다.

이윽고 이반 4세가 작전 명령을 개시하였다. 그러자 오프리츠니키들은 마치 짐승을 몰 듯 주민들을 몰아붙여 닥치는 대로 죽이기 시작했다. 찔러 죽이고, 태워 죽이고, 물에 빠뜨려 죽이는 등 피의 학살은 장장 한 달이 넘게 계속되었

사형식을 보러온 이반 뇌제
오프리츠니키는 인간의 사지를 말 네 마리에 매달고 반대 방향으로 달리게 하거나, 물이 끓는 통에 사람을 빠뜨리거나 하는 방법이 포함된 다양한 고문 기술을 사용했다. 그들은 피해자를 말뚝으로 박거나 기둥에 묶은 후에 모닥불에 태워 죽였다. 이런 행위는 이반 4세가 전적으로 지원했다고 한다.

고, 그 기간 동안 노브그라드 주민 수만여 명이 무참히 학살되었다. 이반 4세는 그럼에도 불구하고 이 모든 악행에 대한 책임을 노보그라드의 대주교에게 떠넘기는 철면피 같은 행동도 서슴지 않았다.

그러나 갑자기 제정신이 돌아왔기 때문일까. 이렇게 공포 정치를 휘두르던 이반 4세는 1572년 돌연 오프리츠니키를 폐지해 버린다. 이에 대해 역사가들은, 이반 4세 스스로가 더 이상 누구도 반역을 꾀할 수 없을 정도로 자신의 독재 권력이 충분히 확보되었다고 생각했기 때문이라고 주장한다.

정 신 질 환 에 시 달 린 불 우 한 말 년

이반 4세의 일생 중에 가장 행복했던 시절은 아마도 그가 가장 사랑했던 첫 왕비 아나스타샤와의 결혼 생활이 아니었을까 생각된다. 실제 그는 아나스타샤와 지낼 때 당대 최고의 업적을 이루기도 했다. 이반 4세는 아나스타샤와의 사이에 여섯 명의 자녀를 두었지만, 그 가운데 단 두 명만이 살아남고 나머지는 모두 죽고 말았다.

첫 왕비 이후로 이반 4세는 여러 왕비를 두었으나 그의 괴팍한 성격 때문에 하나같이 죽거나 불행한 삶을 살아야 했다. 이처럼 이반 4세는 비뚤어진 성격 때문에 주변의 가족들을 거의 대부분 잃고 말았다. 그런 와중에 이반 4세가 아끼는 아들이 있었으니 그가 바로 첫 왕비와의 사이에서 태어난 장남 이반 바실리였다.

이반 4세는 일찌감치 바실리를 황태자로 세우기 위해 온갖 노력을 다하였다. 또 바실리를 자신이 출정하는 전쟁에도 데리고 다니는 등 자신의 후계자 교육을 시키는 데에도 열심이었다. 그러나 황태자 이반은 아버지가 오프리츠니키를 이용하여 공포 정치를 펼치는 데 반대하였던 것 같다. 그래서 부자간에 불화가 있었던 것으로 보인다.

여하튼 이러한 관계에 있던 두 부자는 비극적 종말을 맞이하게 되는데, 그 발단은 이반 4세가 말년에 들어서면서 정신 이상 증세를 보이는 것에서 시작된다.

전하는 이야기에 의하면, 이반 4세가 말년에 보여 준 행동은 분명 정상인의 그것과는 너무나 차이가 있었다.

그는 점술가들을 불러 자신이 언제 죽는지 알아맞히라며 큰소리를 지르는가 하면, 갑자기 궁전을 이리저리 돌아다니며 큰 소리로 노래를 부르는 등 비정상적인 행동을 보이기 시작했다. 또한 소녀들을 발가벗겨 놓고 이상한 게임을 즐기는가 하면 이전처럼 끔찍한 행동을 하기도 했다. 이는 분명 정상적인 행동이 아니었다.

그런 중에 드디어 비극적 종말을 맞이하는 사건이 벌어지고 만다. 이반 4세가 자신이 가장 사랑하는 황태자 이반 바실리를 죽이는 끔찍한 사건이 일어난 것이다. 이 이야기에 대해 여러 가지 설이 전해 오고 있으나 여기서는 일단 러시아의 작가 카람진(karamzin, 1766~1826)이 쓴 러시아의 역사서 『역사』에 기록된 내용을 바탕으로 서술해 보고자 한다. 『역사』는 이반 4세가 그 아들 바실리를 죽인 사건을

이반 4세는 폭군이었지만 교양 있고 학식 높은 사람이었다고 한다. 그는 놀라운 기억력의 소유자였고 많은 서신들의 저자였으며, 인쇄를 비롯한 문화도 적극 장려했다. 그런 그가 단정치 못하게 옷을 입은 며느리 때문에 아들을 죽였다는 것은 좀 납득이 안 가는 부분이다.

당시 러시아에 왔던 로마 교황의 사절인 안토니오 포세비노의 이야기를 바탕으로 다음과 같이 서술하고 있다.

이반 4세는 어느 날 황태자가 황태자비와 함께 머물고 있는 처소에 우연히 들르게 되었다. 마침 그곳에는 황태자와 임신한 며느리(황태자 이반의 세 번째 부인인 엘레나 쉐레메치예바)가 함께 있었다. 그런데 이반 4세는 며느리가 옷을 하나만 걸치고 있는 것을 보고 그만 분노가 치밀어 올라 이성을 잃고 며느리를 마구 때리기 시작했다. ─당시 왕족은 최소한 세 개 이상의 옷을 입고 있어야 했기 때문이다─이에 놀란 황태자 바실리는 아버지를 말리기 시작했고, 이미 이성을 잃은 이반 4세는 그만 곁에 놓여 있던 부지깽이를 들어 아들을 내리치고 말았다. 부지깽이는 정확히 바실리의 관자놀이에 적중했고, 바실리는 그대로 쓰러져 죽고 말았다. 이때 황태자의 나이 27세였다. 그제야 정신을 차린 이반 4세는 피로 물든 황태자의 시신을 안고 목 놓아 울부짖었다고 한다.

이상의 이야기를 바탕으로 많은 화가들이 그 장면을 상상하여 그림을 그리기 시작했는데 그중 유명한 것이 바로 1885년에 '레핀(Repin, 1844~1930)'이 그린 〈이반 뇌제와 그의 아들 이반〉이다.

〈이반 뇌제와 그의 아들 이반〉(Ivan The Terrible and His Son · 레핀 作, 1885년)
아들 이반의 시체 옆에서 울부짖는 이반 4세의 핏발선 두 눈이 이제는 소용없는 용서를 구하는 것 같다.

그러나 몇몇 러시아 역사학자들은 이러한 기막힌 스토리가 사실이 아닐 수도 있다고 주장한다. 즉, 그들은 황태자 바실리가 전부터 이반 4세의 국정에 대해 불만을 품고 있어 불화가 있었다는 것과 이반 4세가 어느 귀족에게 보낸 편지에서 "로마의 황제 콘스탄티누스도 국가 이익을 위해 아들을 죽였다(실제로 326년 콘스탄티누스 황제가 아들을 처형하는 사건이 있었음)"고

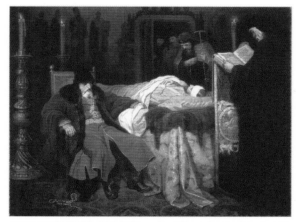

〈아들의 임종을 바라보는 이반 4세〉(Ivan Terrible at the Deathbed of his son, 비아체슬라프 쉬바르츠 作)

썼던 것 때문에 이반 4세가 아들을 우연히 죽인 것이 아니라 독살하였을 가능성에 무게를 두고 있다.

실제로 이를 뒷받침하는 발굴이 이루어졌는데, 황태자의 무덤에서 발굴된 시신을 분석한 결과 다량의 중금속이 검출되었다고 한다.

어떤 것이 역사적 사실인지 우리는 알 수 없다. 그러나 어쨌든 우리는 이반 4세의 처절했던 삶을 통해 역사의 이면에 숨겨진 또 다른 모습을 보게 된 것만은 확실하다.

H e n r y   V III

바람둥이 헨리 8세. 그는 재혼하기 위해
부인을 죽이는가 하면, 단지 한 여자와 결
혼하기 위해 영국 성공회를 탄생시켰다.
그는 여자 없이는 단 하루도 살 수 없는
에로스의 왕이었던 것이다.

세기의 스캔들을 일으킨 사랑의 폭군

헨리 8세

형 과 뒤 바 뀐 비 극 적 운 명

영국 역사상 가장 흥미진진한 삶을
살았던 왕을 들라면 과연 누구를 들 수 있을까? 언뜻 떠오르
는 인물로 평생 처녀로 살았던 엘리자베스 여왕과 영국을 해
가 지지 않는 나라로 만든 빅토리아 여왕을 들 수 있을 것이
다. 그러나 영국인들 사이에서 이 두 여왕보다 더 많은 가십
거리를 만든 이는 다름 아닌 헨리 8세였다.

그는 영국 '성공회(영국의 개신교파 중 하나임)'를 만든 인물이기도
하지만 무엇보다 여섯 명의 왕비 사이에서 세기의 스캔들을
일으킨 왕으로 더 유명하다. 여섯 명의 왕비 중에서 두 명은

헨리 8세(Henry VIII, 1491~1547)
잉글랜드 왕(재위 1509~1547)으로 형의
미망인인 왕비 캐서린과의 사이에 아이가
없어 궁녀 앤 불린과 결혼하려 했는데 로마
교황의 반대에 부딪히자 가톨릭 교회와 결
별할 것을 꾀하여 1534년 영국 국교회를
설립하고 종교 개혁을 단행하였다. 한편 왕
권 강화에 힘썼으며 여섯 명의 왕비와 결혼
한 군주로도 유명하다.

목이 잘려 죽었으며, 두 명은 이혼을 당했고, 나머지 두 명은 병으로 죽고 말았다. 어떤 인간의 운명이 이처럼 처절할 수 있을까. 그 때문에 그의 스캔들에 대한 이야기는 지금도 앨리슨 위어의 소설 『헨리 8세의 후예들』, 헨리 8세와 두 자매의 사랑 이야기를 다룬 영화 〈천 일의 스캔들〉 등 소설과 영화로 만들어져 영국인뿐만 아니라 전 세계인들의 입에 오르내리고 있다.

특히 최근에는 헨리 8세가 살았다고 하는 런던 남서부에 있는 햄튼 궁에서 유령이 나타났다는 소문까지 퍼져 그에 대한 관심을 더욱 불러일으키고 있다. 햄튼 궁은 헨리 8세의 세 번째 아내인 제인 시무어가 헨리의 유일한 아들이었던 에드워드를 낳고 숨진 곳이자 다섯 번째 아내인 캐서린 하워드가 간통으로 붙잡혀 참형 선고를 받은 곳이어서 '이 유령이 그와 관련이 있지 않을까'라는 추측을 불러일으킨다.

이처럼 어둡고도 화려한 스캔들의 주인공이었던 헨리 8세는 런던 교외의 그리니치에 있던 프라센티아 궁전에서 아버지인 헨리 7세와 어머니인 엘리자베스의 둘째 아들로 태어났다. 헨리 위로 아서(Arthur, 웨일스 공)라는 형이 있었기에 관례상 왕위는 당연히 장남인 아서의 차지였다. 그런데 1502년에 형 아서가 갑자기 죽어 버림으로 헨리가 그의 뒤를 이어 왕위 계승자가 된다.

그러나 아버지 헨리 7세는 새로운 황태자 헨리 8세의 배우자를 놓고 고민할 수밖에 없는 처지에 놓였다. 왜냐하면 그는 당시 유럽 최강국이었던 스페인과의 전쟁을 억제할 목적으로 아서 황태자를 스페인의 공주 아라곤의 캐서린(Catherine of Aragon)과 혼인시켰었는데, 불과 14개월 만에 갑자기 황태자가 죽자 곤란한 지경에 빠진 것이다.

캐 서 린 과 결 혼 , 그 리 고 맞 이 하 는 파 국

헨리 7세는 스페인의 왕이자

첫 번째 왕비 캐서린(1485~1536)
아서의 부인이었으나 그가 죽은 후 그 동생인 헨리 8세의 비가 되었다. 여러 번의 유산 끝에 딸 메리를 낳았으나 이혼당하고 암에 걸려 고생하다 사망했다. 자신이 헨리의 가장 진실되고 합법적인 아내라고 주장하였고 죽는 순간까지 헨리 8세를 그리워하였다.

캐서린의 아버지인 페르디난도가 두려워 정치적 볼모로 캐서린을 붙잡아 두기 위해 그녀를 고향 스페인으로 보내지 않았다. 그리고 페르디난도 왕과 캐서린 문제를 해결하기 위해 협상을 벌이기 시작한다. 그래서 생각해 낸 것이 캐서린을 아서의 동생 헨리 8세와 혼인시키는 것이었다. 그러나 이 역시 엄연히 로마 교회법에 금지된 일이라 쉽지 않은 상황이었다. 그럼에도 불구하고 결국 헨리 7세는 로마 교황의 허락을 받아내고야 만다. 단, 조건은 캐서린이 아서와 결혼했으나 처녀성을 잃지 않았다면 가능하다는 것이었다. 이에 캐서린은 자신이 처녀성을 잃지 않았음을 맹세하게 된다.

문제는 또 발생했다. 이 결혼식의 지참금을 놓고 페르디난도 왕과 의견 다툼이 생긴 것이다. 결국 이 문제는 헨리 7세가 임종을 앞둔 시점에 가서야 해결되었고, 1509년 헨리 8세는 드디어 캐서린과 결혼하게 되었다.

이때 헨리 8세의 나이는 불과 17살이었고, 캐서린은 그보다 6살이나 연상이었다. 그러나 헨리 8세는 이를 기꺼이 받아들이는 눈치였다. 그도 그럴 것이 캐서린은 당시 유럽 최강국인 스페인 왕의 딸이기도 했지만 무엇보다 당시 캐서린은 아직 젊고 아름다웠다. 캐서린 또한 훤칠한 키에 남성다운 풍모를 갖춘 헨리 8세가 싫지 않았다.

이후 둘의 결혼 생활은 행복했으나 지지리도 자식 복이 없었다. 캐서린은 계속해서 임신을 했으나 유산과 사산을 반복하는 불행한 일을 겪는다. 결혼 생활 20년 동안 열 번이 넘는 임신을 하였으나 모두 죽고, 살아난 아이는 1516년에 낳은 딸 메리(훗날 피의 메리 여왕이라 불림)뿐이었다.

너무나도 아들을 기대했던 헨리 8세는 점점 캐서린에게 실망하기 시작했다. 이러한 실망은 그의 눈을 다른 여자에게로 돌리게 만들었는데, 이때 헨리의 눈에 들어온 여인이 바로 캐서린의 시녀 앤 불린이었다. 점점 늙고 병들어 가는 캐서린에 대한 애정이 완전히 식어 버린 이 바람둥이 영국 왕은 이제 캐서린과 이혼을 선포하기에 이른다.

두 번째 왕비 앤 불린(Anne Boleyn, ?1507~1536)
헨리 8세의 두 번째 왕비로 캐서린의 시녀였다. 자신의 정부가 되어달라는 헨리 8세에게 정식인 결혼을 요구한다. 결혼 후 딸 엘리자베스 여왕을 낳았지만 아들을 원한 헨리는 다른 여인을 찾는다. 결국 제인 시무어에게 밀려 간통과 마녀라는 누명을 쓰고 처형당하게 된다. 그녀가 왕비 자리에 있었던 1000여 일 때문에 '천 일의 앤'이라고도 부른다.

이에 가장 놀란 사람은 당연히 캐서린이었다. 그녀는 아직도 헨리 8세를 사랑하고 있었으며, 딸 메리를 위해서라도 물러설 수 없다고 버티었다. 두 사람의 이혼을 반대한 이는 비단 캐서린뿐만이 아니었다. 캐서린을 사랑하는 온 영국 백성들, 그리고 교황청은 물론 왕비의 친정인 스페인 왕실에서도 거센 반대가 쏟아졌다. 이는 어쩌면 당연한 일이었다. 그러나 한번 마음먹은 헨리 8세의 결심은 어느 누구도 막을 수 없었다.

헨리 8세는 음모를 꾸미기 시작했다. 캐서린이 자신과 결혼할 때 '처녀가 아니었다'는 증거만 밝혀내면 모든 것이 자기의 뜻대로 될 거란 생각이었다. 이에 헨리 8세는 캐서린이 자신과 결혼할 때 이미 처녀성을 잃었다는 억지 증거를 만들어 그녀에게 죄를 뒤집어씌우고 수도원에 감금시켜 버리고 만다. 그녀는 결국 어둡고 침침한 곳에서 병(암이라 전해짐)으로 쓸쓸한 최후를 맞이했다고 한다.

그러나 이에 대해 다음과 같은 또 다른 전설이 전해 오고 있어 소개하고자 한다. 그것은 캐서린이 어떤 젊은 남자와 바람을 피우다가 그 사실을 헨리 왕에게 들켰고, 분노한 헨리 8세는 그녀의 간절한 뉘우침에도 불구하고 즉결 처형했다는 것이다. 그런데 훗날 이러한 일이 벌어졌던 햄튼 궁에서 이상한 일이 벌어지기 시작한다. 이곳을 관람하던 관광객들이 기도실 앞에서 기절하는 사건이 일어난 것이다. 그 이유는 바로 캐서린 유령을 봤기 때문이었다. 문제는 캐서린 유령을 봤다는 사람이 한두 사람이 아니었으며, 심지어 햄튼 궁 총관리 책임자인 데니스 맥기네스 역시 캐서린 유령을 봤다고 증언했다. 이는 분명 억울한 죽음을 당한 캐서린의 영혼이 아직도 지하에서 울고 있기 때문이리라.

로마 가톨릭보다 내가 더 높다 - 영국 성공회 출범

캐서린을 처리한 헨리 8세는 이제 그의 가장 충실한 오른팔이었던 토머스 울지 추기경이 돌아오기만을 기다리고 있었다. 그는 헨리 8세의 이혼 소송장을 들고 로마 교황청으로 간 인물이다. 이혼 사유는 당연히 '캐서린이 처녀가 아니었다'는 것 때문이었다.

그러나 울지 추기경이 가지고 돌아온 것은 로마 교황이 헨리 8세를 파문한 다는 충격적인 내용이었다. 광분한 헨리 8세는 당장 울지 추기경의 목을 치는 한편, 로마 교황청에도 최후의 통첩을 보냈다. 그것은 바로 '이제부터 영국은 로마 교황청과 관계를 끊고 영국만의 국교(성공회)를 만들겠다'는 협박이었다. 그리고 "잉글랜드의 국왕만이 잉글랜드 교회의 유일한 수장"이라는 '수장령'을 공표하기에 이른다. 이로써 최초의 영국 성공회가 탄생하였다. 중세 이래 어느 국가도 감히 로마 가톨릭의 지배하에서 벗어나지 못하였으나 헨리 8세는 과감히 이를 실행에 옮긴 것이다. 그런데 그 이유가 오로지 한 여자를 위해서였다는 사실이 조금은 씁쓸히 여겨진다.

〈토머스 모어의 초상화〉(한스 홀바인 作)
잉글랜드 왕국의 법률가로, 이상적인 정치체제를 지닌 상상의 섬나라의 이름인 유토피아(Utopia)라는 단어를 만들어냈다. 그는 헨리 8세가 주장한 잉글랜드 교회의 수장령을 받아들일 것을 거부한 죄로 정치 경력이 끝남과 동시에 반역죄로 처형당하였다.

이제 헨리 8세는 영국 모든 교회의 수장이 되었으므로 '하느님 다음으로 높으신 폐하'로서 막강한 권한을 휘두르게 되었다. 이때 무수히 많은 가톨릭 교도가 헨리 8세의 조치에 대항하였으나 그는 이들을 무참히 고문한 후 처형해 버렸다. 백성들의 존경을 한 몸에 받고 있던 로체스터의 주교 존 피셔와 헨리 8세의 전직 대법관이었던 토머스 모어도 이때 비참하게 처형되고 말았다.

이제 헨리 8세에 대한 반발은 영국 백성들 사이로 퍼져 나갔다. 잉글랜드 북부 등에서 여러 차례 봉기가 일어났으나 헨리 8세는 이들을 전원 체포하여 반역죄로 다스려 무참히 처형하였다. 가톨릭의 수도원들도 모두 폐쇄시켜 버리고 재산을 몰수하였다. 이러한 종교 탄압은 비단 가톨릭 교도에게만 가해진 것은 아니었다. 프로테스탄트(신교도)에게도 마찬가지로 엄청난 탄압을 가하였다. 훗날 헨리 8세의 뒤를 이어 왕위에 오르는 그의 딸 메리 1세는 한 맺힌 어머니의 원수를 갚는다는 명목 아래 가톨릭을 복원하여 수많은 신교도들을 처참하게 처형함으로써 '피의 여왕 메리'라고 불리게 된다.

메리 1세(Mary I, 1516~1558)
로마 가톨릭 복고 정책으로 개신교와 성공회를 탄압하여 '피의 메리(Bloody Mary)'라는 별명을 얻게 된다.

한편, 오로지 로맨스 때문에 피의 종교 탄압을 일으킨 헨리 8세는 영국의 국력을 당시의 유럽 세계에 떨친 인물이기도 했다. 그는 무엇보다 영국의 해군을 유럽 최강으로 만들기 위해 철로 만든 무기를 개발했다. 이는 당시 유럽에서 획기적인 기술이어서 영국 해군은 유럽 최강의 면모를 갖출 수 있었다. 헨리 8세는 단순히 여인들의 치마폭에 놀아나기만 하는 군주가 아니었으며, 정복욕으로 가득 찬 야심가였기에 이러한 강력한 군대를 바탕으로 주변국으로 눈을 돌리기 시작했다.

당시 유럽에서는 교황 율리우스 2세가 베네치아(현 이탈리아)를 차지하기 위해 신성 로마 제국과 스페인 등과 동맹하여 프랑스와 전쟁을 벌이고 있었다. 헨리 8세는 프랑스를 정복하고자 하는 욕망에다 자신의 위용을 과시하고픈 욕심이 더해져 이 전쟁에 뛰어들었다. 그는 당연히 아내의 나라인 스페인과 그가 존경하는 교황의 편에 섰고, 1513년 프랑스 편에 붙은 스코틀랜드를 격파한다. 이 전쟁의 승리로 헨리 8세는 영국 국민들의 전폭적인 지지를 받으며 인기를 얻기 시작했다.

이후로도 헨리 8세는 몇 번에 걸쳐 프랑스(스코틀랜드와 연합)와의 전쟁을 치루어 승리를 거두지만, 전쟁으로 얻은 이익은 막대한 국가 예산을 투자한 것에 비하면 보잘 것 없는 수준이었다.

목이 잘리는 앤 불린과 아들을 낳다가 죽는 제인 시무어

첫 번째 부인 캐서린을 몰아낸 헨리 8세는 1533년, 앤 불린과의 결혼에 성공한다. 그런데 헨리 8세와 앤 불린의 러브 스토리 또한 세기의 로맨스로 불린다. 영화 〈천 일의 스캔들〉은 바로 헨리 8세와 앤 불린과의 러브 스토리를 다룬 명작이다.

영화 〈천 일의 스캔들〉의 포스터
세기의 로맨스로 불리는 헨리 8세와 두 번째 왕비가 된 앤 불린의 러브 스토리를 다룬 작품이다. 헨리 8세는 앤 불린과의 결혼을 위해 로마 가톨릭을 등지고 성공회를 만든다.

사실 앤 불린은 그다지 미인형은 아니었다. 그럼에도 헨리 8세가 앤 불린에게 빠져든 이유는 그녀만의 묘한 '당돌함' 때문이었다. 헨리 8세는 이런 그녀를 차지하기 위해 온갖 노력을 다하였다. 이때 헨리 8세가 실제로 앤 불린에게 보낸 편지가 최근 공개되어 화제가 되기도 하였다. 여기서 잠깐 헨리 8세가 얼마나 앤 불린을 사랑했는지 편지 내용의 일부를 공개하겠다.

이제부터 내 마음은 오직 당신에게만 바쳐질 것이오.

당신의 아름다운 단어로 채워진 편지는 너무나 진실했고, 그것은 나로 하여금 당신을 존경하고, 사랑하며, 섬기도록 만들었소.

500년 만의 공개 헨리 8세의 연애편지(바티칸 보관)
1528년에 헨리 8세가 앤 불린에게 쓴 이 편지는 지적으로도 뛰어난 헨리 8세의 유창한 문장이 돋보이며, 사랑하는 여인에 대한 무한한 애정이 넘친다.

사실 처음에 헨리 8세는 앤 불린을 적당히 데리고 놀려고 했을 뿐 결혼까지 할 생각은 아니었다. 그런데 앤 불린이 자기의 몸을 차지하기 위해서는 반드시 자기와 결혼해야 한다고 고집을 부렸다. 이 때문에 헨리 8세는 왕비 캐서린을 몰아내야 했고, 영국의 역사까지 뒤바뀌는 엄청난 일이 일어났던 것이다.

결혼식을 올린 바로 그해, 헨리 8세와 앤 불린 사이에 엘리자베스가 태어난다. 이 엘리자베스가 바로 훗날 처녀왕으로 한 시대를 풍미했던 바로 그 여왕이다.

그러나 앤 불린 역시 이후로 끝까지 사내아이를 낳지 못했다. 이는 캐서린의 경우와 너무나도 흡사했다. 대부분이 유산하거나 태어난 지 얼마 안 되어 죽어 버린 것이다. 헨리 8세는 아들을 낳지 못하는 앤 불린에게서 마음이 점차 멀어져 갔다. 이때 앤 불린이 보여 준 드센 성격 역시 헨리 8세의 마음이 떠나게 하는 데 한몫하였다. 앤 불린은 캐서린의 딸 메리에게 온갖 궂은 일을 시키고, 모욕과 모진 학대를 가했던 것이다.

이때 왕의 마음을 읽은 앤 불린의 정적들이 헨리 8세 앞에 '제인 시무어'를 앞세워 유혹하기 시작한다. 헨리는 즉시 제인 시무어에게 빠져들었고, 제인 시

세 번째 왕비 제인 시무어(Jane Seymour, ?1507~1537)
앤 불린의 시녀였던 그녀와 결혼하기 위해 헨리 8세는 앤 불린에게 간통의 누명을 씌워 처형한다. 결혼 후 왕이 그토록 열망하던 아들 에드워드를 낳지만 출산 중에 죽고 만다. 『왕자와 거지』에 나오는 왕자가 바로 에드워드이다.

헨리 8세의 가족
에드워드 왕자, 헨리 8세, 제인 시무어

무어 역시 앤 불린처럼 자신과 결혼해 주지 않으면 잠자리를 같이할 수 없다는 조건을 내건다. 이에 헨리 8세는 캐서린 때처럼 즉각 앤 불린 제거 작업에 착수하였다.

헨리 8세는 앤 불린에게 반역죄와 간통죄, 특히 오빠 '조지 불린'과의 근친상간을 일으켰다는 죄를 뒤집어씌워 앤 불린을 공포의 런던 탑으로 데리고 갔다. 그러나 앤 불린은 그 무시무시한 곳에서도 왕비다운 풍채를 잃지 않았으며, 당당히 그녀의 가녀린 목을 내밀었다. 그리고 도끼가 그녀의 목을 내리쳤고 그것으로 천 일간 이어진 그녀의 시대는 끝이 났다. 그녀는 1536년 5월 19일 처형되었는데, 지금도 그날이 되면 한 맺힌 그녀의 유령이 나타나곤 한다고 전해진다.

무자비하게 자신의 두 번째 아내를 처리한 헨리 8세는 24시간 만에 제인 시무어와 약혼하고 10일 만에 결혼식을 올리는 매정함을 그대로 보여 준다. 이에 보답이라도 하듯 제인 시무어는 이듬해 1537년, 헨리 8세가 그토록 열망하던 아들 에드워드를 출산하는 데 성공한다. 그러나 그녀의 시대는 그것으로 끝이었다. 아들 에드워드를 낳던 중에 운명을 달리하고 만 것이다. 훗날 헨리 8세와 결혼했던 여섯 명의 왕비 중 헨리 8세와 함께 묻혔던 이는 오직 제인 시무어뿐이었다고 한다.

자신이 그토록 원하던 아들은
얻었지만, 그러나 졸지에 왕비를 잃은 헨리 8세는 놀랍게도
(?) 이후 3년간이나 결혼하지 않고 혼자 지낸다. 그는 이 시
기 동안 자신의 네 번째 왕비가 될 인물을 찾는 데 몰두하고
있었다. 이전의 세 왕비가 모두 비참한 종말을 맞이한지라
그의 악명은 높아졌으며, 외모 또한 한때는 유럽에서 가장
풍채가 당당한 미남으로 불렸으나 현재는 비대한 49세의 중
년 남자가 되어 있었다. 그래서 왕비를 구하는 일이 좀처럼
쉽지 않았다. 그럼에도 불구하고 헨리 8세는 젊고 아름다운
여인들만을 찾고 있었다.

네 번째 왕비 안나 폰 클레페(Anne of
Cleves, 1515~1557)
초상화만 보고 그녀를 선택한 헨리 8세는 실
제 모습을 보고는 그녀를 거들떠보지 않았다
고 한다. 하지만 외모와 달리 그녀의 성격과
인품은 인정받았을 정도로 좋아 합방 불가라
는 이유로 이혼당한 뒤에도 헨리 8세의 친구
로 궁정 출입이 자유로웠고 죽은 뒤 웨스터
민스터 사원에 묻혔다.

이런 가운데 당시 헨리의 오른팔이었던 총신 토머스 크롬
웰이 클리브즈 공작(클리브즈 공국의 왕)의 누이인 25살의 앤을 강
력히 추천하였다. 이윽고 당시 궁정 화가였던 한스 홀베인
이 그린 앤의 초상화가 영국으로 날아왔다. 헨리 8세는 제
법 정숙해 보이는 앤의 모습이 마음에 들어 즉시 결혼하겠다고 선언한다. 그러
나 앤을 직접 보게 된 헨리 8세는 그만 실망하고 만다. 초상화에서 본 모습과
너무도 딴판이었기 때문이었다. 그는 그녀를 '플란더스 암말', '뚱뚱한 추녀'
등으로 부르며 불만을 토해냈다. 그러나 이미 돌이킬 수 없는 상황이었다. 사
실 두 사람의 결혼에는 두 나라 사이의 정략적인 문제(서로 연합하여 가톨릭에 대항하려는)
도 포함되어 있었기 때문이었다.

다섯 번째 왕비 캐서린 하워즈(Catherine Howard, 1520~1542)
49세의 헨리 8세는 18세의 캐서린 하워드와 결혼하면서 안정을 찾는 듯했으나 캐서린 하워드는 여러 남자와 불륜을 저질렀다. 게다가 결혼 전부터의 문란한 과거가 드러나 결국 유폐되고 앤 불린에 이어 런던 탑의 단두대에서 목이 잘리는 운명을 맞는다.

결국 헨리 8세는 "오직 나라를 위해서"라며 마지못해 그녀와 결혼하였다. 그러나 그동안 헨리 8세의 행각에 비추어 볼 때 이런 결혼 생활이 얼마 가지 못할 것이라는 사실은 불을 보듯 뻔했다. 결혼 후 얼마 지나지 않아 헨리 8세의 눈은 왕비의 어린 시녀였던 캐서린 하워즈에게로 쏠렸다.

헨리 8세는 또 다시 클리브즈의 앤을 몰아낼 것을 결심한다. 그리고 1540년, 클리브즈의 앤에게 이혼하겠다고 협박했다. 헨리 8세가 내건 이혼 사유는 자신이 클리브즈의 앤과 육체관계를 맺은 적이 없으니 결혼이 무효라는 주장이었다. 클리브즈의 앤은 과거 왕비들이 헨리 8세의 명령에 거절했다가 처참히 당한 일을 모두 알고 있었기에 과거 캐서린처럼 무지하게 행동하지 않았다. 그녀는 스스로 "헨리 8세와 단 한 번도 잠자리를 같이하지 않았다"고 증언하며 조용히 사라져 주었다. 덕분에 그녀는 그동안의 다른 왕비들과 달리 제 명을 다하고 죽을 때까지 편안히 살 수 있었다.

한편 이 잘못된 결혼을 추진했다는 죄목으로 헨리 8세는 자신의 오른팔이었던 토머스 크롬웰까지 반역죄로 몰아 런던 탑에 가두고 목을 베어 버리는 야만성을 보여 주었다. 이때 헨리 8세는 일부러 솜씨가 서툰 사람에게 크롬웰의 사형 집행을 맡겼고, 그는 세 번이나 크롬웰의 목을 내리쳤다고 하니 가히 헨리 8세의 악행을 짐작할 수 있다.

최후의 순간까지 로맨스는 계속된다

헨리 8세가 자신의 오른팔이었던 충신 크롬웰을 비참히 죽이는 모습을 본 귀족들은 헨리 8세의 잔인성에 혀를 내둘렀다. 헨리 8세 역시 이때부터 점점 이상해져 갔다. 조금이라도 이상한 행동을 보이는 신하가 있으면 쉽게 의심하고, 신경질적으로 되었으며, 우울증 증세까지 보이는 등 예측을 할 수 없는 인물이 되었다.

그리고 늙어빠진 육체에, 몸까지 상당히 비대해져 있었다. 그럼에도 그의 바람기는 여전했다.

크롬웰을 처형한 바로 그날(1540년 7월 28일), 그는 다시 자신보다 30살 가까이 어린 캐서린 하워드와 결혼했다. 그녀는 아이러니하게도 자신의 손으로 처형했던 앤 불린의 외사촌이기도 했다. 젊은 여인을 품에 안은 헨리 8세의 표정은 무척 온화해 보였다. 헨리 8세는 그녀를 "보석 같이 아주 귀한 여인"이라고 추켜세우는 등 실로 오랜만에 청춘을 회복하는 듯했다. 그러나 이러한 행복은 오래가지 못했다.

캐서린 하워드의 추한 비밀이 밝혀지고 만 것이다. 그녀는 음탕하고 헤픈 여자였으며, 헨리 8세를 만나기 전에도 여러 남자들의 품에 안긴 전력이 있었다. 뿐만 아니라 헨리 8세와 결혼한 후에도 이러한 행각을 계속 벌이고 있다는 소문이 궁정에 퍼지기 시작했다. 캐서린에 푹 빠져 있었던 헨리 8세는 이러한 소문을 믿지 않았지만, 결국 그녀의 진실은 만천하에 드러나고 말았다. 늙은 헨리 8세의 충격은 가히 상상을 뛰어넘을 정도였다. 헨리 왕의

> **_ 헨리 8세의 정부들**
> 역사가들은 헨리의 사생아인 헨리 피츠로이를 낳은 엘리자베스 블런트와 왕비 앤 불린의 언니 메리 불린을 정부로 확신하고 있다. 젊은 나이의 피츠로이가 죽었을 무렵 헨리는 사생아에게도 왕위를 계승할 권리를 부여하는 법을 통과시키려고 부단히 노력하였다.

마지막 왕비 캐서린 파아(Katherine Parr, 1512~1548)
헨리 8세의 마지막 왕비로 사생아가 된 메리와 엘리자베스를 불러들여 적법한 왕위 계승자로 만들어 줄 만큼 매우 순종적이고 여성스러운 여인이었다고 한다. 헨리 8세 사후에 제인 시무어의 동생 토머스 시무어와 결혼했다고 한다.

처절한 분노 속에 캐서린 하워드의 목은 비참하게 잘려 나갔다.

이제 헨리 8세는 지칠 대로 지쳤다. 그렇다고 여체에 대한 그의 관심이 사라진 것은 아니었다.

캐서린 하워드가 처형당한 지 1년 정도가 지났을 때부터 헨리 8세는 캐서린 파아에게 관심을 보이기 시작했다. 캐서린 파아는 시골 귀족의 딸로 이미 두 번이나 결혼한 경력이 있는 여자였다. 그리고 헨리 8세가 관심을 보일 무렵 그의 세 번째 왕비였던 제인 시무어의 오빠 토머스 시무어(Thomas Seymour)와 사랑하는 관계에 있었다. 그럼에도 불구하고 불같은 헨리 8세는 강제로 결혼식을 올려 버린다. 이로써 그녀는 헨리 8세의 여섯 번째 아내가 되었다.

이후 헨리 8세는 마지막 임종까지 캐서린 파아와 사이좋은 부부로 잘 지내게 된다. 캐서린 파아는 매우 이해심이 많은 여자여서 비로소 헨리 8세의 가정에 평화가 찾아오게 된다.

그러나 이제 헨리 8세가 살 수 있는 날이 얼마 남지 않았다. 그의 몸은 이미 엄청나게 비대해져(허리 치수가 54인치였다고 함) 몸을 제대로 가누지 못했으며, 온갖 질병에 시달리고 있었다. 온몸은 종기로 뒤덮였으며, 한 번 생긴 상처는 잘 낫지 않아 썩어 들기 일쑤였다.

결국 헨리 8세는 1547년 1월 28일 화이트홀 궁전에서 "수도사들! 수도사들! 수도사들!"이라는 말을 마지막으로 남기고 숨을 거두었다. 아마도 그가 살아생전 행한 악행들에 대한 후회 때문에 이런 말을 했을 것이다. 그리고 거기에는 그의 오른팔 역할을 충실히 했던 토머스 울지나 토머스 크롬웰을 죽인 것에 대한 후회와 자신 때문에 불행한 삶을 살아야 했던 다섯 명의 아내에 대한 속 죄의 뜻도 담겨 있었을 것이다.

윈저 성
영국 런던 서편 교외 템스 강변에 구축된 성채. 윈저 성의 성 조지 교회에 헨리 8세의 무덤이 있는데 헨리 8세는 유일하게 아들을 낳은 왕비 제인 시무어의 묘 옆에 묘자리를 만들어 죽은 후 그 옆에 같이 누웠다.

절대 군주 루이 14세. "짐이 곧 국가"라고
할 정도로 절대 왕정을 강조한 그는 질투
의 화신이기도 했다. 신하가 자신보다 화
려한 저택을 갖고 있자 그는 더욱 화려한
베르사유 궁전을 지었다.

태양왕, 절대 군주의 상징

루이 14세

베, 일 에   가 려 진   출 생 의   비 밀

아름답기가 거의 완벽에 가깝다는
찬사를 한 몸에 받고 있는 베르사유 궁전을 건축한 것으로 유
명한 루이 14세. 그는 우리에게 프랑스 절대 왕정을 상징하는
인물로, 또 태양왕(Le Roi Soleil)으로 더 잘 알려져 있다.

그러나 그에 대한 이야기를 하기 위해서는 먼저 그의 출생
에 얽힌 비밀에 관해 짚고 넘어가야 할 것이다.

루이 14세는 아버지인 루이 13세와 어머니인 안 도트리슈
가 결혼한 지 23년 만에 가진 아이였다. 문제는 루이 13세와
안 도트리슈는 부부 관계가 매우 좋지 않았는데, 문제는 23년

태양왕 루이 14세(Louis XIV, 1638~
1715)
프랑스 부르봉 왕조의 왕(재위 1643~
1715)으로 스스로 '짐은 곧 국가이다'라고
할 만큼 절대 왕정의 대표적인 전제 군주이
다. 재상제 폐지, 파리고등법원 격화, 베르
사유 궁전 건설로 유럽 문화의 중심에 섰으
나 신교도 박해 및 사치스런 궁정 생활은
재정 결핍을 초래하였다.

이 지나도록 둘 사이에 자식이 없었다는 데 있었다. 이런 부부 사이였는데 어떻게 갑자기 결혼 23년 만에 안 도트리슈가 아이를 가질 수 있단 말인가? 당연히 가장 먼저 의심을 한 사람은 다름 아닌 루이 13세였다.

그러나 당시 프랑스 왕가에서는 루이 13세의 뒤를 이을 왕자가 없는 상태였다. 따라서 루이 13세는 자신이 이뤄 놓은 권력을 유지하기 위해 울며 겨자 먹기로 현실을 받아들이기로 결심한다. 뿐만 아니라 사람들의 눈을 의식해 왕비와 거짓으로 동침하는 행동까지 보여 주기도 했다.

이렇게 태어난 루이 14세에 대해 세간에는 온갖 추측과 소문들이 난무하였다. 그중 하나가 루이 14세가 쌍둥이였을 것이라는 소문이었다. 이런 소문이 나돈 이유는 그 당시 실제로 철가면을 쓰고 감옥살이를 하고 있던 의문의 죄수 때문이었다. 그는 죽을 때까지 철가면을 벗지 않았으며, 감옥 내에서도 왕 못지않은 호화로운 생활을 했기에 사람들은 그가 분명 보통 사람이 아닐 거라 생각하게 되었다.

알렉산더 뒤마(Alexandre Dumas, 1802~1870)
19세기 프랑스의 극작가이자 소설가로 통쾌한 검사 이야기인 『삼총사』와 장편 모험 소설 『몽테크리스토 백작』이 세계적으로 유명하다.

어떤 소문에 의하면 철가면은 루이 14세의 진짜 아버지일 거라고도 하고, 당대의 작가였던 알렉산더 뒤마가 쓴 소설 『철가면』에 의하면 철가면은 바로 루이 14세의 쌍둥이 동생이라고 한다. 여기서 뒤마의 소설 『철가면』에 나오는 줄거리를 바탕으로 루이 14세의 출생에 얽힌 비밀 이야기를 살펴보도록 하자.

예로부터 프랑스 왕실에서는 쌍둥이가 태어날 경우 형이 왕위를 계승하고 동생은 감옥에 갇혀 살아야 한다는 전설이 전해 오고 있었다. 때문에 루이 14세와 함께 태어난 쌍둥이 동생 필립은 평생을 감옥에서 지내야 했다. 이러한 불공평한 현실을 참지 못한 필립은 결국 자신의 세력을 결집하여 반란을 일으키려 했으나 실패하고 만다. 이에 대한 형벌은 평생 철가면을 쓰고 지내야 한다는 것이었다.

영화 〈삼총사〉의 포스터

그럴 듯한 이야기다. 이 철가면 이야기는 〈삼총사〉, 영화 〈철가면〉 등으로 다뤄지면서 그 인기가 하늘을 찌를 정도였다. 하지만 이 역시 사람들의 머릿속에서 나온 허구일 뿐 그 진실에 대해서는 아직까지 미스터리로 남아 있다. 이후로도 프랑스에서는 철가면에 대해 무수한 소문만 난무했을 뿐 비밀은 끝내 밝혀지지 않았다.

23세의 나이에 실권을 쥐다

루이 14세는 이렇게 1638년 생제르맹앙레(프랑스 북부에 있는 도시)에서 태어났다. 태어날 때부터 수많은 의심 속에 있었기에 루이 14세는 아버지의 사랑을 제대로 받지 못하고 자랄 수밖에 없었다. 게다가 그가 5살이었을 때 그의 아버지 루이 13세가 세상을 떠나고 만다. 따라서 루이 14세는 불과 5살의 어린 나이에 왕위를 물려받게 되었다. 너무나 어렸기에 결국 그의 어머니 안 도트리슈가 섭정을 맡았고, 그녀는 이 모든 권한을 당시 추기경이었던 마

유모에게 안긴 루이 14세

자랭(Jules Mazarin, 1602~1661)에게 넘겨 버렸다.

훗날 훌륭한 프랑스의 재상 중 한 명으로 기억되고 있는 마자랭은 루이 14세를 지켜주는 든든한 보호막과 같은 역할을 충실히 해냈다. 그는 프롱드의 난(1648~1653년에 일어난 프랑스 귀족들의 왕정에 대한 최후의 반란 사건) 등으로 피란 생활을 해야 했던 어린 루이 14세를 지켜 주었을 뿐만 아니라, 그를 국가의 중요한 회의에 참석시키는 등 훗날 왕이 되어서 수행해야 할 제왕학(帝王學)에 대해서도 틈틈이 가르쳐 주었다.

그러나 다른 사람들, 특히 귀족들의 눈에 루이 14세는 정치에 대해서는 무지 그 자체인 마냥 놀기만 좋아하는 왕자 정도로밖에 보이지 않았다. 이는 그의 어머니에게도 마찬가지였다. 그도 그럴 것이 루이 14세는 사람들이 보는 앞에서는 정치와는 상관없는 사냥이나 댄스, 연애와 같은 쾌락을 즐기는 데에만 온통 관심을 보였기 때문이다.

그런 가운데 재상 마자랭이 죽었다. 그가 다스린 시기에 프랑스는 안정을 이루었으나 다시 위기를 맞이한 것이다. 가장 슬퍼한 사람은 다름 아닌 루이의 어머니 안 도트리슈였다. 그녀는 모든 것을 마자랭에게 의지하며 살아왔는데, 이제 누구를 의지해야 할지 막막한 상태였던 것이다. 그만큼 이 시기에 그녀는 자신의 아들을 믿지 못하고 있었다. 그러나 루이 14세의 생각은 어머니와 완전히 달랐다.

23살의 청년 왕자 루이 14세는 가장 먼저 귀족들을 모아 놓고 이렇게 말했다.

"앞으로 모든 일은 짐(朕)이 맡아서 처리하겠다."

귀족들은 루이 14세의 당돌한 행동에 깜짝 놀랐다. 왜냐하면 이때 루이 14세가 보여 준 행동은 이전과는 너무나 딴판이었기 때문이었다. 그들은 최소한 루이 14세가 정치의 전면에 나서리라고는 생각하지 못하고 있었던 것 같다. 이렇게 루이 14세는 세간의 모두의 예상을 뒤엎고 프랑스 정치의 전면에 혜성처럼 등장했다.

화려한 베르사유 궁전을 지은 까닭

루이 14세의 초상 거울

루이 14세는 가장 먼저 귀족 세력을 약화시키고 자신 중심의 권력 구도를 만들기 위한 개혁 작업에 착수했다. 즉, 그동안 귀족 회의를 통해 국사가 결정되던 것을 폐지시켜 버리고, 아무리 작은 일이라도 반드시 자기의 서명이 없으면 이행되지 못하도록 했다. 이렇게 하자 자연스럽게 귀족 세력이 약해지고 왕의 권력은 강해졌다.

어린 나이의 루이 14세가 어떻게 이토록 짧은 시간에 국정을 장악할 수 있었을까? 이는 루이 14세의 강력한 카리스마 때문이라고 역사가들은 이야기한다. 루이 14세의 카리스마가 어느 정도였는지 실제로 베르사유 궁전에 살았던 이탈리아 인 점성가 프리미 비스콘티의 말을 인용해 보도록 하자.

왕의 얼굴을 보라. 도대체 그의 표정을 읽을 수가 없다. 그는 신하들에게 얘기할 때 각자의 권리와 의무만 얘기해 줄 뿐이다. 그 결과 루이 14세가 아무리 사소한 이야기를 하더라도 듣는 사람은 마치 신탁에서 나오는 말처럼 귀를 기울인다.

또한 루이 14세는 귀족들의 세력을 누르기 위해 교활한 방법을 이용했다. 그는 귀족들을 자신의 궁정으로 끌어들여 도박에 빠져들게 했으며, 여색을 탐하게 하는 등 방탕한 생활에 흠뻑 젖어 들게 만들었다. 상황이 이렇게 되다 보니 귀족들은 자연스럽게 정치에서 관심이 멀어져 갔으며, 오로지 루이 왕의 눈에 들기 위해 아첨하는 존재로 전락하게 되었다.

상황이 이쯤되자 루이 14세는 귀족 계급이 아닌 부르주아지(Bourgeoisie) 출신으로 구성된 '최고의사결정기관'을 자신의 직속으로 두고 국사를 결정했다. 이는 부르주아지 계급들이 자신이 부리기에 매우 적합한 존재들이기도 했지만, 더 큰 이유는 귀족 계급들을 견제하기 위함이었다. 이때 두각을 나타냈던 인물 중 푸케와 콜베르란 인물이 있었다.

_ 니콜라 푸케(Nicolas Fouquet, 1615~1680)
지위를 이용하여 미술가와 문학가를 보호하고 호화로운 성관을 세웠으나, 자기의 욕심만을 채운다는 죄로 콜베르에게 고발되어 무기 징역을 선고받았다.

푸케는 마자랭 시절부터 정부의 재무 관리를 맡는 장관으로 임명되어 부정 축재로 막대한 부를 챙긴 사람이었다. 1661년 그는 이렇게 쌓은 막대한 재산으로 자신의 저택인 '보르비 꽁트'를 지었는데, 그 화려함이 유럽의 어느 궁정도 부럽지 않을 정도였다.

한편, 야심가였던 콜베르는 이런 푸케의 부정 축재를 세상에 알리고, 그를 끌어내리려고 호시탐탐 기회만 엿보고 있었다.

그런 가운데 푸케는 어느 날 자신의 대저택에서 대축제를 열고 국왕 루이 14세까지 초대하는 우를 범하고 만다. 아마도 그는 화려함을 좋아하는 루이 국왕이 자신의 저택을 보고 감탄할 것만 생각했던 것 같다. 그러나 상황은 그렇지 못했다. 푸케의 대저택을 구경한 루이 14세는 그만 깜짝 놀라고 만다. 그곳에는 수만 권의 책이 진열된 웅장한 도서관과 당대 최고의 예술가들이 그린 그림, 조각물이 전시되어 있었고, 실제 그 예술가들이 드나들

보르 비 꽁트 대저택
푸케 소유로 로마의 바르베리니 궁전에서 배치를 따왔다. 큰 스케일의 정원을 가지면서도 자연과 일체되는 주거의 최초의 예로 루이 14세의 질투심을 불러일으켰다.

고 있었다. 마침 루이 14세가 방문한 날, 화려한 연극 공연이 열리고 있었고 불꽃 축제까지 열리고 있었다.

'아니, 어떻게 신하가 황제보다 더 화려한 저택을 지을 수 있단 말인가!'

루이 14세는 그날 푸케에게 의미심장한 말을 던진다.

"당신이 편하지 않을 것 같아 내 집에는 당신을 초대하지 못할 것 같소."

다시 왕궁으로 돌아온 루이 14세는 끓어오르는 감정을 도저히 참을 수 없었다. 콜베르는 이때를 놓치지 않았다.

"폐하, 푸케 장관은 그 재산을 부정 축재로 모은 것입니다."

콜베르의 말에 루이 14세의 눈이 반짝거렸다. 그는 당장 콜베르에게 푸케의 저택을 철저히 수색할 것을 명한다. 수색대는 푸케의 저택으로 쳐들어갔고, 그곳에서 푸케가 역모를 꾸미고 있었다는 단서까지 추가한다. 정말 푸케가 쿠

데타를 꾸미고 있었는지 그 진실은 알 수 없지만, 하여튼 푸케는 이 죄목으로 끌려와 고문을 받고 종신 금고형을 선고 받아 역사의 뒤편으로 사라지고 만다. 당연히 콜베르는 영웅이 되어 이후 루이 14세의 오른팔 행세를 하며 승승장구하게 된다.

한편, 루이 14세는 자신의 신하가 자신보다 더 화려한 저택을 갖고 있다는 사실에 참을 수 없는 치욕을 느꼈다. 이는 곧 자신의 왕권이 실추되는 것과 같다고까지 생각하기에 이르렀고, 결국 그는 베르사유 궁전을 짓기로 결심한다.

그는 당장 푸케의 보르 비 꽁트의 저택을 지은 건축가들과 예술가들을 불러들여 자신의 절대 권력을 상징하는 궁전을 설계하도록 명령했다. 프랑스를 상징하는 베르사유 궁전의 역사는 이렇게 시작된 것이다. 루이 14세는 수만 명에 달하는 백성들을 강제로 동원하여 그 노동력으로 이 궁전을 완성했다. 이때 과

베르사유 궁전
푸케 소유의 보르 비 꽁트 대저택을 모델로 삼아 프랑스의 루이 14세가 건축한 바로크 양식의 궁전으로 1668년 짓기 시작하였으며 루이 13세의 전용 사냥 숙소를 둘러싸고 있는 일련의 건물로 이루어져 있다.

도한 노동으로 인해 죽어 나간 백성들이 부지기수였으며, 이 시체들은 몰래 암매장되기 일쑤였다고 전해진다.

뿐만 아니라 지상 최고의 화려함을 뽐내기 위해 수많은 화가와 조각가, 장식가들이 강제로 동원되었다. 그러나 너무나 강압적으로 루이 14세가 서두른 탓이었을까, 아니면 너무 화려한 외장에

베르사유 궁전 내의 거울의 방
길이가 70m에 이르는 곳으로 주요 정부 행사들이 열린 곳이며, 제1차 세계 대전을 종식시키는 베르사유 조약이 체결된 곳이기도 하다.

만 신경 쓴 탓이었을까. 당시 완성한 베르사유 궁전에는 화장실이 없었다. 이에 대해 프랑스 건축물의 특징 때문이라는 말도 있고 여러 가지 설이 있다. 하여튼 이곳에 온 사람들도 급한 볼일은 해결해야 했기에 궁전 곳곳이 지저분하게 되어 주기적으로 이를 청소하느라 애를 먹었다고 한다.

이렇게 완성된 베르사유 궁전은 루이 14세의 소원대로 프랑스 절대 왕정의 상징물이 되었을 뿐만 아니라 전 유럽 문화의 중심으로 우뚝 서기까지 하였다. 그러나 루이 14세가 이곳에서 벌인 사치스럽고 화려하기 그지없는 궁정 생활은 훗날 프랑스를 위태롭게 만드는 원인이 되기도 했다.

_ 화장실 없는 베르사유 궁전
게란트의 '화장실 문화사'에 따르면 아름다운 궁전에 화장실처럼 더러운 것이 있어서는 안 된다는 루이 14세의 생각으로 화장실을 만들지 않았다고 한다. 대신 왕과 귀족들은 저마다 개인 휴대용 변기를 가지고 다녔다. 『천하무적 잡학사전』에 따르면 루이 14세는 자그마치 26개의 변기를 가지고 다녔다고 한다. 심지어 신하들이 보는 앞에서 구멍 뚫린 의자 변기에 걸터앉아 재판을 했다. 그들의 오물 처리는 하인들이 했다고 하는데 주로 으슥한 궁전 정원이 그 처리 장소였다고 하니 악취가 심했으리라 짐작된다.

전장에서의 루이 14세
독일과의 전쟁 당시 전장에서의 루이 14세 모습

루이 14세 이전까지 프랑스

는 유럽에서 두각을 나타내는 나라는 아니었다. 그러

나 루이 14세가 집권하면서 프랑스는 유럽에서도 당

당히 최고의 힘을 가진 중심 국가로 떠오르게 된다. 물

론 그 중심에는 프랑스를 유럽의 중심 국가로 만들려

는 루이 14세의 끝없는 야망이 있었다.

그는 자신의 꿈을 이루기 위해 유럽의 열강을 상대

로 대 플랑드르 전쟁(1667~1668, 현 프랑스 북부 지역 침략), 대 네

덜란드 전쟁, 대 아우크스부르크 동맹 전쟁(영국 · 네덜란드 · 스페인 · 신성 로마 제국 · 브란덴부

르크 · 작센 · 바이에른 · 사보아 등의 연합군과의 전쟁), 대 스페인 계승 전쟁을 강행하였다. 루이

14세는 이런 일련의 전쟁에서 승리를 거둠으로써 프랑스를 유럽의 중심 국가로

만들고자 하는 자신의 꿈을 이루는 듯했다. 특히 이 시기에 그는 베르사유 궁전

을 지어 프랑스를 일약 유럽의 문화 중심지로 만드는 업적도 이뤄냈다.

루이 14세는 마침내 자신이 유럽의 최고가 되었다고 생각했던 것 같다. 그는

결국 자신이야말로 '지상에서 신의 대행자(왕권신수설)'라고 주장하기에 이르렀

다. 따라서 프랑스에 두 개의 종교는 필요 없었고, 오직 가톨릭만 인정하였다.

그가 가톨릭을 선택한 이유는 순전히 자신의 정권 유지에 도움이 된다고 판단

했기 때문이다.

이 때문에 당시 프랑스에서 자유롭게 신앙생활을 하고 있던 신교도들은 난

데없는 박해를 당하기 시작한다. 루이 14세의 박해에 견디다 못한 신교도들은

이웃 네덜란드와 영국 등지로 도망치거나 망명했는데, 이때 이주한 수가 수십만 명에 달할 정도였다. 문제는 이들 대부분이 프랑스 산업에서 중요한 역할을 하던 숙련자들이었기 때문에 이후로 프랑스 산업은 치명적인 타격을 입을 수밖에 없었다.

뿐만 아니라 말년에 이르러 루이 14세는 자신이 일으킨 전쟁에서도 연패를 거듭하였다. 결국 전성기 시절 그가 차지했던 영토를 대부분 잃고 마는 지경에까지 이른다.

루 이 14세 를 둘 러 싼 여 인 의 음 모

루이 14세는 한때 마자랭의 조카딸이었던 마리 만치니를 사랑하기도 했으나 정치적인 이유(스페인과의 평화를 위해)로 1660년 스페인 왕의 딸 마리 테레즈와 결혼했다. 그러나 호색한이었던 루이 14세는 그 후 왕비 외의 수많은 여인들과 놀아났다. 그중 몇 명을 소개하고자 한다.

처음으로 루이 14세의 마음을 끈 여인은 루이즈 드 라 발리에르였다. 루이 14세는 청순한 스타일의 루이즈에게 완전히 마음을 빼앗겨 버렸으며, 그녀역시 다른 목적 없이 순수하게 루이 14세를 사랑했

루이즈 드 라 발리에르
루이 14세의 첫 번째 공식 애인으로 청순하고 순종적이며 항상 겸손하고 자신의 본분을 지키는 여인으로 왕비에게도 항상 미안한 마음을 가졌다고 한다.

던 것으로 알려져 있다. 루이는 그녀와의 사이에 세 명의 아이까지 두면서 사랑을 나누었다.

그러나 당시 마리 왕비의 시녀이자 루이즈의 친구이기도 했던 몽테스팡 부인이 등장하면서 둘 사이는 금이 가고 만다. 몽테스팡 부인은 처음부터 야심을 가지고 루이 14세에게 접근한 여인이었다. 그녀는 루이 14세의 마음을 끌기 위해 당시 '검은 미사'를 거행하는 마녀로 이름을 떨친 '라부아쟁'을 찾아간다. 그리고 마녀 라부아쟁으로부터 '암흑 미사'를 드리면 왕의 마음을 끌게 될 것이라는 주문을 받는다. 결국 암흑 미사가 거행되었다. 그것은 갓난아이의 목을 친 후 거기서 뚝뚝 떨어지는 피를 실오라기 하나 걸치지 않은 몽테스팡 부인이 받아먹는 의식이었다. 그러나 이 사건은 곧 세상에 알려졌고, 이런 의식에 비단 몽테스팡 부인뿐만 아니라 수많은 유명 인사들이 연루된 것이 밝혀졌다.

악행이라 하면 누구에게도 뒤지지 않았던 루이 14세였지만 이번 사건만은 루이에게 커다란 충격을 던져 주었던 모양이다. 루이 14세는 라부아쟁을 화형에 처하는 한편, 몽테스팡은 수도원에 가두는 것으로 사건을 마무리한다. 그리고 이후로 루이 14세는 경건한 삶을 살기로 작정했다고 한다.

이때 만난 여인이 자신의 서자(庶子)들을 가르치던 가정 교사 맹트농 부인이다. 또한 맹트농 부인과 사랑을 나눌 때 마리 왕비가 세상을 떠남으로써 루이 14세는 맹트농을 자신의

몽테스팡 부인
친구인 루이즈를 배신하고 타고난 미모와 술수로 왕의 애첩 자리를 가로챈 야심 많은 여인으로 루이 14세와의 사이에 6명의 아이를 낳았지만 '검은 미사' 사건으로 물러나게 된다.

맹트농 부인
미모가 아니라 똑똑한 머리, 뛰어난 대화술, 사려 깊고 신중한 성격으로 바람둥이 루이 14세를 완전히 사로잡아 마지막 애인이자 두 번째 왕비가 되었다.

두 번째 왕비로 맞이하였다. 이후로 맹트농 왕비와는 죽을 때까지 변치 않는 사랑을 나누었다고 전한다. 아이러니한 것은 맹트농 왕비가 경건한 삶을 이유로 루이 왕과의 잠자리를 피했다고 하는데, 이는 사실 루이 14세의 몸에서 풍기는 악취 때문(뒤에서 설명)이었다는 설도 있다.

잔혹하고 퇴폐적이었던 절대 권력의 화신, 루이 14세의 최후

　　　　　루이 14세는 절대 권력의 화신이었다. 따라서 신하가 자신보다 높은 것에 대해서는 절대 용납할 수 없었다. 베르사유 궁전도 그 때문에 더욱 화려하게 지었다. 문제는 하늘을 찌를 듯한 권력으로도 어찌할 수 없었던 것이 있었으니 바로 루이의 작은 키였다. 당시 160cm가 조금 넘는 키였던 루이 14세는 자신이 신하를 올려다보는 것을 용납할 수 없었던 모양이다. 그래서 그는 요즘 여자

루이 14세의 의상(빨강 굽에 크림색 하이힐)과 그가 즐겨 신은 하이힐 '초핀느'
화려한 신발에 큰 애착을 가졌던 그가 즐겨 신은 초핀느(Chopine)는 16~17세기에 유행했다. 받침 형태의 높고 두꺼운 굽이 달린 구두로 힐의 높이가 40cm에 이르는 것도 있어서 걷기에는 아슬아슬한 신발이었다. 하지만 키가 작았던 루이 14세에게 뒤축이 높은 초핀느는 큰 사랑을 받아 더욱 유행했고, 상류층 남성들도 많이 신었다고 한다.

들의 하이힐이 무색할 정도의 굽 높은 구두(10cm 이상이었다고 전해짐)를 신고, 족히 15cm는 넘어 보이는 하늘로 치솟은 가발을 쓰고 다녔다. 이런 장치 덕분에 루이 14세는 여러 대중들과 함께 있을 때도 항상 우뚝 서 보일 수 있었다고 한다. 실제로 이러한 그의 모습은 당시 그려진 루이 14세의 모습을 통해서도 확인할 수 있다.

또한 파인애플에 얽힌 루이 14세의 일화에서도 그의 성격을 엿볼 수 있다. 당시 프랑스는 열대 지방에서 공수해 온 파인애플을 재배하는 데 성공하여 축제 분위기 속에 있었다. 그 기념으로 당연히 태양왕 루이 14세에게 파인애플이 바쳐질 예정이었다. 그런데 이 순간 대식가였던 루이 14세는 그만 식욕을 참지 못하고 주방으로 달려가 껍질도 까지 않은 파인애플을 확 베어 물고 말았다. 이후에 어떻게 되었을지는 누구나 상상할 수 있을 것이다. 진노한 루이 14세는 부끄럽기도 하고 자신의 위신이 깎였다는 생각에 당장 프랑스 전 지역에 파인애플 재배 금지 명령을 내렸다고 한다. 그만큼 그는 자신의 자존심을 건드리는 일을 참지 못했다.

루이 14세 때 대표 가구 명장 앙드레 샤를 불이 만든 14세 장식장
가구 위에다 여러 종류의 나무, 청동, 구리 같은 금속, 귀갑 상아, 대리석 등 각양각색의 재료를 넣어 '마케트리' 방식으로 만든 작품이다.

이러한 루이 14세는 또한 퇴폐적 성격의 소유자이기도 했다. 그래서 궁정을 타락의 장소로 만들어(물론 이는 정치적인 목적도 있었음) 이곳에서 여인들과 음탕한 행위를 벌이기 일쑤였다. 이에 참다못한 가톨릭 신부들이 루이 14세에게 음란한 행동을 자제해 달라고 부탁까지 해야 할 정도였다.

그런 가운데 1674년 그의 잔인성을 그대로 보여 주는 일이 발생한다. 당시 루이 14세는 몸을 파는 창녀들을 저주한다며 그녀들의 코와 귀를 하나도 남김없이 도려내라는 명령을 내렸다. 병사들은 닥치는 대로 창녀들을 쫓아 루이의 명령을 수행했다고 한다. 그런데 루이 14세가 이러한 잔인한 행동을 벌인 이유가 가톨릭의 고해 신부들이 자신에게 "여자들을 데리고 논 죄를 속죄하라"고 독촉한 것에 대한 분풀이 때문이었다고 하니 그가 얼마나 권위 의식과 자존심이 강한 인물이었는지 엿볼 수 있다.

태양왕의 문양이 표시되어 있는 코모드 엉 아르 빌레트

그의 이러한 안하무인격 행동은 결국 말년에 이르러 한때 융성기를 이루었던 프랑스의 몰락을 가져오는 계기가 되었다.

그가 일으킨 잦은 전쟁으로 나라의 빚은 산더미처럼 쌓여 갔으며, 엎친 데 덮친 격으로 프랑스에 흉년까지 들어 굶주려 죽어 가는 백성들이 점점 늘어 갔다. 그럼에도 아랑곳하지 않고 루이 14세는 여전히 화려한 궁정 생활에 필요한 자금을 거두어 들이기 위해 백성들에게 막대한 세금을 부과했다. 그 결과 나라에는 거지가 들끓고, 굶어 죽거나 전염병에 걸려 죽은 사람들의 시체가 즐비하게 되었다. 이는 결국 백성들을 분노하게 만드는 계기가 되었고, 서서히 시민운동의 기운이 싹트게 되었다.

결국 1715년, 76살의 늙은이가 된 루이 14세는 임종을 앞두게 되었다. 한때 유럽을 호령하기도 했으나 지금 자신 앞에 남은 것이라곤 늙고 초라한 자신의 모습과 피폐해진 조국 프랑스의 잔해뿐이었다. 루이 14세는 그제야 자신이 살아온

루이 14세의 죽음

삶이 잘못되었다는 것을 깨닫고 깊이 후회하게 된다. 그는 증손자인 루이 15세를 불러 마지막 유언을 했다.

"너는 나처럼 이웃 나라와 싸우지 말고 평화를 유지하도록 하라. 그리고 백성들을 고통에 빠뜨린 나를 닮지 말고 부디 백성들의 고통을 덜어 주는 정치를 하도록 하라."

이렇게 말한 후 루이 14세는 세상을 떠났다. 그가 죽었다는 소식이 세상에 알려졌을 때, 그 죽음을 슬퍼하는 국민들이 거의 없었을 정도로 그는 프랑스 백성들로부터 신뢰를 잃고 있었다. 그럼에도 불구하고 그는 무려 72년간(1643년~1715년)이나 나라를 다스린 장수 왕으로 기록되고 있으며, 그가 지었던 베르사유 궁전과 그에 관한 뒷이야기들은 아직도 후세에 생생히 전해지고 있다.

루이 14세 초상화
1715년 8월 30일. "나는 전쟁을 너무 좋아했다"는 고백과 "오, 신이시여, 저를 도우소서. 이 고통으로부터 구해 주소서"라는 마지막 간절한 기도를 올린 다음 날 태양왕은 77세의 삶, 72년에 걸친 통치를 뒤로하고 마침내 숨을 거두었다. 72년 중 34년이 전쟁이었다. "국가, 그것은 곧 나다"라던 절대군주의 마지막 말은 다음과 같았다. "나는 떠난다. 그러나 국가는 언제까지라도 남아 있을 것이다."

루 이 14세 에 얽 힌 뒷 이 야 기

루이 14세에 얽힌 재미있는 이야기가 있다. 흔히 그를 '악취와 똥 냄새의 제왕' 이라고 칭하기도 한다. 이런 소문이 나게 된 원인은 그의 치아를 다 뽑아 버린 데서 시작되었다고 한다. 그는 왜 치아를 다 뽑아 버린 것일까?

당시 루이 14세의 주치의였던 다칸은 모든 질병의 원인이 치아에서 비롯된다고 믿고 있었다. 그래서 루이 왕에게 이 사실을 이야기했더니 왕은 당장 자신의 치아를 다 뽑아 달라고 명령한 것이다. 이에 다칸은 루이 14세의 멀쩡한 치아를 모두 뽑아 버렸다. 지금과 같은 마취 장비도 없었던 시기에 단순히 질병 예방을 위해 치아를 모두 뽑게 한 루이 14세도 대단하지만 그 의사 역시 보통 인물은 아닌 듯하다. 루이 14세는 이때 수술이 잘못되어 입천장에 약간의 구멍이 뚫리고 만다.

문제는 치아를 다 뽑아 버렸음에도 여전히 그의 식욕^(대식가로 알려져 있음)이 왕성한 데 있었다. 그는 특히 육류를 좋아해 온갖 종류의 고기들이 밥상에 올라왔다. 그러나 그는 씹을 수 있는 이가 없으니 모든 음식을 거의 죽처럼 만들어 먹어야 했다. 루이는 엄청나게 먹어 댔고, 씹지 않고 삼킨 음식물들은 일부가 구멍 뚫린 입천장에 머물기도 했다. 이러한 음식 찌꺼기들은 곧 썩기 시작했고 이것이 악취의 원인이 되었다. 훗날 루이의 왕비가 된 맹트농이 루이와 잠자리를 꺼렸던 이유가 바로 이 악취 때문이었다고 전해지기도 한다.

또한 위로 흘러들어 간 음식도 소화가 잘되지 않아 루이는 계속해서 냄새 나는 독가스를 발사하거나 설사약을 먹어대야 했다. 씹지도 않은 음식을 엄청나게 먹어 댔으니 어쩌면 당연한 결과인지도 모른다. 그 결과 하루에도 열 번 이상이나 용변을 봐야 했고, 결국 '치루'라는 병에 걸린다. 치루란 자신의 의지와 상관없이 설사가 줄줄 흘러나오는 병이다. 이러니 왕의 주변에 늘 똥 냄새가 붙어 다닐 수밖에 없었다. 게다가 루이 14세는 잘 씻지도 않았다고 하니 가히 '냄새의 제왕'이 되고도 남았을 듯하다.

The world of badguy

N a p o l e o n

천하를 제패한 영웅 나폴레옹. 그러나
그는 자신의 권력을 위해 프랑스가 혁명
으로 이룬 국민의 정부를 제국의 정부로
바꾸었고, 출세를 위해 첫사랑을 배신한
남자였다.

위대한 혁명가, 금세기 최고의 영웅

나폴레옹

나 폴 레 옹 은   프 랑 스 인 이   아 니 었 다

나폴레옹을 모르는 사람은 거의 없을
것이다. 그만큼 그는 우리에게 '영웅'의 대명사로 알려져 있
다. 흔히 그를 알렉산더, 칭기즈칸과 더불어 세계 3대 영웅
중 한 사람이라 부르기도 한다.

그는 불과 30살의 나이에 대 프랑스의 권력을 한 손에 쥔
인물이며, 지금도 그의 조국 프랑스는 나폴레옹이라는 이름
하나만으로 온갖 상업적인 이득 – 나폴레옹 이름을 붙인 상품
들로 인하여– 을 누리고 있다.

그러나 우리는 그가 왜 이렇게 대단한 영웅이 되었는지에

나폴레옹 보나파르트(1769~1821)
프랑스 혁명기의 군인이자 정치가로 훗날
프랑스 제제정의 황제 나폴레옹 1세로 즉
위한다. 프랑스와 서유럽 여러 나라의 제도
에 오래도록 영향을 준 많은 개혁들을 이루
어냈고, 유럽 대륙을 정복하여 프랑스의 군
사적 팽창에 큰 기여를 하여 역사상 가장
위대한 영웅으로서 존경받았다.

대해서 그다지 세세한 부분까지 알고 있지는 못하는 듯하다. 치적으로만 따진다면 그는 전 세계적으로 활약했던 알렉산더나 칭기즈칸에 비해 불과 유럽 몇 개국 정도를 정복했을 뿐이다. 그것도 말년에는 실패를 거듭하여 쓸쓸한 최후를 맞이했다. 그런데 그는 어떻게 알렉산더나 칭기즈칸에 비유되는 영웅으로 후대의 사람들에게 칭송받고 있는 것일까? 이제 나폴레옹이 살았던 역사로 되돌아봄으로써 그가 이러한 영웅이 될 수밖에 없었던 이유를 알아보도록 하자.

또 한 가지, 나폴레옹을 여기에 등장시켰다고 해서 그가 이 책에서 추구하는 '악명 높은 영웅'에 포함될 만큼 커다란 악행을 저질렀는가에 대해 의문을 가진 사람들도 분명 있을 것이다. 물론 이 책에 등장하는 다른 영웅들에 비한다면 나폴레옹의 악행 수준은 미미하다 할 수도 있다. 그럼에도 불구하고 파란만장한 삶의 깊이로 따진다면 어느 인물 못지않은 삶을 살았기에 감히 나폴레옹을 또 한 명의 주인공으로 등장시켰다.

이제 이 흥미진진한 인물에 대해 그가 살았던 생생한 역사의 현장으로 들어가 보도록 하자.

18세기도 거의 저물 무렵인 1769년 8월 15일, 지중해에서 네 번째로 큰 섬인 코르시카(프랑스 남쪽, 지중해 서쪽에 있는 섬)에서 훗날 당대 최고의 영웅이 될 인물이 태어났다. 그의 이름은 나폴레옹 보나파르트(Napoleon Bonaparte, 1769~1821), 그의 아버지는 카를로 마리아 디 부오나파르테(코르시카식 이름)였으며, 어머니는 마리아 레티치아 라몰리노였다.

지중해의 작은 섬이었던 코르시카는 역사적으로 끊임없이 강대국의 지배를 받던 곳이었다. 나폴레옹이 태어나기 전에는 제노바(현 이탈리아)의 지배를 받다가 파스콸레 파울리라는 강력한 독립 운동 지도자가 나타나 코르시카를 독립시켜 놓은 상태였다. 그러나 그러한 독립이 국제적인 승인을 받지 못한 상태에서 제노바가 급히 이 섬을 프랑스에 팔아 버리는 야만적인 일이 일어난다. 이에 프랑스 군대가 출동하여 코르시카를 점령하면서, 코르시카는 다시 프랑스의 지배를 받는 신세가 되었다. 이것이 나폴레옹이 태어나기 바로 직전인 1768년까지의 상황이다.

코르시카
지중해에서 네 번째로 큰 섬으로, 수도는 아작시오이다. 이곳이 바로 영웅 나폴레옹 1세가 태어난 곳으로 세계문화유산에까지 등록되어 있다. 나폴레옹이 태어날 당시 코르시카는 프랑스 영토였으나 나폴레옹 집안은 물론 코르시카 주민 상당수는 이탈리아 출신으로 나폴레옹이 프랑스 소년사관학교에 입학할 때에는 프랑스 말도 제대로 하지 못했다고 한다.

　나폴레옹의 아버지 카를로는 이런 코르시카의 유력 인사 중 한 명으로, 그 역시 파울리를 따라 독립 운동에 가담했었다. 그러나 그는 친프랑스파였기에 프랑스가 코르시카를 지배하자 결국 프랑스 편에 붙어 버린다. 그리고 자신의 성도 '부오나파르테'에서 프랑스식 명칭인 '보나파르트'로 바꾸면서 프랑스 귀족으로 임명받는 민첩함을 보여 준다. 나폴레옹의 성도 이때 보나파르트로 바뀌었다.

　이런 가운데 나폴레옹의 아버지 카를로는 나폴레옹이 어릴 때(1779년) 프랑스로 유학을 보낸다. 그는 나폴레옹을 프랑스군 장교로 키우기 위해 사관학교에서 공부하게 했으며, 덕분에 사관학교를 졸업한 나폴레옹은 프랑스군 장교가 될 수 있었다.

파스콸레 파울리
코르시카 독립 투쟁에 온 인생을 바친 코르시카 민족주의자. 1755년, 헌법을 제정하며 독립을 선포, 코르시카 공화국을 건국하여 통령이 된다.

그러나 나폴레옹은 자라면서 늘 자기가 자랑스러운 코르시카인임을 절대 잊지 않았다. ─ 이는 훗날 그가 프랑스 황제가 되어서도 마찬가지였다. 어린 시절 그의 우상은 바로 독립투사 파스콸레 파울리였으며, 따라서 그는 늘 코르시카를 지배한 프랑스에 대해 적개심을 가지고 있었다. 게다가 사관학교 시절 코르시카 출신이라는 이유로 자신을 멸시했던 프랑스 친구들을 나폴레옹은 잊지 않고 있었다.

이러한 가운데 1789년, 나폴레옹은 바스티유 감옥 함락 소식을 듣게 된다. 드디어 프랑스 전제 왕국을 무너뜨리고자 하는 시민 혁명이 일어난 것이다. 나폴레옹의 가슴은 뛰었다. 그는 프랑스 혁명의 열렬한 지지자였던 것이다. 이때야말로 조국 코르시카가 독립할 절호의 기회라고 생각한 나폴레옹은 1792년 고향 코르시카로 돌아온다. 그리고 이곳 독립군의 장교로 임명받는다. 이는 분명 프랑스군 입장에서 보면 배신 행위에 해당하는 것이었다.

사관 시절의 나폴레옹
나폴레옹의 성품을 읽게 하는 사관 시절의 모습

이곳에서 나폴레옹은 마음속 우상이었던 파울리와 함께 자신의 큰 뜻을 이루고자 했으나 얼마 지나지 않아 파울리와 갈등을 겪게 된다. 이유는 파울리와 대립되는 나폴레옹의 생각 때문이었다. 나폴레옹은 프랑스 혁명 공화국이야말로 코르시카에 자유와 평등을 가져다 줄 존재로 여겼다. 실제로 프랑스 공화국은 코르시카에 이러한 권리를 인정하기도 하였다.

　그러나 이는 프랑스 국왕을 지지하는 왕당파에 찬성하고 있었던 파울리로서
는 받아들일 수 없는 것이었다. 결국 나폴레옹은 가족들과 함께 코르시카에서
쫓겨나 프랑스의 마르세유로 이주하게 되었다.

출세를 위해 첫사랑을 배신하는 나폴레옹

　　이곳 마르세유에서 나폴레옹은 운명적인 첫사랑의
여인을 만나게 된다.

　나폴레옹에게는 조제프라는 형이 있었는데, 이 두 형제가 이
곳의 한 실크 상인의 딸이었던 클라리 자매와 가깝게 지내게
되었던 것이다. 언니의 이름은 줄리였고 동생의 이름은 데지레
였다. 처음에 클라리 가문의 집에서는 나폴레옹 형제를 코르시
카인이라 업신여겨 반대했지만, 곧 이 두 형제들에게 호감을
가지게 되었다. 결국 형 조제프는 언니 줄리와 결혼했고, 나폴
레옹 역시 동생 데지레와 사랑에 빠져 약혼까지 하게 되었다.

　그러나 원대한 꿈을 가지고 있었던 나폴레옹은 마냥 마르세
유에 머물고 있을 수만은 없었다. 결국 그는 프랑스의 중심이
라 할 수 있는 파리로 떠났고, 두 연인은 편지만으로 서로의 애
절한 마음을 달래야 했다.

데지레(1777~1860)
마르세유의 비단 상인의 딸이었던 그녀
는 나폴레옹 1세의 첫사랑이자 약혼자였
으나, 나폴레옹이 조제핀과 결혼하면서
파혼에 이른다. 후에 나폴레옹 휘하의 장
군 J. 베르나도트와 결혼하고 J. 베르나도
트가 스웨덴 왕 카를 14세가 되면서 스웨
덴의 황태자비가 된다.

그러나 파리에 온 나폴레옹은 조제핀(1763~1814년)이라는 여인을 보고 그만 마음을 빼앗기고 만다. 놀라운 것은 그녀가 나폴레옹보다 6살이나 연상이었으며, 아이 둘 딸린 과부였다는 사실이다. 그럼에도 불구하고 나폴레옹이 조제핀에게 마음을 빼앗긴 이유는 무엇이었을까? 또한 나폴레옹에게는 자신을 애타게 기다리고 있는 데지레가 있지 않은가. 이에 대해 역사가들의 의견은 둘로 나뉜다. 당시 파리 사교계의 여왕이라 불렸던 조제핀이 유능한 젊은 장교였던 나폴레옹의 인물됨을 미리 간파하고 의도적으로 접근했다는 설과 나폴레옹 자신이 조제핀의 매력에 빠져 먼저 접근했다는 설이 그것이다.

그러나 나폴레옹은 당시 유능했지만 일개 젊은 장교에 불과했고, 조제핀은 사교계의 여왕으로 불리며 정부의 핵심 관료들과 애인 관계로 지내는 인물이었다는 점을 생각해 볼 때 나폴레옹이 먼저 접근했다는 쪽으로 무게가 기우는 것이 사실이다.

결국 나폴레옹은 1796년 3월 조제핀과 결혼에 성공한다. 그러면 나폴레옹의 첫사랑이었던 데지레는 어떻게 되었을까? 이에 대한 이야기는 안네마리 셀린코의 소설 『데지레』에 생생히 담겨 있다. 그는 이 소설을 1951년에 출간하여 수많은 사람들에게 숨겨진 나폴레옹의 사랑 이야기를 전했으며, 지금까지도 스테디셀러로 독자들에게 읽히고 있다. 이제 여기서 잠깐 그 내막을 알아보도록 하자.

데지레는 나폴레옹과 연락이 끊어지자 직접 파리로 오게 되었다. 그러나 수소문 끝에 그녀에게 들려온 이야기는 나폴레옹이 자신을 배신하고 조제핀과 결혼한다는 청

조제핀(1763~1814)
프랑스 황제 나폴레옹 1세의 최초의 황비로 사치스럽고 낭비가 심할 뿐만 아니라 나폴레옹과의 사이에 후손이 없었던 탓으로 1809년에 이혼당했다. 나폴레옹이 엘바 섬에 유배된 직후 사망하였는데 이 소식을 들은 나폴레옹은 사흘 동안 식음을 전폐했다고 한다.

천벽력과 같은 소문이었다. 그녀는 절망하며 세느 강(Seine river)에 몸을 던져 자살하려고 했으나 장-바티스트 베르나도트라는 군인의 도움으로 살아날 수 있었다. 결국 이를 계기로 두 사람은 결혼하게 된다. 아이러니한 것은 베르나도트와 나폴레옹과의 관계이다. 베르나도트는 훗날 나폴레옹이 쿠데타를 일으켰을 때 도와 달라는 나폴레옹의 간곡한 부탁을 거부했던 인물이었음에도 불구하고 나폴레옹은 그를 중용하여 프랑스군 최고 원수의 자리에까지 올려놓았다. 또한 베르나도트는 몇 번의 전투에서 나폴레옹의 비위를 거슬리는 행동을 하였으며, 특히 데지레와의 사이에 낳은 아들 오스카르의 대부가 되어 줄 것을 나폴레옹에게 요청했을 때에도 나폴레옹은 이를 순순히 받아 주었다. 평상시 나폴레옹의 성격으로 봤을

스웨덴 베르나도트 왕가의 창시자인 카를 14세
본명은 장-바티스트 베르나도트이며 나폴레옹 휘하에서 활약한 유능한 장군으로 나폴레옹의 약혼자였던 데지레와 결혼한다. 베르나도트 왕조는 나폴레옹에 의해 만들어진 왕조 중 유일하게 현존하는 왕가이다.

때 이는 도저히 있을 수 없는 일이었다. 왜 나폴레옹은 베르나도트에게 이처럼 잘 대해 주었을까? 그것은 두 말할 필요 없이 자신의 첫사랑 데지레 때문이 아니었을까. 즉, 나폴레옹에게 자신의 출세를 위해 데지레를 배반했던 것에 대한 미안한 마음이 남아 있었던 것이다.

나폴레옹은 명령만을 내리는 지휘관을 넘어서 병사들과 함께 일선에서 목숨을 걸고 싸우는 진정한 군인이었다. 전염병 페스트에 걸려 죽어 가는 병사들을 찾아가 아무 거리낌 없이 맨손으로 환자들을 만지며 위로하는 나폴레옹의 인간적인 모습이 담겨져 있다(앙투아 장 그로 作).

그러나 운명의 여신은 전혀 다른 방법으로 이들의 관계를 몰고 간다. 어느 날 스웨덴의 국왕 카알 13세가 자신의 후손이 없자 데지레의 남편 베르나도토를 자신의 후계자로 지목한 것이다. 이는 그가 덴마크 전쟁에서 보여 준 모범적인 행동에 카알 13세가 반했기 때문이었다. 어쨌든 이 일로 인해 데지레는 스웨덴의 왕비가 된다. 그리고 훗날 베르나도트는 나폴레옹을 배신하고 유럽 연합군의 일원으로 프랑스의 나폴레옹을 공격하기에 이른다. 나폴레옹이 그토록 위해 준 베르나도트에게 배신당한 것이다. 이 모습이 마치 데지레가 자신을 버리고 배신한 한 남자에게 복수하는 모습처럼 보이는 것은 이상한 생각일까.

헬덴 광장의 나폴레옹 동상
나폴레옹의 가장 큰 업적은 유럽 대륙 전체에 프랑스 혁명의 정신을 전파한 것이다. 그리고 나폴레옹 법전은 세계 각국의 법체계에 큰 영향을 미쳤으며 이집트 원정 중에 발견된 로제타석은 근대 이집트학이 탄생하는 계기가 되었다. 또한 그의 군대의 승리를 기리기 위해 만든 개선문은 에펠탑과 더불어 파리의 가장 유명한 상징물로 남아 있게 되었다.

쿠 데 타 로   정 권 을   잡 다

이제 조제핀을 아내로 맞이한 나폴레옹은 출세 가도를 달리는 일만 남았다. 조제핀은 당시 정권의 실세들과 깊은 관계에 있던 사교계의 여왕이다. 게다가 조제핀은 한때 당시 총재 정부(5명의 총재가 통치하던 정부)의 총재 중 한 사람이었던 바라스의 정부(情婦)이기도 했었다.

조제핀과 결혼하기 전 나폴레옹은 곳곳의 전쟁터에서 무훈을 세웠을 뿐 아니라 특히 바라스 정부에 대항하여 일어난 폭도들을 단번에 진압해 버림으로써 바라스의 눈에 들었다. 특히 그는 이 폭도들을 진압하는 과정에서 대포를 쏘아 대는 잔인함을 보여 주기도 했다. 이때 바라스를 통하여 조제핀을 알게 되고 결혼까지 하게 된 것이다.

당시 유럽의 시대적 상황은 프랑스가 영국, 이탈리아 등과 전쟁을 치르고 있는 혼란의 시기였다. 이에 나폴레옹은 오스트리아와의 전쟁에서 드디어 프랑스군을 이끄는 지휘관의 위치에까지 오르게 된다. 이때 나폴레옹은 오스트리아의 수도 빈을 점령함으로써 당당히 프랑스의 영웅으로 떠오른다. 나폴레옹의 인기가 너무 높아지자 위협을 느낀 정부에서는 나폴레옹에게 이집트 파병 명령을 내린다. 이는 영국과 관계된 전쟁(영국이 인도로 가는 길 차단이 목적)이었다.

그러나 기세가 오른 나폴레옹 앞에 거칠 것은 없었다. 1798년, 나폴레옹은 이집트 전투까지 승리로 이끌면서 카이로에 입성한다. 그러나 이후 영국의 넬슨 함대에 패하고, 시리아 전투에서도 밀리면서 연전연승을 하던 자신의 이력에 빨간 줄을 긋게 되었다. 이때 나폴레옹은 쿠데타를 계획했다고 전해진다.

〈스핑크스 앞에 선 나폴레옹〉(장 레옹 제롬 作)

그는 본국 프랑스의 상황을 '나라가 무너질 정도의 극도로 혼란한 상태'로 규정하고 부하 몇 명을 이끌고 몰래 프랑스로 귀국한다. 그러나 당시 반대파에 있었던 사람들의 증언에 의하면 프랑스는 쿠데타를 일으켜야 할 만큼 혼란하지는 않았다고 한다. 즉, 당시에 본국 프랑스가 이탈리아와의 전투에서 패해 위기에 빠지기도 했으나 스위스, 네덜란드와의 전쟁에서 승리함으로써 위기에서 벗어났고, 또 국내의 상황도 폭동이 가라앉는 등 점차 안정되어 가고 있었다고 주장한다. 그럼에도 나폴레옹이 자신의 욕망을 이루기 위해 쿠데타를 일으켰다는 것이다.

어쨌든 나폴레옹은 1799년 쿠데타를 일으키고 프랑스에 새로운 통령 정부(統領政府)를 세운다. 통령 정부란 세 명의 통령이 나라를 다스리는 정부 형태를 말한다. 물론 나폴레옹이 제1통령의 자리에 오른 것은 두 말 할 필요도 없다.

권력을 손에 쥔 나폴레옹은 이제 자신의 야욕을 펼칠 기세로 의기양양했다. 그는 가장 먼저 오스트리아 공격을 감행했다. 이는 대군을 이끌고 눈보라가 휘몰아치는 험준한 알프스 산맥을 넘어야 하는 일이었기에 부관들은 한사코 나폴레옹을 말렸다. 그러나 나폴레옹은 이때 "나의 사전에 불가능은 없다"라는 유명한 말을 남기면서 알프스를 넘었고, 19세기가 시작되는 상징적인 해인 1800년에 오스트리아를 굴복시키고 북이탈리아를 프랑스의 보호국으로 만드는 전과를 올렸다. 이를 계기로 그는 프랑스의 가장 강력한 지도자로 떠올랐고, 1802년에는 종신 통령(무기한으로

〈알프스를 넘는 나폴레옹〉(다비드 作)

집권)이 되어 자신의 독재권을 한층 더 강화하였다.

상황이 이쯤되자 나폴레옹 주변 사람들은 그에게 황제가 될 것을 권유했고, 결국 나폴레옹은 1804년 국민투표를 거쳐 황제의 자리에 오른다. 이는 프랑스가 혁명으로 이룬 국민의 정부에서 10년 만에 다시 왕의 제국으로 바뀜을 뜻했고 나폴레옹의 야욕이 만천하에 드러난 사건이기도 했다. 이때 그가 진심으로 국민을 위하는 지도자라고 믿었던 사람들-그중에는 위대한 음악가 베토벤도 있었음-이 나폴레옹에게 느낀 배신감은 상상을 초월할 정도였다.

그러나 한층 고무된 나폴레옹은 이들의 눈을 무시한 채 황제 대관식을 역대 어느 황제보다도 호사스럽게 진행하여 하객들의 기를 눌렀다고 한다.

〈황제복을 입은 나폴레옹 1세〉〈앵그르 作〉
나폴레옹 스스로가 화가들을 시켜 그리게 한 자신의 초상화 가운데 하나로 황제 대관식을 한 후 절정의 영광을 누리던 자신의 강력한 통치 권력을 만방에 알리기 위한 방법으로 행한 것이라고 한다. 초상화 작업에 앵그르, 다비드, 지로데, 제라르 등 당대 최고의 화가들이 참여했다.

〈나폴레옹 1세의 대관식〉〈다비드 作〉
나폴레옹이 자기 스스로 대관한 후에 황후가 되는 조제핀에게 황후관을 씌워 주는 광경으로 교황 비오 7세가 그 대관을 축복하고 있는 모습이다. 이 그림은 나폴레옹의 권력이 자신의 힘에 의한 것이지 타인으로부터 수여받은 것이 아니라는 것을 잘 나타내고 있다.

파리의 에투알 개선문
나폴레옹 1세가 군대의 승리를 기념하기 위하여 1806년에 세웠다.

그리고 황제가 된 나폴레옹은 1805년 가을 아우스터리츠 전투^(나폴레옹이 치른 최고의 전투로 기록되며 이를 기념하여 개선문을 만듦)에서 오스트리아·러시아군을 꺾고 유럽 열강이었던 프로이센^(현 독일의 일부), 폴란드마저 제압함으로써 영국을 제외한 전 유럽을 지배하는 초강국의 황제로 떠오르게 된다. 이러한 나폴레옹에 의해 1000년의 역사를 가진 신성 로마 제국도 해체되기에 이른다.

나 폴 레 옹 이   저 지 른   악 행 들

　　프랑스에서야 나폴레옹을 영웅으로 받들지만 그로부터 침략당한 나라의 입장에서 볼 때 나폴레옹은 악랄한 침략자일 뿐이다. 특히 그는 점령지에서 이중적인 모습을 보여 주었다. 처음에는 귀족에게 억눌려 있던 유럽의 부르주아지와 민중을 해방시켜 주겠다고 외쳤으나 나폴레옹 역시 점령국에서 갖은 횡포를 부리며 온갖 악행을 저질렀다.

특히 나폴레옹은 1808년 스페인을 점령했을 때 강제로 자신의 형인 조제프를 스페인의 왕위에 앉히는 일을 자행했다. 이에 스페인 국민들이 폭동을 일으키자, 프랑스 군대는 스페인 시민들을 무참히 학살하였으며, 그중 칼을 소지한 자들은 모두 총살해 버렸다. 이에 고야는 이러한 학살 현장을 그린 〈1808년 5월 3일〉이란 작품

〈1808년 5월 3일〉(고야 作)
나폴레옹의 프랑스군이 스페인 국민을 학살한 현장에 대한 기록으로 약한 자에 대한 폭력을 고발하는 역사적 상징이 되었다. 이 작품은 서양 미술사에서 전쟁의 폭력을 생생하게 표현한 명작으로 평가받고 있다.

을 후대에 남겨 나폴레옹의 만행을 고발하기도 했다.

또한 영국의 사주를 받은 왕당파들이 자신을 암살하려 한다는 음모가 밝혀지자 광분한 나폴레옹은 당장 범인을 잡아들이라고 명령했다. 독일에 살고 있던 부르봉 가문 출신의 앙기앵 공작이 암살 음모의 주범일 것이라고 판단만 하고 증거는 찾지 못한 상황이었는데도 불구하고 경찰들은 그를 납치하여 총살시켜 버렸다고 한다.

물론 나폴레옹이 그와 비교되는 다른 독재자들, 예를 들면 히틀러나 스탈린에 비해 좀 더 관대한 독재자였다고 할 수도 있으나 그 역시 자신의 욕심을 위해 수많은 전쟁을 일으키며 수많은 사람들(50만 명에 이른다고 추측함)을 죽음으로 몰아넣은 독재자였음에 분명하다.

조제핀과의 관계는 파국을 맞이하고

파리 방돔 광장 원형 기둥 위의 나폴레옹 상

나폴레옹이 죽기 직전까지 그토록 사랑했다는 황후 조제핀은 그러나 나폴레옹을 그렇게 사랑하지는 않았던 것 같다. 그녀는 음탕한 여자였고 나폴레옹이 전쟁터에 나가 있을 때 샤를이라는 연하남과 바람을 피웠다. 두 사람 사이의 소문은 삽시간에 파리에 퍼졌고, 이 사실을 모르는 사람은 전쟁터에 나가 있는 나폴레옹뿐이었다.

나폴레옹이 이 소문을 들은 것은 이집트 원정 중에 있을 때였다. 너무나 사랑했기에 그가 느낀 실망감과 증오 또한 그에 비례해서 나타났다. 다시 파리로 돌아온 나폴레옹은 조제핀을 집에서 내쫓아버렸고, 이에 조제핀이 간절히 용서를 구하자 다시 그녀를 받아 주는 아량을 발휘한다.

다시 황후가 된 조제핀은 이제 사치스러움이 극에 달하게 된다. 그녀는 수백 벌의 드레스와 구두, 모자를 가지고 있었고 온갖 화려한 보석으로 치장하며 황실의 돈을 펑펑 써 댔다.

그러나 조제핀은 나폴레옹의 아이를 갖지 못하는 치명적인 문제를 안고 있었다. 이에 나폴레옹도 더 이상 두고 볼 수만은 없는 상황이 되었다. 결국 나폴레옹은 조제핀에게 이혼을 통보하고 오스트리아의 황녀 마리 루이즈를 자신의 두 번째 아내로 삼는다. 물론 이 결혼은 정략적인 결혼이었다. 놀라운 것은 나폴레옹이 재혼한 후에도 조제핀을 잊지 못해 그녀에게 거액의 돈을 보내 주며 그녀의 생활비를 대 주었다는 사실이다. 이때 나폴레옹은 조제핀에게 "부디 이 돈을

지금 다 쓰지 말고 노후를 위해 반은 저축하도록 하시오"라고
했다고 하니, 나폴레옹이 얼마나 조제핀을 배려하고 있었는지
알 수 있다. 자신을 외면하고 다른 남자와 바람이 난 아내, 사
치스럽기로는 타의 추종을 불허하는 아내, 게다가 아이까지 낳
지 못하는 아내였던 조제핀이었음에도 불구하고 그녀를 향한
나폴레옹의 사랑은 어쩌면 순수해 보이기까지 한다.

나폴레옹의 몰락과 그의 최후

근세 유럽에서 그 어느 누구도 이루지 못한 일을 해낸
나폴레옹에게 이제 단 하나 남은 골칫거리는 영국뿐이었다. 그래서 그는 대륙
봉쇄령(유럽의 모든 나라가 영국과 교류할 수 없게 만든 조약)을 내려 영국을 위협했다. 그러나

이는 영국과의 무역에 의존하
던 나라들에게 큰 피해를 주었
다. 그중 하나가 러시아였다.
러시아에게 있어 영국과의 교
류 단절은 국가의 생존권을 위
협받는 중대한 문제였다. 이에
러시아는 프랑스 몰래 영국과
교류하였고, 이 소문을 들은

나폴레옹 제국의 최대 영토

나폴레옹은 러시아 원정을 단행하기에 이른다.

1812년 나폴레옹은 60만 대군을 이끌고 러시아를 공격하지만 러시아군은 도시와 농촌의 모든 곡식에 불을 질러 놓고는 도망쳐 버렸다. 이에 프랑스군은 싸우지도 않고 모스크바를 점령했으나 문제는 먹을 것이 하나도 없다는 사실이었다. 곧 매서운 모스크바의 겨울이 찾아오자 프랑스군은 도저히 견딜 수 없었고, 나폴레옹은 퇴각 명령을 내려야만 했다. 그러나 퇴각하는 프랑스군은 역공으로 갑자기 나타난 러시아군에 대패를 당하고 만다. 이것이 나폴레옹 몰락의 서막이었다. 이후로도 나폴레옹은 전투에서 연패하여 1814년 프랑스 제국의 수도 파리가 함락되기에 이른다.

결국 나폴레옹은 지중해의 작은 섬인 엘바 섬으로 추방되는 수모를 당하나 이듬해인 1815년에 다시 프랑스 왕정에 복귀하여 잠시 황제의 자리를 차지하기도 한다. 그러나 또다시 그해에 있었던 워털루 전투에서 패함으로써 영국에 항복하고 세

러시아에서의 철군
러시아에서의 추위와 굶주림에 프랑스 연합군은 길거리에서 죽어 나갔다. 러시아와 전투하기 위해 출발한 60만 대군 중에 겨우 3만 명의 패잔병이 귀국했다고 한다.

워털루 전투
나폴레옹의 프랑스군은 워털루에서 용맹하게 싸웠으나 영국과 프러시아의 연합군을 당해 내기는 무리였다. 이 전투는 나폴레옹이 벌인 마지막 전투이자, 그의 운명을 완전히 결정짓는 쐐기가 되었다.

인트헬레나 섬에 유배되었다.

이곳에서 나폴레옹은 모든 행동을 감시받는 감금
생활을 하였다. 특히 이곳의 총독인 허드슨 로우는 나
폴레옹이 죽기 직전까지 그를 괴롭힌 것으로 유명하
다. 그는 나폴레옹에게 썩은 포도주를 따라 주며 마시
게 했고, 병에 걸려도 치료받지 못하게 막았다. 상황이
이렇다 보니 나폴레옹의 건강은 날로 나빠졌고 결국
1821년 5월 5일 숨을 거두고 말았다. 사인은 '천공성
위궤양 합병증'으로 원인은 암 때문이었을 것으로 추

〈나폴레옹의 죽음〉(오라스 베르네 作)
나폴레옹과 사실상 동시대의 인물이었던 화가는 죽은
황제의 머리에 가상의 월계관을 그려 넣음으로써 존경
의 염을 표현했다.

정하고 있다. 화려하게 살았던 영웅의 말로치고는 너무나 쓸쓸하다는 느낌을
지울 수 없다.

그러나 이후에 나폴레옹이 병으로 죽은 것이 아니라 독살되었다는 주장이
여러 곳에서 제기되었다. 프랑스인들은 영국 정부가 지시하여 나폴레옹을 독
살시켰을 것이라 주장했으나 영국의 한 치과 의사는 나폴레옹의 유배 생활 동
안 곁에서 생활해 온 샤를 드 몽톨롱 백작을 범인으로 지목하기도 했다. 이 의
사는 나폴레옹의 증세가 만성 비소 중독 증상과 비슷하다고 생각하고, 수소문
끝에 나폴레옹의 머리카락을 구해 그가 죽을 당시 비소 중독이었음을 밝혀냈
다. 그래서 이런 주장을 했던 것인데, 그러나 이후 다른 과학자들의 연구 결과
나폴레옹은 그 전에도 비소 중독에 걸려 있었음이 밝혀져 이 치과 의사의 주
장은 수면 아래로 잠기게 되었다.

나폴레옹이 죽고 나서 그의 신체 일부들은 비밀리에 여러 곳으로 보내졌다
고 한다. 이때 그의 고환 한쪽은 파리 왕립의과대학에 보관되었으나 제2차 세

나폴레옹의 무덤

나폴레옹 1세는 앵발리드 교회의 돔 아래에 있는 지하 묘지에 안치
되어 있다. 그의 관 주위를 둘러싼 12명의 여신들이 영웅의 죽음을
기리며 평안한 사후를 지키는 듯하다.

계 대전 때 히틀러의 폭격으로 파괴되어 버
렸다고 한다. 그리고 1971년 런던의 한 경매
장에서 나폴레옹의 머리카락과 수염, 그리고
성기 등이 경매에 붙여지는 진기한 일이 일
어났다. 그러나 당시 그것을 사는 사람은 아
무도 없었고 6년 후에 한 미국인에게 팔렸다
고 한다.

_ 나폴레옹의 또 다른 일화

나폴레옹이 세인트헬레나로 유배되었을 때였다. 섬에서의 생활은
그야말로 고독과 외로움의 연속이었다. 그러던 중 한 친구가 그에
게 체스판을 하나 보내왔다. 그는 나폴레옹에게 이렇게 당부했다.
"이건 누구에게도 보여 주어서는 안 되는 귀중한 것이네."
하지만 나폴레옹은 선물을 받고도 실망스러움을 감출 수가 없었다.
"이왕이면 섬을 탈출할 수 있는 무기나 몰래 보내 줄 것이지 이런
체스판을 보내다니……."
하지만 나폴레옹은 체스를 두며 유배 생활의 고독을 달랬고 그 체
스판을 벗삼아 섬에서 천천히 죽음을 맞이했다. 그가 사망한 뒤
그 체스판은 여러 번 경매에 부쳐졌고 그것을 사들인 사람이 실수
로 체스판을 바닥에 떨어뜨린 일이 있었다. 그때 그 사람은 체스
판 아랫부분이 약간 벌어져 있는 것을 발견했다. 그 안에는 놀랍
게도 나폴레옹을 위한 탈출 계획이 깨알 같은 글씨로 적혀 있었
다. 나폴레옹은 또 한 번 인생을 역전시킬 수 있는 기회를 그렇게
허무하게 놓쳐 버리고 말았던 것이다.

그 에   관 한   뒷 이 야 기

나폴레옹은 세인트

헬레나 섬에서 유배 생활을 할 때 수행원을
시켜 자신의 회상록을 남겼다. 그중 유명한
것으로 에마뉘엘 라스 카즈의 『세인트 헬레
나의 회상』 등이 있다. 훗날 나폴레옹이 죽고
나서 이것들은 나폴레옹 전설을 만들어 내며
그를 영웅화시키는 데 결정적인 기여를 했다.
이렇게 생겨난 나폴레옹 전설은 전 유럽에 퍼
져 커다란 영향을 주었다. 그래서 그를 미화한 수많은 이야기가 떠돌아 어떤
것이 진짜 나폴레옹의 진실된 이야기인지 분간하기 힘들 정도가 되었다.

우선 그의 키에 관해 대부분이 '150cm도 되지 않는' 작은 키라고 알려져 있으나 실제로는 우리의 생각만큼 작지는 않았다고 한다. 그는 보통 키의 소유자였으며, 당시 작아 보였던 이유는 나폴레옹 주위의 호위병이나 군인들이 하나같이 키가 컸기 때문이라고 한다.

또한 나폴레옹의 일화로 너무나도 유명한 네 잎 클로버 이야기를 빼놓을 수 없다. 즉, 전쟁터에서 대기하고 있던 나폴레옹이 갑자기 발견한 네 잎 클로버를 보고 허리를 굽혔는데 그때 적군이 쏜 총알이 나폴레옹의 머리 위로 지나가 살아날 수 있었다고 한다. 그야말로 행운의 네 잎 클로버가 된 것이다.

마지막으로 나폴레옹의 인간성을 엿볼 수 있는 일화가 있어 소개하고자 한다. 나폴레옹이 끼니 걱정을 해야 할 정도로 어렵게 생활하던 시절 그에게 매일 사과 한 개씩을 준 아주머니가 있었다. 나중에 황제가 된 나폴레옹은 그 과일 가게에 찾아가 빚을 갚으러 왔다며 아주머니에게 금화를 가득 주었다고 한다.

> **__ 나폴레옹 콤플렉스**
> 나폴레옹 1세의 키가 작은 데서 연유된 말로 못생긴 외모에 작은 키, 서민 출신의 가문, 학력 또한 보잘 것 없었던 나폴레옹은 바로 그런 자신의 콤플렉스를 보상하려는 심리 때문에 진짜 나폴레옹이 될 수 있었다. 현재 자신이 처한 부족한 것을 보상받고, 해소하려는 끝없는 욕구가 자기 자신을 좀 더 나은 생활로 이끄는 힘에 가속도를 붙인다는 뜻이다. '나폴레옹 콤플렉스'는 자신의 콤플렉스에 대한 보상심리로 공격적이고 과장된 행동을 하는 심리를 가리킨다.

천의 얼굴, 표트르 대제. 러시아를 세계 주축으로 끌어올린 황제였지만, 잔인함에 있어서는 이반 4세와 오십보백보였고 또한 유럽 역사상 가장 많은 사생아를 낳은 색남이었다.

위대하거나 잔혹하거나
표트르 대제

천 의   얼 굴 을   가 진   거 인   황 제

러시아의 푸틴은 대통령 시절
집무실에 표트르 대제의 사진을 걸어 놓을 정도로 그를
존경했다고 한다. 표트르 대제는 17세기 당시 유럽 변방
의 고립되고 낙후된 러시아 왕국을 북유럽 열강의 자리로
끌어올린 위대한 영웅이다. 러시아의 국왕을 일컫는 '차
르'가 아닌 '황제'로 불린 첫 인물이기도 하다.

그러나 표트르 대제가 러시아 대제국을 건설할 수 있었
던 원동력이 바로 그의 잔혹함 덕분이라고 보는 사람들이
많다. 잔인함에 있어서는 이반 4세와 오십보백보라는 평

표트르 1세(Pyotr I, 1672~1725)
아시아권 변방 정도에 지나지 않던 러시아를 일
약 세계사 주축으로 끌어올린 로마노프 왕조 제
4대 황제(재위 1682~1725). 터키의 요새 아조프
와 스웨덴과의 북방 전쟁으로 잉그리아·에스토
니아·리보니아 등을 차지하는 등 러시아의 영토
확장에 힘썼으며, 총병대의 반란 진압을 계기로
러시아의 모든 관습·풍속에 일대 개혁을 단행하
는 등 개혁에도 박차를 가해 1721년 원로원으로
부터 황제라는 칭호를 받으면서 러시아 절대주의
왕정을 확립시켰다.

가도 받고 있다.

위대한 영웅, 시대를 앞서간 개혁가라는 찬사를 받기도 하지만 폭군, 협잡꾼, 술주정뱅이, 배신자, 적그리스도, 호색한이라는 혹평도 늘 따라다닌다. 그래서 그가 죽은 지 250년도 더 지났지만 표트르 대제에 대한 최종적 평가는 아직 나오지 않았다. 제대로 된 전기도 아직 없다.

지금부터 해석하는 관점에 따라 그 얼굴이 달라지는 표트르 대제의 천의 얼굴을 자세히 살펴보기로 하자. 우선 표트르 대제의 외모부터 따져 보자.

표트르 대제는 눈에 띄는 스타일이다. 그는 키가 무려 204cm였다고 한다. 당시 러시아인들의 평균 키가 155cm라고 하니 그가 얼마나 거인이었는지 짐작할 수 있다. 게다가 손가락으로 은화를 가볍게 구부릴 정도로 힘이 장사였다고 한다. 러시아 역사상 가장 키가 컸던 거인 황제 표트르 대제는 잘생기고 활동적이며 정력적인 열혈남아였다. 술도 엄청나게 잘 마셨다. 하지만 다혈질이라 한번 화가 나면 무서웠는데, 화가 났을 때는 손에 잡힌 물건이 곧 무기로 변해 버렸다. 한번은 손에 들고 있는 쇠꼬챙이로 병사의 코를 쑤셔 찢어 버린 적도 있다고 한다.

허 수 아 비 차 르 , 발 톱 을 숨 기 다

표트르 대제의 광적인 분노와 지나치게 잔인한 행동은 어린 시절 겪은 트라우마에서 비롯된 것이라는 분석이 지배적이다.

표트르 대제는 1672년 5월 30일 알렉세이 미하일로비치 차르와 두 번째 부인 나탈리아 사이에서 태어났다. 어린 시절 표트르는 무척 건강하고 영리했으나 그가 겨우 4살일 때 아버지가 세상을 떠났다. 표트르의 이복형 표도르가 즉위했지만 그는 어렸고 병약했다. 곧 선왕의 첫 번째 부인 가문과 표트르의 어머니인 두 번째 부인 가문 간에 치열한 세력 다툼이 벌어졌다.

표트르 대제의 여름 궁전 페테르고프
황금빛 조각과 분수로 장식되어 표트르 대제의 위업을 아름답게 빛내 주는 이곳은 실내 벽면에 대제가 수입한 서유럽의 명화들이 줄지어 걸려 있다.

결국 허약했던 표도르가 즉위 6년 만에 죽자, 표트르와 또 다른 이복형 이반이 공동 제위에 오르게 된다. 참으로 전무후무한 일이었다. 두 명의 차르는 두 개의 옥좌에 앉아 두 개의 왕관을 받았다. 우스꽝스럽기까지 한 이 풍경은 아슬아슬한 궁전의 앞날을 예고하는 듯했다. 당시 표트르는 10살이었고, 이반은 정신 박약아였다. 따라서 25살이었던 이반의 누이 소피아의 섭정이 시작됐다.

표트르는 이반과 공동 차르였지만 허수아비 차르에 지나지 않았다. 공식적인 차르 교육도 이반만 받았다. 표트르는 의전 행사가 있을 때만 차르였다.

아무리 허수아비 같은 차르여도 소피아에게 표트르는 언제나 눈엣가시와도

어린 시절의 표트르
10살의 나이에 왕관을 물려받고 이복 누나 소피아의 섭정에 힘없이 당하였다. 여러 참혹한 광경을 목격하고 이때의 기억들로 평생 스트레스 장애를 겪었다.

같은 존재였다. 건강하고 활기 넘치는 표트르를 지지하는 귀족들이 많았기 때문이었다. 그녀는 표트르 모자를 내쫓기로 마음먹는다.

다음 날 소피아는 표트르와 그의 어머니 나탈리아 편에 서던 마트베이요프를 궁전 발코니에서 떨어뜨려 밑에서 대기하고 있던 병사들의 창에 찔려 죽게 만들었다. 10살 밖에 되지 않은 표트르의 눈앞에서 이 모든 일들이 벌어진 것이다. 위협을 느낀 표트르는 수도원으로 황급히 피신했다. 어린 표트르는 몸을 웅크린 채 벌벌 떨고 있었다. 눈앞에서 사람들이 죽어 나가고, 그들과 똑같이 자기도 죽을 수 있다는 현실이 그를 몸서리치게 만들었다.

"으아악!"

갑자기 표트르는 비명을 지르며 수도원 바닥을 뒹굴기 시작했다. 한쪽 얼굴이 발작적으로 경련을 일으켰다. 엄청난 고통이 그의 몸과 마음을 찔러댔다.

그날 이후 표트르는 스트레스를 받을 때마다 안면신경통에 시달렸다. 원인을 알 수 없는 이 병은 그가 죽을 때까지 계속되었다고 한다. 표트르의 마음속에 드리워진 어두운 그늘이 그를 잔인하게 만든 것일까?

표트르가 17살 때 근위대의 쿠데타로 소피아는 실각했다. 그리고 1696년 이반이 죽자 표트르는 러시아의 유일한 차르가 되었다. 그는 절대 권력을 휘두르기 시작했다. 암살의 위협 속에서 보낸 어린 시절을 잊지 못하는 그는 반란의 그림자만 비쳐도 대규모 학살을 자행했다.

1687년 권력에 대항하는 음모가 발각되자 그는 음모자들을 단두대에 올리거나 교수대에 매달기도 전에 팔과 다리를 잘랐고, 주모자인 이반 밀로슬라프스키의 시체 위에 그들의 피를 뿌렸다고 한다. 1690년 근위대 반란이 일어났을 때는 직접 사형 집행관 역할을 맡아 그들의 목에 도끼를 휘둘렀다고 한다.

반란 정벌에 나선 표트르 1세

유럽 역사상 가장 많은 사생아를 낳은 군주

불안했던 어린 시절을 견뎌 낸 표트르는 자기의 자리를 넘보려는 자들을 가차 없이 처형하며 당당한 절대 군주로 군림했다. 낮이나 밤이나 마찬가지였다. 특히 그는 러시아 여자들의 절대 군주를 자처했다.

이미 표트르는 1689년 17살이었을 때 어머니의 주선으로 귀족 가문의 얌전한 신부 예브도키야와 결혼했다. 그러나 결혼 생활은 오래가지 않았다. 그녀에게 매력을 느끼지 못한 표트르는 결국 그녀를 강제로 수도원에 보내 버렸다.

그 뒤 그는 닥치는 대로 여자를 자기의 침실로 끌어들인다.

첫 번째 아내 예브도키야(1669~1731)
아들 알렉세이가 반역죄로 기소된 뒤 라고다 호수에 있는 동쪽 성채에 구금되었다가 손자인 표트르 2세가 즉위하자 모스크바에 있는 보츠네센스키 수도원으로 보내져 재정적 지원을 받았다.

마음에 드는 여자가 눈에 띄면 넌지시 이렇게 말했다.

"내가 침실에 들 때 그대가 촛불을 밝혀 주오."

침실 촛불을 밝혀 달라는 건 잠자리를 함께하라는 명령이었다. 남편이 있든 없든 예외가 없었다.

표트르의 두 번째 아내도 남의 여자를 빼앗은 경우였다. 그의 두 번째 아내는 여러모로 첫 번째 황후와 사뭇 달랐다. 첫째 황후는 대귀족의 딸이었지만 두 번째 황후는 리투아니아 출신의 하녀였다.

그녀는 북방 전쟁에서 러시아 병사가 전리품으로 빼앗아 온 노예였는데, 무척이나 아름답고 육감적인 몸매의 소유자였다고 한다. 처음엔 셰레메티예프 왕자의 눈에 들어 그의 첩이 되었다가, 그의 집에 놀러 온 멘쉬코프 왕자가 그녀를 찍어 다시 멘쉬코프의 첩이 되었다. 그런데 이번엔 표트르가 멘쉬코프 왕자 집에 놀러갔다가 그녀를 보고 말았다. 그녀는 그날 밤 침실 촛불을 밝혀야 했다.

그녀가 바로 표트르 대제의 두 번째 황후이자, 표트르 대제가 죽고 나서 황제 자리에 오르게 되는 예카테리나 여제이다.

두 번째 아내 예카테리나(1685~1727)
마르타라는 이름의 노예였는데 표트르 눈에 띄어 정부에서 정식 결혼으로 황후가 된 훗날의 예카테리나 1세이다.

표트르는 첫 번째 아내와는 데면데면 하는 사이였지만 예카테리나와는 정열적인 사랑을 나누었다고 한다. 그녀는 평생 아홉 명의 자녀를 낳았는데 모두 사망하고 두 명만 살아남았다. 그는 그녀를 '카테리나' '카테리누시카' 등 갖가지 애칭으로 불렀으며, 전쟁터에 데리고 다니며 함께 여흥을 즐겼다고 한다.

하지만 매일 밤 다른 여자 품을 찾아다니는 건 여전했다. 그는 해외 순방을 다닐 때도 400명이 넘는 시녀들을 데리고 갔다고 한다. 표트르는 스스로를 '러시아 제국의 아버지'라고 여기고 열심히 많은 아기를 낳아야 한다고 생각했던 것 같다. 결과적으로 그는 유럽 역사상 가장 많은 사생아를 낳은 군주라는 진귀한 기록 보유자이기도 하다.

한편 표트르는 홀로 잠자리에 드는 것을 굉장히 두려워해서 여자가 없을 때는 호위병을 강제로 옆에 눕히곤 했다고 한다. 그래서 동성애자라는 소문도 있었다고 하는데, 그보다는 그가 얼마나 상처받은 영혼이었는지 가늠해 볼 수 있는 대목인 것 같다.

예카테리나와 함께 한 표트르의 가족 사진
정식 결혼 전 이미 5명의 아이가 있었고 후에도 여러 명의 아이를 낳았을 만큼 항상 임신해 있다시피 했다. 결혼 당시 표트르는 "이 결혼은 매우 생산적이야. 결혼한 지 이제 3시간이 지났을 뿐인데 벌써 자식이 5명이나 되잖아?"라는 농담을 해 주위를 황당하게 했다고 한다.

앗! 유리병 안에 잘린 머리가 둥둥~

아무리 잔인한 폭군이라도 자기 아내나 정부가 바람을 피운다면 칼로 찔러 죽이거나 목을 베어 죽이거나 암튼 죽이는 걸로 끝장을 볼 것이다. 죽이는 것 이외에 다른 방법은 별로 떠오르지 않는다.

그렇다면 표트르 대제는 어떻게 했을까? 아내와 정부가 바람을 피웠을 때 대처하는 그의 방법은 상상을 초월한다.

같은 바람이지만 아내일 때와 정부일 때가 조금 다르다. 먼저 정부가 바람 피웠을 때를 알아보자. 비참한 최후를 맞이하게 되는 그녀의 이름은 메리 해밀

턴. 표트르 대제의 오랜 정부였는데 표트르 대제의 발걸음이 뜸해지자 그녀는 몸이 근질근질해졌다. 결국 황제의 측근들과 눈이 맞아 놀아나게 되었다. 그러다 아이가 생기면 아무 거리낌 없이 낙태를 하며 맘껏 즐기곤 했다. 그런데 꼬리가 길면 잡히는 법. 표트르 대제의 귀에까지 그 소문이 들어갔다. 표트르 대제의 눈이 분노로 이글이글 불타올랐다.

"당장 목을 베도록 해라!"

잠시 뒤 사형 집행관의 칼이 번쩍이자 그녀의 머리가 툭하고 떨어졌다. 그는 피범벅이 된 그녀의 머리를 집어 올리더니 입술에 쪽 소리가 나도록 키스를 했다.

"음, 좋은 본보기가 될 거야. 그냥 버리기 아까워."

그는 그녀의 잘린 머리를 알코올이 담긴 유리병에 넣어 길이길이 보관하도록 명령했다. 바람 피다 걸리면 어떻게 되는지 이보다 더 자세히 알려 줄 수는 없는 노릇이었다.

이번에는 그의 아내 예카테리나가 바람 피운 경우를 살펴볼 차례다. 그녀는 영국 외교관 출신의 황실 의전관 윌리엄 몬스와 밀애를 나눴다. 한 마리 야수 같은 표트르 대제와는 달리 지적이고 신사인 그에게 빠져 버린 것이다. 하지만 금세 들통이 났다.

그런데 황후의 목을 벨 수는 없었다. 그렇게 되면 자기 아내

예카테리나 궁전의 겨울
상트페테르부르크 교외의 피서지 푸시킨 시에 위치한 궁전으로 표트르 대제의 황후이자 제2대 러시아 황제인 예카테리나 1세의 이름에서 유래한 것이다. 18세기 러시아 건축 예술의 산물로 1717년 예카테리나 1세가 건축가 브론스타인에게 자신의 즐거움을 위한 여름 궁전을 지을 것을 명하여 짓기 시작해 1743년 완성되었다.

가 바람 피웠다는 사실이 만천하에 알려지게 될게 뻔하니 말이다. 표트르 대제는 화가 나서 이를 부득부득 갈았다. 할 수 없이 이번에는 남자의 목을 베었다. 그리고 남자의 잘린 머리가 유리병 속에 담겼다. 죄목은 뇌물수수죄였다.

호박방
상트페테르부르크 인근 예카테리나 궁전 내에 있는 사방 14m, 높이 5m 크기 방으로 18세기 초 프러시아의 프리드리히 빌헬름 1세가 러시아 표트르 대제에게 선물한 것이다. 이름 그대로 호화롭기 그지없다.

다음 날 황후는 침실에 들어서다가 기절초풍하고 말았다.

'앗, 유리병 안에 잘린 머리가……'

바람 피다 걸린 윌리엄 몬스의 머리였다. 역시나 표트르 대제다운 협박이었다. 황후는 모른 척해야 했다. 그걸 치워 놓으면 황제가 또 어떤 꼬투리를 잡을지 몰랐다. 그녀는 어쩔 수 없이 매일 밤 잘린 머리가 든 유리병을 침실에 놓아둔 채 잠을 자야 했다.

뼈 위에 세운 도시 , 상 트 페 테 르 부 르 크

표트르 대제는 10살이라는 어린 나이로 공동 차르가 되었지만, 이복 누이 소피아의 섭정으로 유배 생활을 해야 했다. 그 뒤 소피아의 실각과 공동 차르인 이복형 이반의 죽음으로 1696년 24살이 되어서야 명실상부한 단독 차르가 되었다. 그토록 어렵게 목숨을 위협당하고 그림자처럼 숨어 살면서 물려받은 러시아는 유럽 변방의 고립된 나라였다. 다른 서유럽의 나라에 비해 100년은 뒤져 있었다. 그는 전근대적이고 중세적인 러시아 왕국이 아니라 유럽화, 세계화된 러시아를 원했다.

그는 가장 먼저 서유럽 여러 나라에 사절단을 파견했다. 250명의 귀족과 수행원, 전문가로 구성된 대규모 사절단은 독일, 네덜란드, 영국, 오스트리아, 폴란드를 돌며 18개월간의 대장정을 시작했다.

물론 표트르 대제도 함께 했다. 그러나 그는 미하일로프라는 가명을 쓴 채 포병으로서 사절단에 합류했다. 그는 조선과 무역의 중심지 암스테르담에서 직접 망치와 도끼를 들고 조선술과 항해술을 배웠다. 그는 새로운 항해기술과 범선 건조법을 익힌 첫 러시아인이자 황제이기도 했다. 그는 그곳에서 선박 설계사와 해군 장교, 선원을 고용하고 해운업 관련 물자를 공수해 왔다. 당시 러시아에서는 제대로 된 범선 한 척도 없었는데, 표트르 대제가 황제로 있는 동안 약 1,260척의 배가 건조되었다고 한다. 표트르 대제가 새로이 구축한 해군은 1719년 당시 '해상의 왕자' 라 불리던 영국마저 두려워할 정도였다.

강한 해군을 얻게 되자 그는 바다로 눈을 돌렸다. 러시아는 영토는 큰데 반해 바다로 나아가는 통로

표트르 대제 동상
표트르 대제는 직접 작업공으로 분장하고 몰래 네덜란드 조선소에 들어가 배 만드는 과정을 배워 와 러시아를 강국으로 발전시키는 기반을 마련하였다.

가 없었다. 그래서 발트해 연안은 그가 꼭 차지하고 싶은 땅이었다.

하지만 그곳은 북유럽 강국 스웨덴이 100년 넘게 점유하고 있었다. 게다가 당시 스웨덴 카를 12세는 유명한 정복 왕이었다.

그러나 골리앗과 다윗의 싸움으로 보이는 무모한 전쟁을 표트르 대제는 시작하고 만다. 결국 그 유명한 표트르 대제와 스웨덴

주홍색 돛을 단 범선 슈탄다르트 호
축제에 참가하기 위해 러시아 상트페테르부르크의 네바 강 위에 화려한 모습을 과시하고 있는 이 범선은 18세기 초 표트르 러시아 대제의 디자인에 따라 재현한 것이다.

카를 12세 간의 북방 전쟁이 1700년부터 21년간 펼쳐지게 된다. 승리의 여신은 표트르 대제에게 미소를 보냈다. 표트르 대제가 꿈에도 그리던 발트해 연안을 거머쥐게 된 것이다. 이 승리를 기념해서 1722년 원로원은 표트르의 칭호를 차르에서 황제로 바꾼다.

그러나 표트르 대제의 야망은 끝이 없었다. 발트해를 손에 넣은 표트르 대제는 이번엔 바다를 낀 새로운 수도 건설에 착수한다. 표트르 대제가 찍은 곳은 바로 네바 강 하구 늪지대였다. 당시로서는 아무도 그곳에 도시를 세울 수 있으리라 생각하지 못했다. 북극에서 불어오는 차가운 바람도 문제지만 지반도 약하고 자주 강물이 범람했다.

하지만 한번 마음먹으면 그대로 밀어붙이는 그의 성격은 이번에도 거세게 몰아붙였다. 그는 1703년 상트페테르부르크 건설을 시작했다. 모든 자재와 기술자들이 이곳으로 옮겨졌고 유럽 각국의 유명 건축가들도 초빙됐다. 오직 상트페

> **_ 북방 전쟁**
> 1700~1721년에 발트해 연안의 패권을 놓고 러시아의 표트르 대제가 덴마크, 폴란드, 프러시아 및 하노버 왕조와 결탁하여 스웨덴의 카를 12세와 싸운 전쟁으로 러시아가 이겨 발트해 동남안을 차지하고 서방 진출의 근거로 삼았다.

테르부르크 도시 건설을 위해 러시아 전역의 공사가 중단되었을 정도라고 한다.

황량한 늪과 갯벌에 말뚝을 박아 지반을 다지고 수많은 섬과 섬 사이에 다리를 놓는 난공사가 이어졌다. 전국 수십만 명의 농민들이 추위와 질병, 굶주림과 노역에 시달리며 죽어 갔다. 공사는 더디게 진행됐다. 하지만 단기간 내 수도 건설을 목표로 했던 표트르 대제에게 걸림돌이란 있을 수 없었다.

그는 공사 현장에 직접 달려가 가죽 채찍을 들고 말을 타며 달렸다. 힘겨워 쓰러지는 농민들에게 가죽 채찍을 휘두르며 쉬지 말고 계속 일할 것을 명령했다. 표트르 대제의 열성적인 응원 덕분에 10년 후 상트페테르부르크는 완성됐고 수도로 정해졌다. 러시아에서 두 번째로 큰 이 도시는 유럽 예술의 축소판이라 할 수 있을 만큼 건축, 예술, 문화의 다양한 면이 살아 있는 곳으로 유명하다. 사람들은 상트페테르부르크를 보지 않고서는 유럽을 보았다고 말할 수 없다고 하였으며, 러시아의 대문호 푸시킨은 '유럽으로 열린 창'이라고 표현했다.

상트페테르부르크
1703년 표트르 대제가 설립한 도시로 1713년부터 1918년까지 러시아 제국의 수도였다. 모스크바 다음, 유럽에서 네 번째로 인구가 많은 도시이며 도심은 유네스코 세계 문화유산으로 등록되어 있다.

그러나 상트페테르부르크 건설을 위해 무려 5만 명이 넘는 사람들이 죽었다. 어떤 전쟁에서도 이만큼 많은 인명이 죽은 적은 없었다. 이 때문에 상트페테르부르크는 '뼈 위에 세운 도시', '피의 도시'라 불리기도 한다.

서유럽에 다녀온 그는 낡은 러시아를 새롭게 개혁해야겠다는 다짐을 더욱 강하게 했다. 그는 서유럽 여행에서 돌아와 남성들에게는 당장 수염을 자르라고 명령했고, 여성들에게는 긴 치마를 서유럽 식으로 짧게 자르라고 지시했다. 표트르 대제 시절만 해도 수염을 길게 기르는 풍습이 있었다. 그런데 표트르 대제는 수염을 길게 기르는 것이 몽골 지배의 영향이라고 생각해 동양 문화에서 탈피하고자 단발령을 내린 것이다. 러시아 국민들이 한 목소리로 반대했지만 그는 단호했다. 만약 수염을 기르고 싶다면 세금을 내라며 '수염세'를 만들었다. 이 밖에도 시체 넣는 관, 목욕, 벌꿀 등에도 세금을 매겼다.

그는 행정 기구를 중앙 집권적으로 개편했고, 교회도 개혁하여 국가에 완전히 예속시키고, 새해를 9월부터 시작하던 기존의 러시아 율력을 서구의 달력으로 개정했다. 또한 복잡하던 러시아 전통 키릴 문자를 간소하게 만들어 문자를 쉽게 익힐 수 있게 했다. 이처럼 표트르 대제가 취한 개혁은 계몽적이기도 했지만 너무 일방적이고 가혹했다.

표트르 대제는 키가 큰 만큼 발걸음도 무척 빨랐다고 한다. 그가 성큼성큼 걸으면 주변 사람들은 거의 뛰다시피 해야 했다. 표트르 대제가 너무 앞서 나간 탓일까. 많은 국민들이 표트르 대제의 걸음에 보조를 맞출 수 없었나 보다. 많은 농민들과 국민들이 옛 관습으로 돌아가 옛 방식대로 살기를 갈망했다. 그들 사이에서 상트페테르부르크를 불살라 잿더미로 만들고 해군을 없애 버리며 차르의 조정에서 고위직을 차지하고 있는 외국인들을 죽이거나 추방하려는 움직임이 일어났다.

'수염세' 납세증
표트르 대제가 서유럽식 풍습과 제도를 정비, 왕권 강화를 위해 만든 수염세

А	Б	В	Г	Д	Е	Ё	Ж	З	И	Й
/a/	/b/	/v/	/g/	/d/	/je/	/jɔ/	/ʐ/	/z/	/i/	/j/

К	Л	М	Н	О	П	Р	С	Т	У	Ф
/k/	/l/	/m/	/n/	/o/	/p/	/r/	/s/	/t/	/u/	/f/

Х	Ц	Ч	Ш	Щ	Ъ	Ы	Ь	Э	Ю	Я
/x/	/ts/	/ʨ/	/ʂ/	/ɕː/	/-/	/ɨ/	/ʲ/	/e/	/ju/	/ja/

러시아 문자의 모체 키릴 문자
그리스 문자의 초서체를 기본으로 슬라브어에 많은 치찰음과 파찰음을 나타낼 수 있는 새로운 문자를 추가한 것으로 1708년 표트르 1세의 문자 개혁으로 재정비되었다.

알렉세이(1690~1718)
예브도키야가 낳은 아들로 애정이 없었기에 알렉세이는 매사 지루해하고 단추 떨어진 낡은 실내복을 입은 채 난롯가 앞에 하루 종일 앉아 이상한 생각으로 가득했다고 한다.

표트르 대제의 며느리 샤를로테 황태자비 정략적으로 러시아 알렉세이와 결혼해 두 아이들을 낳고 사망했다. 그 둘째가 후에 황제가 되는 표트르 2세이다.

국민들의 눈에 표트르는 고귀하고 신성한 존재인 차르가 아닌 유럽에 나라를 팔아먹는 악덕 협잡꾼으로 비쳤다. 국민들의 반란도 자주 일어났다. 그러나 표트르 대제는 자기를 넘보는 어떠한 세력도 어떠한 음모도 그냥 내버려 두지 않았다.

표트르 대제에게 알렉세이라는 아들이 하나 있었다. 첫 번째 아내가 낳은 아들이다. 그의 유일한 아들이기도 하다. 알렉세이 황태자는 러시아 대귀족의 딸이었던 고상하고 우아한 어머니의 성격을 쏙 빼닮았다. 하지만 불행하게도 아버지를 닮지 않았는데, 그것이 비극의 시작이었다.

저돌적이고 활동적이던 표트르와 달리 알렉세이 황태자는 감수성이 풍부하고 소심했다. 표트르는 심약한 아들만 보면 속이 부글부글 끓었다. 하라는 군사 훈련은 받지 않고 방에 틀어박혀 책만 읽고 지냈다. 사사건건 아들과 아버지는 부딪혔다. 표트르 대제 마음에 쏙 드는 오스트리아 공주와 결혼을 시켰지만 알렉세이 황태자는 그런 그녀는 거들떠도 보지 않고 핀란드인 하녀와 눈이 맞아 그녀를 궁전 침실로 끌어들이기까지 했다.

못마땅하고 성에도 차지 않는 아들을 참다못한 표트르 대제는 그에게 삭발하고 수도원에 들어가라며 호통을 쳤다. 알렉세이 황태자는 차라리 그럴 바에는 외국으로 도망가는 게 낫

다는 생각이 들었다. 그는 비엔나로 가
서 숨어 살았다.

하지만 그냥 두고 볼 표트르 대제가
아니었다. 그는 유럽 각국에 병사들을
보내 알렉세이를 찾으라는 불호령을 내
렸다. 결국 유럽을 이 잡듯 뒤져 알렉세
이를 찾아냈다. 알렉세이 황태자는 절
대로 러시아로 돌아갈 생각이 없었다.
하지만 표트르 대제가 순순히 귀국하면

페트로코프에서 자신감 있는 자세로 앉아 매섭게 노려보며 아들 알렉세이를
문책하는 표트르 대제(니콜라이 게 作, 1871년, 트레티아코프 미술관 소장)

모든 걸 용서해 주고 동거녀와 결혼해 시골에 내려가 편히 살도록 해 주겠다고
약속했다는 말을 철썩 같이 믿고 러시아로 귀국한다.

한편 표트르 대제는 알렉세이 황태자가 의심스러웠다. 소심한 아들을 귀족
들이 꾀어 해외로 빼돌리고 무슨 음모를 꾸미고 있을지 모른다는 생각이 들자
피가 거꾸로 솟았다. 뜻을 달리하면 아무리 혈육일지라도 표트르 대제는 가차
없이 잔혹하게 행동했다.

표트르 대제는 아들을 직접 심문했다. 탈출을 도와준 귀족들, 탈출 사실을
알고 있던 모든 귀족들이 체포되어 대부분 잔인한 방법으로 처형되었다. 빨갛
게 달군 인두나 석탄으로 살을 지지는가 하면 코와 혀를 자르거나 항문에 말뚝
을 박아 죽였다. 알렉세이 황태자에게는 더욱 가혹한 형벌이 가해졌다. 러시아
에서 가장 유명한 가죽 채찍 고문이었다.

딱딱한 가죽끈을 엮어 만든 긴 회초리를 휘두르면 살점이 뚝뚝 떨어져 나갈
정도였다. 보통 20번 맞으면 등뼈가 드러나 거의 정신을 차릴 수 없는 지경이

된다. 알렉세이는 첫날 25대를 맞고 다음 날 15대를 더 맞은 후 더 이상 일어날 수 없었다. 이미 반역죄로 사형을 선고받은 뒤였지만 결국 그는 아버지의 고문을 이기지 못하고 감옥에서 생을 마감하였다. 아들이 죽었다는 소식을 듣고도 표트르 대제는 눈물 한 방울 흘리지 않았고 태연히 자신이 설계한 선박 진수식에 참석했다고 전한다.

맑은 정신으로 잠자리에 들지 말라

자신이 행한 과오를 술로 씻으려던 것일까. 표트르 대제는 술을 어마어마하게 마셔 댔다고 한다. 주량도 엄청나 보드카와 맥주, 포도주 등을 혼합한 폭탄주를 만들어 마셨는데 최소 2리터는 넘게 마셨다고 전한다.

자기 뜻에 반대하는 사람을 견디지 못한 것처럼 표트르 대제는 술을 마시다 도망치는 사람도 용서하지 않았다. 정문 밖에 무장 경비원을 배치해 놓고 도망가는 사람은 무조건 잡아들여 벌주를 마시게 했다고 한다. 벌주는 그 사람이 의식을 잃을 때까지 계속되었다.

그리고 매일 밤 '주정뱅이 종교 회의'라는 놀이를 만들어 즐겼다고 한다. 그 종교 회의의 첫 번째 계율은 바로 '날마다 술을 마시고 결코 맑은 정신으로 잠자리에 들지 말라'였다. 그들의 종교 회의에서 성수는 보드카가 대신했고, 총대주교 역할을 맡은 사람은 술통 위에 벌거벗고 앉아 있어야 했다고 한다.

하루도 빼놓지 않고 엄청난 술을 마시다 보니 아무리 황소처럼 건강하던 사람도 몸이 망가지기 마련이다. 그도 50세가 넘자 건강이 악화되기 시작했다. 알코올 중독 증상도 생기고 방광 질환과 간경변도 찾아왔다. 그러나 몸은 약해졌지만 정신력만은 힘이 넘치던 그때와 다를 바 없었다.

"하나님께서 내 죄를 용서하시길 바랍니다", "나의 국민들을 위해 좋은 일을 하려고 노력했던 것은 바로 선함 때문이다."
뒤떨어진 러시아를 강국으로 만든, 현재까지 대제라고 불리는 표트르 1세가 마지막으로 남긴 말이다.

1725년 핀란드 만에서 전함 한 척이 침몰하여 병사 두 명이 허우적거리고 있었다. 마침 그곳에 있던 표트르 대제는 다른 병사에게 명령을 내리기도 전에 먼저 물속으로 뛰어들어 그들을 구하려 했다.

자기가 세운 목표를 위해 5만 명의 목숨은 눈 하나 깜짝 않는 잔인한 표트르 대제이건만 물에 빠진 두 명의 병사를 위해 차가운 북유럽의 바다에 몸을 던진 이 행동은 어떻게 해석해야 할까?

아무리 나이가 들고 병이 있어도 앞뒤 가리지 않고 솔선수범하는 모습은 영웅의 한 모습이기도 하다. 그는 참으로 알 수 없는 천의 얼굴을 지닌 인물인 것만은 확실하다.

이 일이 있은 뒤 표트르는 심한 감기에 걸렸고 폐렴으로 번져 결국 숨지고 말았다. 53년의 파란만장한 인생은 그렇게 끝이 났다.

The world of badguy

CHAPTER 05
20세기

Rasputin

사악한 주술사 라스푸틴. 황태자의 병을
고침으로써 성스러운 예언자 반열에 들어
선 그는 러시아를 쥐락펴락하며 온갖 음
탕하고 사악한 행위를 일삼는 20세기의
최고의 사탄이었다.

러시아를 쥐고 흔든 괴팍한 요승

라스푸틴

러 시 아 를   쥐 고   흔 든   신 비 한   주 술 사 가   있 었 다

고대의 역사에서 신비한 능력을 가진 주술사들이 한 나라를 쥐고 흔든 이야기는 얼마든지 찾아볼 수 있고, 또 우리들이 이를 받아들이는 데에도 전혀 어색함이 없다. 그러나 이러한 일이 20세기에 일어난다면 아마 대부분의 사람들이 "글쎄"라며 고개를 갸우뚱할 것임에 틀림없다.

그런데 놀랍게도 20세기 초에 실제로 이러한 신비의 주술사가 나타나 러시아라는 대국을 쥐고 흔든 놀라운 이야기가 있어 소개하고자 한다. 그 주인공은 바로 라스푸틴이다.

그는 생김새부터가 예사롭지 않다. 난잡하게 엉겨 붙은 수염과 대조적으로 기름을 발라 단정히 빗어 내린 머리를 하고 상대를 뚫어지게 바라보는 그의 시

라스푸틴(Grigory Efimovich Rasputin, 1872~1916)
러시아의 성직자로 혈우병을 앓고 있던 황태자의 병세를 호전시켜 니콜라이 2세와 황후 알렉산드라의 총애를 얻어 종교는 물론 내치와 외교에도 참견하였다. 방종한 생활이 극에 달해 그를 제거하려는 귀족들에 의하여 암살당했다.

퍼런 눈빛은 상대의 간담을 써늘하게 하기에 충분했다. 그의 눈빛을 바라보고 있노라면 누구나 최면에 걸릴 것만 같았다. 게다가 그는 늘 음침한 회색 자켓과 헐렁한 바지를 입고 장화를 신고 다녔다.

라스푸틴은 이런 모습을 하고 홀연히 러시아 궁정에 나타나 놀라운 신비술로 왕비를 사로잡았다. 그리고 자신이 마치 왕이나 된 양 권력을 휘두른다. 이때 그는 러시아 국민들 사이에서도 성스러운 신비술사이며 예언자로서 추앙받았다. 그러나 라스푸틴은 어둠의 뒤편에서는 온갖 음탕하고 사악한 행위를 일삼기 바빴다. 과연 라스푸틴은 어떤 인물이었기에 이런 기상천외한 행동을 할 수 있었을까? 이제 이 신비술사의 신비한 이야기 속으로 함께 들어가 보도록 하자.

기묘한 능력을 부여받는 라스푸틴

라스푸틴은 1872년 시베리아의 포크로프스코예(Pokrovskoye)라는 작은 마을에서 에피미 라스푸틴(Efimy Rasputin)의 아들로 태어났다. 그의 부모는 말을 키우며 살아가는 평범한 농부였으나 아버지 에피미는 마을에서 소문난 술주정꾼에 노름꾼으로 방탕한 생활을 하던 자였다.

라스푸틴에게는 마리아(Maria)라는 누나와 드미트리(Dmitri)라는 형이 있었으며, 라스푸틴은 이 두 사람을 아주 잘 따랐다고 한다. 그러나 간질병을 앓았던 누나는 어느 날 강에 빠져 죽고, 형 역시 병사하고 만다. 이는 어린 시절의 라스푸틴에게 커다란 충격을 주었음에 틀림없다.

한편 라스푸틴 역시 누나처럼 연못에 빠져 죽을 뻔하였으나 다행히 지나가는 사람이 구해 줘 살아날 수 있었다.

이외에 어린 시절의 라스푸틴에 대해 알려진 것은 거의 없다. 단지 라스푸틴의 고향 마을 사람들의 말에 의하면, 그가 어릴 때부터 신통력을 보였다고 하나 정확하지는 않다. 또 한편으로는 간음이나 도적질 같은 일을 일삼고 다녔다고 전해지기도 한다.

이후 라스푸틴의 이야기는 18세 때부터 다시 시작된다. 18세가 된 라스푸틴은 이리저리 떠돌아다니는 방랑의 생활을 하고 있었다. 그러던 어느 날 수도원으로 가게 되었는데, 이곳에서 기독교의 한 신비주의 종파를 알게 된다. 이때 라스푸틴은 기묘한 행동을 한 것으로 전해진다. 즉, 이 신비주의 종파에서는 성적 타락을 뜻하는 집단 성교 의식을 통해서 원죄를 씻을 수 있다는 믿음을 가지고 있었는데, 라스푸틴은 이 집단 성교 의식에 참가하지 않고 머리를 단단한 땅바닥에 처박는 고행을 했다고 한다. 아마도 이때 그는 예언하는 능력과 병 고치는 신적 능력을 부여받지 않았을까.

수도원을 나온 라스푸틴은 길을 가다가 우연히 한 수도승을 만나게 되는데, 그로부터 깊은 감명을

정교회 수도사였을 당시의 라스푸틴

받았는지 이후로 방랑의 생활을 접고 고향으로 돌아온다. 그리고 1889년, 프라스코비아(Praskovia Fyodorovna Dubrovina)와 결혼하여 아들 하나에 딸 둘을 두었다. 그런데 그가 지은 자식들의 이름이 아들은 드미트리, 딸은 마리아였다. 이는 먼저 세상을 떠난 자신의 누이와 형의 이름과 같았다. 그만큼 라스푸틴의 가슴 속에 이 두 사람의 존재가 깊이 각인되어 있었음을 말해 준다.

그러나 결혼 생활도 라스푸틴의 방랑벽을 고치지는 못했다. 그는 이후로도 계속 러시아 각지를 떠돌아다녔다. 이때 병든 사람을 고쳐 주고, 또 예언도 하였기에 사람들은 그를 기인으로 받들기 시작했다. 이제 그의 명성은 점점 높아지고 그에 대한 소문은 러시아 전역으로 퍼져 나가게 되었다.

드디어 라스푸틴의 역사가 시작되고

지방에서 어느 정도 유명해진 라스푸틴은 1903년 드디어 러시아의 수도 상트페테르부르크에 나타났다. 그는 가장 먼저 상트페테르부르크 신학교로 갔다. 그곳에는 신학교의 장학관이 기다리고 있었다.

"어서 오시오. 이야기는 많이 들었소."

라스푸틴은 이미 러시아 사람들 사이에 '예언자', '치유사', '성자' 등으로 불리고 있었기에 장학관 역시 라스푸틴이 온다는 이야기에 조금 들떠 있었던 것이다. 라스푸틴을 본 장학관은 비록 단정치 못한 옷차림새였지만 그의 비범한 눈빛에 예사롭지 않다는 것을 충분히 느낄 수 있었다.

이렇게 하여 라스푸틴이 상트 페테르부르크에 왔다는 소문은 삽시간에 러시아 귀족들 사이에 퍼져 갔다. 당시 러시아 사교계 내에서는 정통 기독교가 아닌 신비주의 종교가 유행하고 있었기에, 신비한 능력을 행하는 라스푸틴의 등장은 이들을 설레게 만들기에 충분했다.

귀부인들에 둘러싸인 라스푸틴(왼쪽에서 세 번째가 황후의 친구 안나 비루보바)

라스푸틴은 곧 귀족들의 집에도 초대되었다. 그를 본 귀부인들은 카리스마적인 그의 외모에 놀랐으며, 그가 하는 말에 점점 빠져들었다. 이 귀부인들 중 안나 비루보바라는 여인이 있었는데, 그녀는 바로 러시아 황후의 친구이기도 했다.

당시 러시아는 로마노프 왕조인 니콜라이 2세가 다스리고 있었으며, 그의 황후는 독일 출신의 알렉산드라였다. 이들 부부에게는 혈우병을 앓고 있는 황태자 알렉세이가 있었다. 혈우병은 한번 피가 나

러시아 마지막 황제 니콜라이 2세와 그의 가족들
황후 알렉산드라와 네 명의 황녀 올가, 타티이나, 마리아, 아나스타샤와 황태자 알렉세이

면 멎지 않는 무서운 병으로 유전에 의해 생기는 병이다. 따라서 니콜라이 황태자는 다치지 않도록 늘 조심해야 했으며, 알렉산드라는 황태자의 병을 치료할 수 있는 사람을 찾고 있었다.

혈우병으로 고통 받던 황태자 알렉세이
라스푸틴에 의해 치료되었다고 한다.

　그런 가운데 1905년 황태자가 말에서 떨어지는 사고를 당하는 일이 일어난다. 이때 의사들 대부분이 '가망 없다'는 결론을 내린 상태였다. 이렇게 절망 가운데 있던 황후는 친구인 안나 비루보바(Anna Vyrubova)로부터 라스푸틴에 대한 소문을 듣게 된 것이다. 알렉산드라는 즉시 라스푸틴을 만나길 원했고, 이 사실을 안나 비루보바는 라스푸틴에게 전했다.

　드디어 라스푸틴이 활약을 펼칠 때가 온 것이다.

　이렇게 하여 궁정에 소개된 라스푸틴은 알렉세이 왕자의 혈우병을 치료함으로써 세상을 놀라게 한다. 당시 라스푸틴이 어떻게 왕자의 병을 치료했는지에 대해서는 여러 가지 설이 있다. 가장 흔히 전해지는 이야기가 오직 기도로써만 왕자의 병을 치료했다는 것이다.

　당시 라스푸틴은 왕자와는 많이 떨어진 시베리아에 있었는데, 그곳에서 왕자의 병이 낫기를 기도했고, 그렇게 해서 왕자의 병이 나았다는 것인데, 이를 믿어야 할지 말아야 할지는 여러분의 판단에 맡길 수밖에 없다.

　또 한 번은 이런 일이 있었다고 한다.

　황태자가 귀를 다쳐 잠을 잘 수 없을 정도로 심한 통증을 앓았다. 이에 황후가 급히 라스푸틴에게 전화를 했고, 라스푸틴은 황태자에게 부드럽게 마음을 안정시키는 말을 속삭였다. 그랬더니 신기하게도 황태자의 통증은 멎었으며, 황태자는 새근새근 잠을 잘 수 있었다고 한다.

　또 다른 일화가 있다.

　이번에는 황태자가 단순히 타박상을 입었을 뿐인데, 그만 병균에 감염이 되고 만 것이다. 황태자의 상태는 급격히 나빠졌고, 의사들은 황태자가 얼마 살지 못할 거라는 진단을 내렸다. 이에 황후는 급히 라스푸틴에게 연락했고, 이윽고 라스푸틴의 편지가 날아왔다. 그 편지에는 "걱정하지 마십시오. 황태자는 곧 나을 것입니다"라고 쓰여 있었고 황태자는 거짓말처럼 나았다고 한다.

사악한 모습을 드러내는 라스푸틴의 철저한 이중성

상황이 이쯤 되자 러시아 황후는 라스푸틴을 절대적으로 신뢰할 수밖에 없게 되었다. 라스푸틴은 황태자의 병을 치료할 뿐만 아니라 최소한 궁정에서만큼은 성자처럼 말하고 행동했다. 따라서 황제나 황후가 그를 신뢰한 것은 어쩌면 당연한 일일지도 모르겠다.

특히 라스푸틴은 알렉산드라 황후의 마음을 사로잡는 데 집중했다. 알렉산드라 황후는 감정적이며 자신의 마음에 드는 사람을 편애하고 한번 마음을 열면 쉽게 받아들이는 습성을 가지고 있었다. 라스푸틴은 이를 교묘하게 이용한 것이다. 이를 단적으로 보여 주는 예가 있는데, 바로 제1차 세계 대전이 일어났을 때의 일이다.

러시아 국민들은 제1차 세계 대전을 일으킨 독일에

알렉산드라 황후와 니콜라이 2세
혁명 지도자 알렉산드르 케렌스키는 "니콜라이는 멋진 푸른 눈 말고는 유쾌하고 조금은 어색한, 아주 평범한 근위대 대장"에 불과하다고 생각했다. 반면 "알렉산드라는 자부심이 강하고 자신의 통치권을 분명하게 인식하고 있는, 굽힐 줄 모르는 타고난 황후"라 생각했다.

적개심을 품었다. 그러나 알렉산드라 황후는 독일이 자신의 친정이었기에 이러지도 저러지도 못하고 있었다. 이때 라스푸틴이 과감히 자신은 독일을 지지한다고 선언한 것이다. 아마도 이때 알렉산드라 황후는 천군만마를 얻은 느낌이었을 것이다.

이렇게 교묘한 방법으로 러시아 황실의 신뢰를 구축한 라스푸틴은 황후에게 이런 말을 던졌다.

"이제 황태자와 러시아 황실은 저와 끊을래야 끊을 수 없는 인연이 되었습니다."

이후로 라스푸틴은 직접 황실 내부 문제를 간섭하는 것은 예사였고 러시아 국정에까지 막강한 권력을 휘두르기 시작했다. 그러나 궁전 바깥에서는 사정이 달랐다.

라스푸틴과 황제

그는 "술과 성적 쾌락에 몸을 맡겨 죄의 극한에 이른 후 이를 참회하는 방법으로 구원을 얻을 수 있다"는 신앙을 전파하면서 자신이 직접 그 죄악의 중심에 서는 기이한 행동을 서슴지 않았다. 특히 수많은 여인들에게 자신과 육체적 관계를 맺으면 몸도 마음도 깨끗해질 수 있다는 독설을 퍼뜨려 그녀들의 육체를 탐닉했다. 그중에는 수도원의 수녀도 끼어 있었다.

그는 특히 술집에 자주 나타나 성 도착증 환자 같은 기괴한 행동을 일삼았다. 그가 술집에서 행한 행동은 상식을 뛰어넘는 것들이었다. 그런데 꼬리가 길면 잡힌다던가, 바로 이 술집에서 라스푸틴의 악행이 세상에 알려지게 된다.

그날도 라스푸틴은 '야르'라는 술집에서 쾌락을 즐기고 있었다. 라스푸틴은 성기가 매우 큰 것으로 알려져 있는데, 그는 이러한 자신의 성기를 드러내 놓고 사람들과 술을 마시며 춤추고 놀았다. 이윽고 거나하게 술에 취한 라스푸틴은 사람들을 모아 놓고 지껄이기 시작했다.

"러시아의 황후 알렉산드라는 내가 원하는 대로 다룰 수 있지."

그런데 그때 모인 사람들 중에 하필이면 신문 기자가 끼어 있었다. 이 신문 기자를 통하여 라스푸틴의 악행은 세상

황후와 황제를 조롱하는 라스푸틴을 풍자한 그림

에 알려지게 되었다. 전 러시아는 한바탕 난리가 났다. 라스푸틴은 '추악한 요괴승'이라 이름 붙이며 질타했고, 그 증오는 곧 황제와 황후에게로 옮겨졌다. 시내 곳곳에 라스푸틴과 알렉산드라의 관계를 비꼬는 차마 두 눈 뜨고 보기 민망한 포스터가 나붙었으며, 니콜라이 황제를 '바보 같은 황제'라고 놀려댔다. 이제 라스푸틴의 문제는 더 이상 두고 볼 수 없는 상황에까지 치달은 것이다.

결 국 파 국 으 로 치 닫 고

라스푸틴의 행실에 관한 소문은 곧 니콜라이 황제의 귀에까지 들어갔다. 처음에 니콜라이 황제는 이 소문을 믿으려 하지 않았

다. 그래서 오히려 그런 소문을 퍼뜨리는 자들에게 엄벌을 가하기도 했다. 그러나 라스푸틴에 대한 소문이 점점 사실로 굳어지자 황제도 어쩔 수 없이 라스푸틴을 추방하기에 이른다.

문제는 황후였다. 그녀와 황태자는 이제 라스푸틴의 신통력 없이는 하루도 살 수 없는 지경이 된 것이다. 결국 그녀는 어쩔 수 없이 다시 라스푸틴을 불러들였고, 황제도 황후를 사랑했기에 이를 말리지 못했다.

라스푸틴과 그를 맹신하고 의지하는 황후 알렉산드라를 풍자한 그림

이렇게 하여 라스푸틴은 다시 궁으로 돌아왔지만, 그의 음탕하고 사악한 삶은 그전과 같이 계속되었다. 그는 계속해서 성적 쾌락에 몸을 맡겼을 뿐만 아니라 아첨하는 자들로부터 뇌물을 받는 일도 서슴지 않았다.

이러는 가운데 제1차 세계 대전이 발발했다. 전쟁은 라스푸틴의 삶을 또 다른 국면으로 치닫게 하는 계기가 되었다. 왜냐하면 전쟁의 주범은 독일인데, 라스푸틴이 독일을 지지하고 나섰기 때문이었다. 그 이유는 황후(독일 출신) 때문이라고 앞에서 밝힌 바 있다. 이 때문에 러시아 국민은 물론 군대의 지휘부까지 그를 독일의 앞잡이라고 몰아붙였다. 라스푸틴은 이 위기 상황을 모면하기 위해 니콜라이 황제가 직접 군을 이끌고 최전선에서 지휘해야 이길 수 있다는 예언을 하기에 이른다.

니콜라이 황제는 이 예언을 믿고 황후에

라스푸틴과 상류층을 풍자한 그림

게 내정을 맡긴 후 전선으로 나갔고, 황후를 마음대로 조정할 수 있었던 라스푸틴은 무소불위의 권력을 휘두르기 시작한다. 러시아의 실제적인 권력자가 된 것이다. 그는 자기 마음대로 인재를 뽑았으며, 반드시 거기에는 응당한 대가를 받았다. 그 대가는 다름 아닌 뇌물이나 여자의 몸이었다. 뿐만 아니라 왕족들 앞에서도 니콜라이 황제를 비하하는 말을 서슴지 않았다. 상황이 이렇다 보니 그의 주변에 수많은 적들이 생겼고, 그가 권력을 휘두르는 동안 러시아 경제는 곤두박질쳤으며, 이대로 가다간 나라가 망할 지경이었다.

더 이상 두고 볼 수 없는 상황이었다. 왕족은 물론 권력 주변 곳곳에서 라스푸틴을 제거해야 한다는 목소리가 점점 높아졌다. 드디어 라스푸틴의 생애에도 어두운 그림자가 드리우기 시작했다.

비참한 최후를 맞이하는 라스푸틴

라스푸틴의 목숨을 노리는 자 중에는 권력과는 거리가 먼 사람도 있었다. 이에 대해 그레그 킹(Greg King)의 『라스푸틴을 죽인 남자(The Man Who Killed Rasputin)』에 나오는 내용을 인용해 보도록 하자.

처음 라스푸틴을 죽이려고 했던 사람은 정치인도 권력자도 아닌 매춘부였다. 그녀의 이름은 히오니아 구세바(Khionia Guseva). 알려진 바로는 라스푸틴에게 무슨 원한이 있었던 것으로 보인다.

1914년 어느 날, 그녀는 라스푸틴의 고향에 있는 어느 교회에서 라스푸틴을

라스푸틴의 다이어리

기다리고 있었다. 마침 라스푸틴은 가족을 만나기 위해 고향 마을에 와 있었다. 라스푸틴이 교회로 들어서자 그녀는 미리 준비한 칼로 라스푸틴의 복부를 그대로 힘껏 찔렀다. 칼은 복부 깊숙이 박혔고, 피가 하늘로 솟구쳤다.

"드디어 적그리스도를 죽였다."

히오니아는 라스푸틴을 죽인 줄 알고 이렇게 소리쳤지만, 라스푸틴은 분명 기인이었다. 그는 곧 병원으로 실려 갔고, 긴급 수술에 들어갔다. 수술은 성공적이었으며 라스푸틴은 가까스로 살아날 수 있었다. 하지만 이때의 후유증으로 라스푸틴은 위산 과다에 시달려 단 것은 입에 대지도 못하는 등 고통 속에 지내야 했다. 후에 이 사건은 히오니아 단독 범행이 아니라 라스푸틴의 친구 일리오도르(Iliodor)도 관계되어 있음이 밝혀졌다. 그 역시 라스푸틴에게 원한이 있었던 것이었다.

이렇게 라스푸틴에 대한 첫 암살 시도는 실패로 끝났지만 그에 대한 암살 공모는 계속되었다. 그만큼 당시 라스푸틴은 모든 이들의 공격 대상이었기 때문이었다.

러시아 왕족 중에 펠릭스 유수포프(Felix Yusupov)라는 공작이 있었다. 그는 젊은 나이에 엄청난 유산을 물려받은 대부호였으며, 크세니아 대공의 딸이었던 이리나 공주를 아내로 맞이한 상태였다. 유수포프는 라스푸틴에 대한 소문을 들었으며, 직접 만나보기도 했다. 그러면서 그는 라스푸틴이야말로 러시아를 멸망으로 이끌 인물이라 판단했던 것 같다. 그는 곧 러시아 핵심 권력에 있던 몇몇 대공들과 라스푸틴 암살 계획에 돌입했다.

얼마 후 유수포프는 라스푸틴에게 파티 초대장을 보냈다. 이때 라스푸틴이 눈치채고 오지 않을 것을 대비해 그의 아내 이리나의 이름을 넣는 것도 잊지 않았다. 이러한 초대장을 받은 라스푸틴도 마침 절세 미녀로 소문나 있는 유수포프의 아내 이리나 공주에게 흑심을 품고 있었기에 그의 초대를 마다하지 않았다.

펠릭스 유수포프 공과 이리나 공주

1916년 12월 16일, 유수포프의 모이카 궁(Moika Palace)에서 성대한 파티가 열렸고, 그 자리에는 유수포프와 라스푸틴, 그리고 드미트리 파블로비치(Dmitri Pavlovich) 대공, 푸리슈케비치와 같은 귀족들의 모습이 보였다. 물론 이 파티는 유수포프와 그 일당이 라스푸틴을 암살하기 위해 거짓으로 꾸민 것이다.

테이블 위에 놓여진 케이크와 와인 등의 음식에는 독이 가득 들어 있었다. 독도 그냥 독이 아니었다. 라스푸틴이 보통 사람이 아니었기 때문에 그를 충분히 죽이고도 남을 만큼(일설에 의하면 10명 이상이나 죽일 수 있는)의 강력한 독이 들어 있었던 것이다.

그런데 이상한 일이 벌어졌다. 라스푸틴이 분명 음식을 먹고 있는데도 불구하고 전혀 반응을 보이지 않는 것이었다. 게다가 한술 더 떠 술에 거나하게 취한 라스푸틴이 춤까지 추기 시작했다. 뭔가 잘못됐다고 판단한 유수포프는 음모자들에게 눈짓으로 이층에 모이도록 했다.

"뭐가 잘못된 거지. 안 되겠어. 권총으로 하자구."

1단계 작전이 실패로 돌아가자 2단계 작전이 시작되었다. 자신들의 권력을 위해, 또 러시아의 앞날을 위해 오늘 무슨 일이 있더라도 라스푸틴을 죽여야 했던 것이다.

다시 라스푸틴 앞에 나타난 유수포프는 차마 라스푸틴을 정면으로 보고 총을 쏠 용기가 나지 않았다. 그래서 라스푸틴이 등을 돌리는 순간, 그의 등을 향해 권총을 발사했다. 라스푸틴은 그 자리에서 쓰러졌고, 겁먹은 유수포프는 일단 그 자리를 떴다. 그러나 이번에도 혹시 죽지 않았을까 하는 두려움에 다시 쓰러

유수포프의 아내 이리나에게 흑심을 품어 초대에 응한 라스푸틴
라스푸틴은 독이 든 음식을 먹어도, 총에 맞아도 죽지 않는 끈질김을 보이다가 네바 강에 던져졌는데 사인은 익사라 밝혀졌다.

져 있는 라스푸틴에게로 돌아왔다. 시신을 살피려는 순간 라스푸틴이 그 무서운 눈을 번쩍 뜨는 게 아닌가! 그 순간 유수포프는 심장이 멎는 줄 알았다. 라스푸틴은 그 억센 손으로 유수포프의 멱살을 잡고 일어섰으며, 유수포프의 목을 조르기 시작했다. 상황은 긴박하게 돌아가고 있었다. 이때 유수포프와 함께 암살을 모의했던 푸리슈케비치가 라스푸틴을 향해 권총을 쏘았고, 뒤이어 다른 공모자 한 사람이 또 권총을 발사했다. 마지막으로 쏜 권총의 탄알은 정확히 라스푸틴의 이마에 명중했다. 이것으로 라스푸틴의 운명은 다한 것처럼 보였다.

유수포프와 그 일당들은 그래도 혹시 라스푸틴이 살아 있을까봐 철퇴로 라스푸틴을 다시 한번 내리친 후 황급히 네바 강에 시체를 던졌다. 당시 겨울이었기에 네바 강은 꽁꽁 얼어 있는 상태였다.

이로부터 정확히 3일 후 네

바 강에서 시신 하나가 발견되었다. 그 시신의 주인공은 바로 라스푸틴으로 밝혀졌고, 러시아는 발칵 뒤집혔다. 특히 놀란 사람은 당연히 러시아의 황후 알렉산드라였다. 분노한 그녀는 유수포프를 처형하려 했으나 당시 분위기상 어쩔 수 없이 망명 보내는 것으로 사건을 마무리지었다. 그리고 이 사건은 더 이상 조사되지 않았고, 의문에 싸인 채 시간과 함께 역사 속에서 조용히 묻혀 버렸다. 그러나 세상은 이 사건에 대한 온갖 이야기들로 난무했다.

알려진 바로는, 라스푸틴이 죽은 후 알렉산드라에게 한 통의 편지가 전달되었다고 한다. 그 편지에는 놀랍게도 다음과 같은 라스푸틴의 마지막 예언이 담겨 있었다.

나는 내년이 되기 전에 죽을 것 같습니다. 만약 내가 평범한 국민들의 손에 죽게 된다면 러시아 황실은 무사할 것입니다. 그러나 만약 내가 왕족의 손에 죽게 된다면 황실은 2년 내에 모든 일족이 민중들에게 죽임을 당할 것입니다.

네바 강의 다리(표트르 다리)에서 발견된 라스푸틴 최후의 모습으로 알려진 사진(1916년 12월 18일)

라스푸틴의 딸
아버지 라스푸틴에 대해 많은 부분이 왜곡되었다고 말한다. 라스푸틴이 정말 색마라면 결혼을 했을까? 통상 두 번 결혼하는 러시아 관습상 라스푸틴도 그랬는데 자녀들이 있지만 사생아는 없었다. 유수포프가 초빙하였을 때 라스푸틴은 왜 호위병을 데리고 가지 않았을까? 라스푸틴이 식사를 한 곳은 유수포프 궁전의 지하에 있는 방으로 유수포프가 자기에게 반감을 가지고 있어 그곳에서 암살이 있을 것이라는 것을 예상했을 텐데 측근조차 데리고 가지 않았다.

실로 섬뜩한 예언이 아닐 수 없었다. 놀라운 것은 그로부터 두 달여 후 러시아에서 볼셰비키(러시아 사회민주당 : 과격파) 혁명이 일어났다. 그리고 알렉산드라를 비롯한 로마노프 왕가는 이들에 의해 무참히 처형당하고 만다. 섬뜩하게도 라스푸틴의 예언이 적중한 것이다. 그러나 이 편지가 라스푸틴이 죽은 후 조작된 것인지에 대해서는 정확히 밝혀지지 않았다.

또 한 가지 놀라운 사실은 라스푸틴의 시신 부검 결과 밝혀졌다.

시신 부검 결과 라스푸틴의 사인은 '익사' 때문이었다고 한다. 그 많은 양의 독약을 먹고, 총을 맞아도 죽지 않았다는 이야기인데, 이 사실만 보더라도 그는 정말 미스터리한 인물이 아닐 수 없다.

그런데 라스푸틴의 시신에 남겨진 총탄의 흔적에서 이상한 점이 발견되었다. 그것은 최근 데릭 파운더(Derrick Pounder) 교수의 연구에 의해 밝혀진 사실인데, 라스푸틴의 머리에 박힌 세 번째 탄환이 웨블리 리볼버 권총의 탄환이라는

러시아 마지막 왕조를 마음대로 주물렀던 라스푸틴의 모습

것이다. 이게 만약 사실이라면 이 암살 사건에는 최소한 영국 정부가 개입되었다는 사실을 암시한다. 왜냐하면 당시 이 권총을 사용할 수 있는 사람은 영국 장교뿐이었기 때문이다. 훗날 실제로 유수포프의 학교 동창이었던 영국 장교 오스왈드 레이너 소위가 현장에 함께 있었던 것으로 밝혀졌다.

영국이 라스푸틴 암살 사건에 개입한 이유는 당시 세계 대전을 유리하게 이끌기 위해서라고 한다. 즉 라스푸틴이 계속 러시아의 전쟁 참여를 중단하려고 하였고, 그럴 경우 독일의 병력이 영국 쪽으로 집중

될 위험이 있었기 때문이었다. 그러나 이에 대해서도 아직까지 정확히 밝혀지지 않아 역사적 미스터리로만 남아 있을 뿐이다.

마지막으로 또 한 가지 이야기가 전해 온다. 그것은 라스푸틴의 시신이 발견될 당시 라스푸틴의 성기가 잘려 있었다는 점이다. 이는 아마도 라스푸틴의 광신도 중 한 여성이 그의 신체 일부를 갖기 위해 벌인 소동으로 여겨지고 있다.

라스푸틴의 사진과 성기(상트페테르부르크 에로티카 박물관에 전시)

Adolf Hitler

비이성적인 독재자 아돌프 히틀러. 제2차 세계 대전을 일으킨 주범인 그는 유태인 대량 학살이라는 끔찍한 악행을 저질렀는데, 결국 패전을 앞두고 전날 결혼한 여인과 함께 자살함으로 비극적 생을 마감한다.

세계를 공포에 빠트린 폭군

아돌프 히틀러

비 극 적   출 생 의   비 밀

아돌프 히틀러(Adolf Hitler, 1889~1945) 독일 정치가이자 독재자. 나치당의 당수를 지냈고, 게르만 민족주의와 반유대주의를 내걸어 1934년에 총통 겸 총리로 취임하여 정권을 독점했다. 독일 민족에 의한 유럽 제패를 실현하고 대생존권을 수립하기 위한 제2차 세계 대전을 일으켰지만 연합군의 공격에 밀려 1945년 베를린 함락 직전에 자살하였다.

아돌프 히틀러! 그는 제2차 세계 대전을 일으킨 장본인으로, 또 유태인 학살을 자행한 극악무도한 독재자로 우리에게 각인된 더 말할 나위 없이 유명한 인물이다. 그의 악행으로 인해 무려 3천 5백만 명 이상이 목숨을 잃었다고 하니 가히 입이 다물어지지 않는다.

그러나 이렇게 표면상으로 드러난 현상만으로 히틀러를 이해하는 것은 매우 위험한 일이다. 왜냐하면 독재자 히틀러가 되기까지에는 남다른 출생의 비밀과 그의 불우했던 성장기가 있었기 때문이다. 많은 사람들은 히틀러가 독재가가 된 이후

알로이스 히틀러(1837~1903)
독일의 독재자 히틀러의 아버지이다.
아들 히틀러에게 관대한 어머니 클라
라와는 달리 아버지 알로이스는 아주
엄격하고 폭력적이어서 히틀러는 아버
지를 멀리했다고 한다.

히틀러의 어머니 클라라
자신의 외삼촌뻘인 알로이스 히틀러
와 결혼하여 아돌프 히틀러를 낳았다.
그녀는 히틀러가 17세 되던 해 유방암
으로 고통받다 사망하였다.

의 행적에만 관심을 둘 뿐 이전에 그가 어떠한 삶을 살았는지에
대해서는 거의 모르고 있다. 여기에 베일에 가려져 있던 그의 출
생부터 마지막 음독 자살에 이르기까지의 파란만장한 이야기를
소개하고자 한다.

우선 히틀러의 출생을 이야기하기 전에 그의 부모에 관한 언급
이 필요하다. 그의 아버지 알로이스 히틀러의 원래 이름은 '알로
이스 쉬클크루버'이다. 여기서 쉬클크루버가 우리나라의 성에
해당하고 알로이스가 이름에 해당한다. 그렇다면 성을 바꾸었다
는 이야기인데, 이게 어떻게 된 일일까?

『신화적 히틀러』를 편찬한 저명한 히틀러 역사가인 옥스퍼드
대학 교수였던 이언 커세어에 의하면 히틀러의 아버지가 성을 바
꾼 것은 아돌프 히틀러가 태어나기 13년 전, 그러니까 그가 39세
였던 1876년이라고 한다. 즉, 히틀러라는 성은 이전에는 없었으
며, 이때부터 히틀러라는 새로운 성씨가 생겨났다는 것이다. 이
러한 일이 발생할 수 있었던 것은 알로이스 히틀러의 정확한 생
부가 누구였는지 알려져 있지 않았기 때문이었다. 그리고 알로이
스 히틀러는 유산 상속을 위해 이런 일을 벌였다고 한다.

어쨌든 알로이스 히틀러는 당시 오스트리아 세관 관리로 일했
기 때문에 비교적 유복한 생활을 했으며, 세 명의 아내를 두었다.
히틀러는 그중 세 번째 부인으로부터 태어난 자식이었다. 그런데
그의 세 번째 아내는 다름 아닌 그의 이복형제(어떤 학자에 의하면 친형제)
의 딸이었다. 이는 엄연한 근친상간이다.

사실 알로이스 히틀러는 처음에는 세 번째 아내이자 자신의 조카딸인 클라라를 집안일을 부리기 위해 데려왔으나 그의 두 번째 아내인 프란지스카가 갑자기 폐병으로 죽자 조카딸을 아내로 맞이한 것이다. 실제로는 두 번째 아내가 살아 있을 때 이미 알로이스 히틀러가 클라라를 범했다고도 한다. 이 때문에 클라라의 충격도 이만저만이 아니었다. 당시 근친상간은 로마 교회법에 엄연히 금지되어 있었기 때문에 두 사람은 한동안 숨어 살아야만 했다.

아기 때의 히틀러 모습

근친상간 때문이었을까. 이후로 클라라가 낳는 세 명의 아이들이 모두 태어난 지 불과 수개월에서 2년 사이에 죽고 만다. 이런 상황에서 네 번째로 태어난 아이가 바로 아돌프 히틀러였다. 히틀러 역시 몸이 약해 위태위태했으나 목숨만은 유지할 수 있었다. 놀라운 것은 히틀러 다음으로 태어난 동생도 어릴 때 죽고 말았다는 것이다. 정리하면 클라라는 총 일곱 명의 아이를 낳았는데, 그중 네 명이 죽었으며 살아남은 히틀러 외 두 명도 한 사람은 정신 박약아, 또 한 사람은 백치였다. 이런 비정상적인 환경 속에서 히틀러는 과연 정상적인 삶을 살 수 있었을까.

훗날 역사학자들은 히틀러가 비이성적인 독재자가 된 것이 바로 이 근친상간에 의한 출생 때문이었다고 주장하기도 한다.

이렇게 남다른 출생의 비밀을 가져야 했던 히틀러에 대한 또 하나의 집안 내력에 대한 이야기가 있다. 그것은 그의 할머니, 즉 알로이스 히틀러의 어머니 역시 유태인 밑에서 일하다 유태인의 아들에게 강제로 추행을 당했다는 놀라운 사실이었다. 그리고 이때 할머니가 낳은 아이가 바로 히틀러의 아버지 알로

이스라는 것이다. 아마도 히틀러가 제2차 세계 대전에서 유태인들을 그토록 잔인하게 학살했던 것이 이와 무관하지는 않을 것이다.

비 정 상 적 인 성 장 기

히틀러가 태어난 곳은 독일이 아니라 당시 오스트리아 – 헝가리 제국이었다. 히틀러는 이곳에서 초등학교를 다녔으나 성적 불량으로 졸업장을 받지 못하면서 정상적이지 않은 어린 시절을 보내야 했다. 그리고 십대를 보내면서 유태인에 대한 증오가 깊어지는 두 가지 사건이 연이어 일어난다.

히틀러는 학교 공부에 취미를 못 붙인 대신 그림은 제법 그렸기 때문에 시선을 돌려 화가가 되려고 했다. 그래서 예술의 도시 비인(Vienna)으로 갔다. 그곳에서 히틀러에게 이성에 대한 눈을 떠 주게 하는 한 소녀를 만나게 된다.

그녀는 당시 속옷 선전 모델이었는데, 히틀러는 그녀에게 온통 마음을 빼앗기고 말았다. 그러나 그녀의 반응은 냉담했다. 이때 히틀러는 그의 폭력성을 드러내고 말았다. 그녀를 강제로 구타까지 하며 자신의 여자로 만들려고 한 것이다. 결국 그녀는 히틀러

초등학교 시절의 히틀러
오른쪽 맨 뒤 학생이 히틀러이고, 앞줄에 있는 학생은 20세기를 대표하는 독일 언어 철학과 분석 철학의 기둥이 된 천재 철학자 루트비히 비트겐슈타인이다. 훗날 세상을 뒤흔들게 된 두 사람은 공교롭게도 린츠 레알슐레에서 2년간 학창 시절을 보냈지만 그리 친하지는 않았다고 한다.

를 외면하고 다른 남자를 만나 약혼까지 하게 되었는데, 문제는 그 남자가 유태인이었다는 사실이다. 히틀러의 분노는 극에 달했고, 어떻게 게르만 여자가 유태인 남자를 만날 수 있느냐며 사람들 앞에서까지 광기를 부렸으며, 이러한 그의 폭력적인 행동은 결혼식장에까지 이어졌다. 이 사건은 분명 히틀러에게 유태인에 대한 반감을 더욱 고조시키는 상징적인 일이었음에 틀림없다.

히틀러가 그린 수채화
히틀러는 술도 담배도 하지 않는 금욕적인 생활을 했고, 채식주의자였으며 개인 생활은 검소했다고 한다. 그의 그림에서 절제와 금욕을 중시하는 그의 성품이 엿보인다.

그러나 히틀러가 유태인을 경멸하는 사건은 이것으로 끝나지 않는다. 히틀러는 미술 학교에 입학하기 위해 시험을 쳤으나 두 번이나 낙방하고 만다. 히틀러는 자신의 그림 실력을 확신하고 있었기에 도저히 이를 받아들일 수 없어 심사 위원이 누구인지 뒷조사를 벌였고, 그 결과 일곱 명의 심사 위원 중 네 명이 유태인이라는 사실을 발견했다. 광분한 히틀러는 즉시 미술 학교의 유태인 심사 위원들에게 편지를 보내 "반드시 보복하겠다"고 협박했다.

이렇게 히틀러는 성장 과정에서 필요 이상으로 유태인들에 대한 반감을 품게 되었고, 이것이 훗날 홀로코스트(유태인 대학살)라는 대참극으로 이어진 원인이 되었다.

히틀러가 21세 때 그렸던 수채화 자화상
자화상은 코와 입은 생략된 채 돌다리 위에 앉아 생각하는 모습을 하고 있다. 전문가들은 그림에 표시된 십자 마크와 히틀러의 이니셜인 AH를 근거로 이 작품이 히틀러의 자화상이자 초기 작품이라고 확신한다.

십대에 히틀러가 겪은 불행은 이것만이 전부가 아니었다. 그는 13살과 18살에 5년 간격으로 부모를 차례로 여의고 말았다. 20살이 채 되기도 전에 고아가 된 것이다. 하지만 다른 고아들과는 달리 히틀러는 부모가 남겨 준 유산 덕분에 생활에는 큰 지장을 받지 않았다.

반유대주의 청년에서 나치당의 당수가 되기까지

당시 오스트리아 – 헝가리 제국에 살고 있던 독일인은 이곳 민족들의 텃세 때문에 더 이상 살 수 없는 지경에 이르렀다. 또한 유태인들은 당시 기득권을 가지고 있는 세력이었기에 그들에 대한 반감도 극에 달했다. 이 시기부터 히틀러의 마음에 독일 민족주의 정신과 반유대주의 정신이 자리 잡았던 것 같다.

결국 히틀러는 오스트리아 – 헝가리 제국의 군대에 입대하라는 통보에 거부하기 위해 1913년 독일의 뮌헨으로 도주한다. 그러나 이 사실이 곧 발각되어 다시 오스트리아 군대로 끌려갔으나 다행히 신체검사에서 부적격 판정을 받아 풀려나게 된다. 이러는 사이 제1차 세계 대전이 발발했다.

독일 민족주의 운동을 했던 히틀러는 당연히 독일군에 자원 입대했고, 전쟁터에서 큰 공훈을 세운다. 이 공로로 1급 훈장을

1923년의 히틀러의 초상화
히틀러가 자랐던 오스트리아의 기독교 문화에는 반유대주의가 뿌리박혀 있었다. 그는 이때 반유대주의 사상과 아리아 인종 우월주의를 배우면서 유태인들이 아리아인의 적이며, 독일의 경제적 문제의 핵심 원인이라고 믿게 된다. 이는 후에 나치의 유태인 학살에 영향을 끼쳤다.

받게 되는데, 히틀러는 이때 받은 훈장을 훗날 독일의 통치자가 된 뒤에도 늘 자랑하며 다녔다고 한다. 또한 이때의 군 생활이 지금의 자신을 만들었다고 할 만큼 이 시절을 그리워했다고 한다.

제1차 세계 대전의 결과 독일이 패전국이 되자 독일 민족의 자부심으로 가득했던 히틀러는 이를 쉽게 받아들일 수가 없었다. 당시 30세의 나이였던 히틀러는 군대를 나와 정계에 입문한다. 그가 첫발을 내디딘 곳은 '독일 노동자당'으로 친독일 민족주의, 반유대주의를 표방하고 있는 정당이었다. 이는 히틀러가 가지고 있었던 사상과 딱 맞아떨어지는 곳이기도 했다. 정치계에서 히틀러는 그 어느 때보다 놀라운 능력을 발휘한다.

우선 히틀러는 웅변술에 있어 탁월한 능력을 가지고 있어 곧 당의 중심인물이 될 수 있었다. 당시 독일 노동자당은 지하 세계에서만 활동하고 있었는데, 탁월한 연설 능력을 가진 히틀러의 등장으로 과감히 사람들 앞에 모습을 드러낼 수 있었다.

히틀러는 곧 유명해졌고, 독일 노동자당의 당세도 나날이 커져 갔다. 독일 노동자당은 이름을 '독일국가사회주의노동당(National Sozialistische Deutsche Arbeiterpartei : 일명 나치당)'으로 바꾸고 히틀러는 당당히 나치당의 당수가 되었다. 이때 히틀러가 주로 독일

웅변 중인 히틀러

국민들에게 호소한 것은 패전 후 독일 공화국 정권의 나약함과 부패를 공격하는 한편, 독일 국민의 위대함과 강인함을 역설하여 자유와 희망을 심어 주는 것들이었다. 이에 대한 독일 국민들의 반응이 폭발적으로 퍼져 가자, 히틀러는 나치당의 세력을 더 키우려는 목적으로 뮌헨에 있는 한 맥주홀에서 폭동을 일으킨다.

히틀러는 이 폭동의 주동자로 몰려 결국 감옥에 투옥당하고 만다. 그러나 위기는 또 다른 기회를 가져다 주었다. 히틀러는 감옥에 투옥되어 있는 동안 허송세월하지 않고 책을 집필했는데, 그것이 바로 훗날 1천만 부에 달하는 베스트셀러를 기록한 『나의 투쟁』이다. 이 책은 독일 국민들을 열광시켰으며, 히틀러를 영웅화시키는 계기가 되기도 했다.

이 책이 많이 팔린 덕분에 히틀러는 감옥에서 출옥한 후 나치당을 재건하는 데 필요한 자금을 충분히 얻을 수 있었다. 히틀러는 곧 재기할 수 있었고, 1930년 총선거에서 나치당이 당당히 독일의 제2당이 되었으며, 1932년 대통령 선거에까지 출마하였으나 아깝게 힌덴부르크에게 패배하고 만다. 그러나 많은 사람들의 지지로 1933년 그는 독일 총리로 임명될 수 있었다. 이러한 상황 속에 실시된

히틀러와 무솔리니가 처음 만난 날의 사진
히틀러는 독일의 고질적인 지역 감정을 민족주의로 아울렀으며 파시즘의 원조격인 무솔리니와 동맹을 맺었다. 훗날 히틀러가 더 강성해졌으나 히틀러는 무솔리니를 매우 존경했다고 한다.

나치스 추종자들
왼쪽부터 히틀러(A. Hitler), 괴링(R. Goering), 괴벨스(P. Goebbels), 헤스(R. Hess).

1933년 선거에서 나치당은 드디어 당당히 독일의 제1당으로 등극한다. 이때부터 사실상 히틀러는 독일 정권을 손에 쥔 셈이 되었다.

제1당의 당수이자 독일의 총리가 된 히틀러는 부국강병 정책을 펴 독일을 순식간에 유럽 제일의 강국으로 만드는 지도력을 발휘하였다. 이제 히틀러는 독일

독일의 독재자가 된 히틀러는 민주공화제 시대에 비축된 국력을 이용하여 국가의 발전을 꾀하였고, 외교상의 성공을 거두어 경제의 재건과 번영을 이루었다. 또한 군비를 확장하여 독일을 유럽에서 최강국으로 발전시켰기에 독일 국민의 열광적인 지지를 받았다.

국민들 사이에 영웅적인 존재, 아니 더 나아가 신적인 존재로까지 여겨졌다. 이러는 와중에 1934년 독일의 대통령 힌덴부르크가 급사하는 일이 발생한다. 히틀러는 서둘러 대통령제를 폐지하고 스스로 총통의 자리에 올랐다. 이제 비로소 히틀러만의 무소불위의 독재 권력을 휘두를 때가 온 것이다.

의 문 에   싸 인   히 틀 러 의   여 인 들

히틀러는 평생 결혼하지 않은 것으로 유명하다. 그러나 이것이 화려한 스캔들을 일으키는 다른 통치자들과는 달리 여자 관계가 깨끗했기 때문만은 아니다.

일반적으로 히틀러는 여자를 거의 가까이 하지 않았으며 그래서 결혼도 하지 않았다고 알려져 있지만, 사실 젊은 나이에 최고 권력의 반열에 들어선 히틀러였기에 독일 상류층 귀부인들로부터 상당한 인기를 얻고 있었다. 당연히 히틀러 주변에서 그를 유혹하기 위해 서성대는 여자들도 제법 있었다. 이때 거론되는 여인들로 작곡가 리하르트 바그너의 며느리, 스웨덴의 톱 여배우, 유명한 여성 파일럿 한나 라이취(Hanna Reitsch) 등이 있다.

게리 라우발

히틀러는 조카 게리 라우발을 유일하게 사랑한 여인이라고 말했다. 40살의 히틀러는 스스로 게리의 후견인 겸 보호자로 나서면서 공식석상에서는 아저씨와 조카의 관계를 유지하고 집으로 돌아오면 연인 사이가 되었다. 그녀는 결국 자살하지만 자살 이유는 아직도 의문이다.

그러나 이 모든 여인들의 유혹을 뒤로하고 히틀러가 선택한 여인은 다름 아닌 자신의 이복누이의 딸이었던 게리 라우발이었다. 히틀러의 아버지가 조카딸이었던 히틀러의 어머니를 범했던 기억을 떠올리면 이는 정말 아이러니한 일이 아닐 수 없다. 어쨌든 히틀러는 자기가 평생 진실로 사랑했던 여인은 게리 라우발뿐이었다고 할 만큼 그녀를 사랑했다고 한다.

그러나 라우발도 히틀러를 사랑했는지는 의문에 싸여 있다. 어떤 경우에 그녀는 히틀러를 '괴물'(monster)이라고 부를 만큼 증오했다고 전해지기도 한다. 즉 히틀러는 정상적인 성관계가 불가능했기 때문에, 그녀에게 가학적이고 변태적인 성행위를 통해 고통을 줌으로써 그녀를 괴롭혀 왔다는 것이다. 뿐만 아니라 그녀를 완전히 발가벗겨 이를 모델로 몸 구석구석까지 스케치하며 노리개로 삼기도 했다고 한다. 이러한 사실을 뒷받침이라도 하는 듯 라우발은 결국 1931년 히틀러의 아파트에서 호신용 권총으로 자살한 채 발견된다. 이때 그녀의 코뼈는 부서져 있었고, 전신이 타박상을 입은 상태였다.

다음으로 히틀러의 여인이 되었던 이는 당시 인기 여배우였던 레나테 뮐러였다. 이상한 것은 그녀가 히틀러와 관계를 가진 후 자신의 아파트에서 투신자살을 해 버린 것이다. 왜 그녀는 투신자살을 해야만 했을까? 이에 대해 대부분의 역사가들은 히틀러가 자신의 성적 약점을 감추기 위해 게슈타포(비밀 경찰)를 시켜 죽게 만들었다고 믿고 있다. 앞뒤 정황을 봤을 때 그녀가 자살할 이유가 없었기 때문이다. 이뿐만이 아니다. 히틀러의 마음에 들어 히틀러와 관계를 가졌던 여인들은 하나같이 의문의 죽음을 맞이하고 만다. 왜 이런 일들이 일어난 걸까?

아이들과 놀아 주는 히틀러와 에바 브라운
히틀러는 자신의 아이를 갖는 것을 원치 않았다고 한다. 왜냐하면 자신의 뒤를 잇는 데 따른 부담이 그에게는 너무 힘들 것이기 때문이었다.

이에 대해 많은 역사학자들은 히틀러가 성적 기능에 문제가 있었을 가능성에 무게를 두고 있다. 그 이유는 히틀러의 옛 전우들이 한결같이 그의 성기가 기형(?)이었다고 전하며, 히틀러와 관계를 가졌던 대부분의 여인들이 불행한 죽음 또는 의문의 죽음을 당했기 때문이다. 이 때문에 히틀러가 독일의 총통이 되었을 당시 독일의 유명한 정신과 의사이자 뮌헨대학교 총장으로 취임했던 오스월드 붐케는 히틀러야말로 '정신 분열증과 히스테리 성격이 강한 잔혹한 성품의 소유자'라고 밝혔으며, 그 이유가 성적인 문제 때문이었다고 과감히 퍼뜨리기도 했다.

이러한 히틀러의 마지막 여인이 되었던 이는 마지막 죽는 순간까지 히틀러

에바 브라운

그녀는 히틀러의 전속 사진사였던 하인리히 호프만의 조수로 일하다 히틀러를 만나 사랑에 빠진다. 정식 부인이 아닌 정부, 또는 비서로 16년의 긴 세월 동안 히틀러 곁을 지키다 제2차 세계 대전 패망 직전인 1945년에 히틀러와 결혼식을 올린 후 다음 날 히틀러와 함께 자살했다.

와 함께했던 에바 브라운이다. 그녀는 히틀러보다 20살가량이나 어렸으며, 섹시한 몸매를 소유한 미인이었으나 절대 지적인 여자는 아니었다. 히틀러는 이러한 에바 브라운과 16년 동안이나 동거하면서도 절대 결혼식을 올리지 않다가 자살 직전에 결혼식을 올렸다. 이에 대해서도 사람들은 히틀러의 성적 기능에 대한 문제 때문이라고 믿고 있다. 사실 에바 브라운도 성적 결함을 가지고 있었는데, 질이 비정상적으로 좁아 정상적인 성관계를 갖기 힘들었다고 한다. 훗날 에바 브라운은 이에 대한 수술을 받았는데, 이때 수술을 집도했던 산부인과 의사도 의문의 교통사고로 죽고 만다.

표면상으로 볼 때 에바 브라운은 진정으로 히틀러를 사랑했던 것 같다. 히틀러는 에바 브라운과 관계를 가지기 시작했을 때 전 애인 게리 라우발에 대한 깊은 애정이 아직 정리되지 않은 상태였다. 그래서 에바 브라운을 외면하고 냉대했는데, 이로 인해 에바 브라운은 두 번이나 자살을 시도했다. 이러한 에바 브라운의 히틀러에 대한 감정은 그녀가 히틀러에게 보낸 다음과 같은 편지에서도 확인할 수 있다.

에바 브라운과 히틀러

처음 만났을 때부터 저는 당신을 어디든

따라갈 것이라 맹세했습니다. 죽음까지도. 저
는 오직 당신의 사랑 때문에 살아갑니다.

결국 히틀러에 대한 이러한 에바 브라운
의 맹목적 사랑 때문이었는지 오직 그녀만
이 히틀러와 마지막까지 함께하게 된다.

히틀러와 에바 브라운의 별장인 베르그 호프

역사상 최대의 지옥, 제2차 세계 대전을 일으키다

독일의 총통이 된 히틀러는 언제부터 세계 대전을 일
으키려고 준비하고 있었을까? 단시일에 독일을 유럽 최대의 강국으로 키운 히
틀러는 1937년 말부터 서서히 전쟁을 일으
킬 것을 정부와 군의 고관들에게 암시하곤
했다. 이에 반대하는 자들은 곧바로 히틀러
에 의해 숙청되었다.

히틀러는 우선 군부의 세력을 장악하기
위해 자신이 직접 국방 장관을 겸임하였다.

이러는 가운데 히틀러가 외교적 수완을
발휘하여 1938년 오스트리아를 합병하자
독일 내에서 그의 인기는 가히 하늘을 찌를

제2차 세계 대전 때 한 독일 나치 경찰이 우크라이나 미조츠(Mizocz)
에서 유태인을 집단 처형한 뒤, 한 유태인 여성을 확인 사살하고 있다
(파리 홀로코스트 기념관 소장).

듯했다. 이제 전쟁 준비는 완료되었다. 이듬해 히틀러는 드디어 폴란드 침공을 시작으로 제2차 세계 대전을 일으켰다.

초반에 독일은 승승장구했다. 1940년에는 덴마크, 노르웨이, 베네룩스, 프랑스 등을, 1941년 초반에는 유고슬라비아와 그리스를 차례로 점령했다. 이때 히틀러가 감행한 점령지의 정책은 비인간적이며 무자비한 것들 투성이었다. 그는 점령지 주민들, 특히 유태인들을 강제 노동에 동원하거나 강제 수용소에 데려와 무참하게 살해하였다. 이때 차마 입에 담지 못할 악독한 방법으로 학살당한 유태인의 수만 해도 6백만 명이 넘을 정도였다. 이 때문에 홀로코스트(Holocaust)란 말도 생겨났다. '인종 청소'라는 명목하에 자행된 홀로코스트는 인간 본성의 광기가 어디까지 갈 수 있는지를 극단적으로 보여 준 20세기 인류 최대의 치욕적인 사건이라 할 수 있다. 히틀러가 이러한 극악무도한 일을 자행한 것은, 그가 어린 시절부터 품어 왔던 유태인에 대

1941~1943년 우크라이나 빈니차에서 벌어진 유태인 집단 처형 중 독일군 병사가 한 우크라이나 유태인을 사살하고 있다(파리 홀로코스트 기념관 소장).

아우슈비츠(포로 수용소)
히틀러의 유태인 말살 정책(홀로코스트)으로 인해 수많은 무고한 유태인들이 아우슈비츠 수용소와 같은 강제 수용소와 가스실에서 학살당했으며 이 사건은 인류 역사상 가장 큰 비극 중의 하나로 기억되고 있다.

한 분노의 표출이라고밖에는 달리 해석할 방법이 없다.

홀로코스트 기념관
나치스 희생자를 추념하기 위한 곳

　그러나 이런 야만적인 행동을 일삼는 독일을 하늘도 가만히 두고 보지는 않았다. 1941년 5월, 히틀러가 군수뇌부의 반대를 무릅쓰고 소련 침공을 감행함으로써 서서히 독일에 어두운 그림자가 드리우기 시작한 것이다. 독일은 결국 모스크바를 점령하는 데 실패하고 만다. 이에 겹쳐 1942년 말에 벌어진 소련과의 스탈린그라드(지금의 볼고그라드) 전투에서는 히틀러의 실수로 대패하여 22만여 명의 독일군이 전사하거나 포로가 되는 일이 일어난다. 이때 이후로 독일군은 급격히 쇠퇴하기 시작했다. 점차 힘이 약해진 독일은 내부적으로 서서히 반란의 기운이 감돌고 있었다.

슈타우펜베르크
프로이센 귀족 출신으로 한때 히틀러를 '독일 민족을 구할 진정한 지도자'로 존경하기도 하지만 폴란드 침공을 비롯한 러시아 전투에서 독일군에 의해 자행되는 민간인 학살 등을 목격하고 '반나치주의자'로 돌아서게 된다. 히틀러 암살미수사건으로 총살당한다.

이제 히틀러의 독재 정권의 불씨도 거의 꺼져 갈 무렵인 1944년 7월 20일, 반나치 세력에 의해 쿠데타가 일어났다. 이들은 히틀러가 정권을 잡을 무렵부터 히틀러 암살을 계획하고 있었으나 뜻을 이루지 못하고 있다가 연합군의 노르망디 상륙 작전으로 완전히 전세가 연합군 쪽으로 기울자 쿠데타를 감행한 것이었다. 그들은 일단 자신들과 같이 반나치의 일원이었던 클라우스 폰 슈타우펜베르크 대령을 이용하여 폭탄으로 히틀러를 암살시킨 후 정권을 장악하기로 계획했다.

그리하여 슈타우펜베르크 대령은 캡슐 폭탄을 들고 어느 지하 벙커에 있는 히틀러의 회의실에 잠입하였으며, 캡슐 폭탄이 든 가방을 히틀러 가까운 곳에 놓고 몰래 빠져나오는 데까지는 성공한다. 불과 5분 후면 캡슐 폭탄이 터지게 되어 있었다. 그때 갑자기 하늘이 히틀러를 돕는 일이 벌어진다. 회의에 참석한 히틀러의 부관이 히틀러가 불편해 할까봐 폭탄이 든 가방을 자기 쪽으로 가져간 것이다. 그리고 폭탄은 곧 굉음을 일으키며 폭발했다. 회의실은 폭탄의 화염으로 가득 찼고, 창문은 모두 깨지고 지붕은 뻥 뚫려 버렸다. 당시 회의실에 있던 고관들은 즉사했고, 많은 사람들이 큰 부상을 당했다.

히틀러는 어찌 되었을까. 히틀러는 얼굴이 새까매져 있었지만 아직 숨을 쉬고 있었다. 그저 고막이 터진 정도의 경미한 부상만 입고 극적으로 살아난 것이다.

이후에 광분한 히틀러는 슈타
우펜베르크 대령을 포함한 쿠데
타 주모자들을 모두 색출하여 무
참히 처단하였다. 이것으로 성에
차지 않았던 히틀러는 독일 국민
들 사이에 매우 인기 있었던 육
군 원수 에르빈 롬멜(E. Rommel)까
지 처단하였다. 롬멜 원수가 이
암살 계획에 직접적으로 동참한
것이 아니었음에도 불구하고 사

암살 미수 사건 후 히틀러의 모습
폭파 당시의 충격으로 오른팔에 약간의 마비 증세가 보이는 사진이다. 그의 왼쪽부터
빌헬름 카이텔, 헤르만 괴링, 오른쪽으로 마르틴 보르만이 있다.

전에 이 사실을 알고 있었다는 이유만으로 그를 죽여 버린 것이다. 문제는 롬
멜을 죽일 때 국민들의 눈이 두려워 자살하도록 강요하여 죽인 후, 국민들에게
는 전쟁 중 연합군의 공습에 의해 사망했다고 거짓말을 했다는 것이다. 훗날
독일이 패망한 후 진실을 알게 된 독일 국민들은 다시 한번 히틀러의 악행에
혀를 둘러야 했다.

청 산 가 리 와   권 총 으 로   생 을   마 감 하 다

이제 히틀러의 최후도 얼마 남지 않은 것처럼 보였
다. 도처에서 그를 암살하려고 눈을 부라리고 있었으며, 독일은 연합군의 공격

에 밀려 패망 직전에 있었다.

사실 히틀러는 정계에 입문한 이후 평생을 암살에 시달려야 했다. 그가 얼마나 많은 암살 기도의 대상이 되었는지는 히틀러 연구의 세계적 권위자인 리처드 오버리(R. J. Overy) 교수의 저서 『독재자들』에 다음과 같이 생생히 기록되어 있다.

1945년 5월 2일자 성조기 신문 위에 "Hitler dead(히틀러 죽음)"라고 크게 적혀 있다.

히틀러는 1921년에 뮌헨 맥주집의 혼전 속에서 두 발의 총탄이 발사된 일부터 1945년에 군수 장관 알베르트 슈페어가 베를린 벙커의 환기통으로 독가스를 주입하려던 음모까지 정치적 생애 내내 암살의 표적이었다. 일부는 같은 집단이나 같은 사람이 반복한 것이었고 일부는 슈페어의 계획처럼 실행되지 않았지만, 대략 42번의 암살 시도가 있었다.

그러나 히틀러는 이런 무수한 암살 기도에도 죽지 않고 살아남았다. 그를 최후의 죽음으로 몰은 것은 오직 독일의 패전 때문이었다.

1945년 4월, 연합군의 공습이 계속되었다. 이제 독일이 항복해야 하는 순간이 다가왔다. 히틀러는 에바 브라운을 데리고 요새화된 지하 벙커로 숨어들었다. 히틀러는 에바에게 말했다.

"너는 죽을 이유가 없어. 즉각 떠나도록 해!"

그러나 에바 브라운은 히틀러의 명령을 거부했다.

"마지막까지 당신과 함께하겠어요."

에바 브라운의 사랑이 진실했다는 것을 확인할 수 있는 순간이었다. 이렇게 해서 히틀러는 에바 브라운과 함께 생애 최초이자 마지막으로 죽음을 앞둔 상황에서 결혼식을 올린다. 그리고 두 사람은 결혼 첫날밤을 보낸 다음 날, 함께 청산가리가 든 알약을 깨물었다. 에바는 곧 쓰러졌고, 히틀러는 동시에 자신의 머리에 권총을 쏘았다.

이것으로 한때 독일의 국민적 영웅이었던, 그러나 제2차 세계 대전에서 벌어진 모든 악행의 주범이었던 아돌프 히틀러는 그 파란만장했던 생애를 마감했다.

___ 히틀러의 유언장

결혼식이 끝난 후, 히틀러는 두 개의 유언장을 작성했다. 하나는 독일 국민과 군대에게 보내는 「정치적 유언장」이었고, 다른 하나는 「개인적 유언장」이었다. 「개인적 유언장」에서 히틀러는 이렇게 말했다.

"투쟁하는 동안, 나는 결혼 생활을 책임질 수 없다고 믿고 있었지만, 생의 마지막을 앞둔 지금, 나는 한 여인과 결혼하기로 결심했다. 그녀는 오랫동안 참된 우정을 지켜 왔고, 나와 운명을 같이하기 위해 포위된 이 도시로 찾아왔다. 그녀는 소원대로 내 아내로서 나와 함께 죽음을 맞이할 것이다."

Saddam Hussein

중동의 히틀러, 사담 후세인. 이란·이라크 전쟁을 일으키고 세계 최강국 미국과 두 번이나 전쟁을 치른 전쟁광이다. 그러나 암살의 두려움으로 인해 가짜 후세인을 여럿 만들어 행세하게 하기도 했다.

중동의 히틀러, 바그다드의 학살자
사담 후세인

'중동' 하면 가장 먼저 떠오르는
인물 중 하나가 바로 사담 후세인일 것이다. 그는 이란·
이라크 전쟁을 일으켰으며, 무엇보다 세계 최강국 미국과
두 번이나 전쟁을 치른 인물로 잘 알려져 있다.

그중 마지막 전쟁은 조금 억울한 측면이 없지 않아 있
다. 왜냐하면 이 전쟁은 사담 후세인이 일으킨 것이 아니
라 미국의 조지 부시 대통령이 일방적으로 침략했기 때문
이다. 물론 그 이면에는 '9·11 사태(이슬람 테러 단체가 미국 뉴욕의
무역센터 빌딩을 폭파한 사건)'라는 엄청난 참극의 배경이 있었지만

사담 후세인(Saddam, Hussein 1937~2006)
이라크 대통령이었던 그는 1957년 바트당에 입
당하여 1959년 대통령 암살 음모 사건으로 카셈
정권에, 1964년 알레프 정권에 체포되는 등 수난
을 겪다가 1969년 쿠데타에 참가하여 혁명평의
회 부의장이 되었고, 1979년 대통령에 취임하였
다. 1991년 걸프전에서 패배하여 정치적 위기를
맞았으며, 2003년 이라크 보유의 대량 살상 무
기(WMD)를 제거한다는 명분으로 발발한 미국과
이라크 간 전쟁에 패하여 도주 중 미군에 체포되
어 2006년 12월 30일에 사형이 집행되었다.

오사마 빈 라덴과 후세인의 얼굴이 그려진 화장실용 두루마리 휴지로 9·11 테러와 관련한 테러리즘을 풍자하고 있다.

어쨌든 이때 미국은 이성을 잃은 상태였고, 어떻게든 분풀이를 해야 하는 상황이었으며, 사담 후세인은 그 희생양이 되고 만 것이다.

미국이 사담 후세인을 침략한 근거는 그가 '국민들을 무참히 학살한 도살자였으며, 대량 살상 무기를 개발하고 있다는 것'이었다. 따라서 미국은 '세계의 경찰국가 미국이 정의의 사도로서 이라크 국민을 구원(?)' 한다는 명분을 내세웠다. 그러나 이것은 오로지 미국의 관점에서 일방적으로 바라본 사실이었기에, 이 주장이 어느 정도 신빙성이 있는지는 알 길이 없다.

과연 사담 후세인은 미국의 주장대로 이라크 국민들을 고통에 빠뜨린 '악의 축'이었을까? 이제 현대 중동사를 송두리째 흔들고 있는 이 독특한 인물에 대해 그의 생애를 더듬어 봄으로써 진실을 파헤쳐 보고자 한다.

사담 후세인은 1937년 바그다드 북쪽으로 160km 떨어진 티크리트의 가난한 농촌 마을인 알 아우자에서 태어났다. 그런데 그가 태어날 당시 그의 친아버지는 사라지고 없는 상태였다. 정확히 말하면 사담은 아버지 후세인 알 마지드와 어머니 알 무살라트 부부 사이에서 태어났는데, 그의 아버지 알 마지드가 사담이 태어나기 전에 행방불명이 된 것이다. 이에 대해서는 여러 가지 설만 난무한 상황이다(죽었다는 설도 있음).

또 한 가지, 사담의 부모는 서로 사촌 간이었다는 사실을 짚고 넘어가야 한다. 우리의 가치관으로는 사촌 간에 결혼한다는 것을 상상조차 할 수 없지만, 당시 이라크에서는 결혼하기 위해서 '지참금'이 필요했다. 그러나 사담의 부모는 너무 가난했기에 이 돈을 준비할 수 없어 어쩔 수 없이 사촌 간에 결혼을 시킬 수밖에 없었던 것이다. 그러나 사담의 어머니는 혼자 살아갈 수 없어 곧 또 다른 사촌인 하지즈 하산 이브라임과 재혼한다.

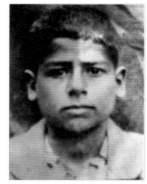

1947년의 후세인
가난과 계부의 욕설과 구타 등으로 암울한 어린 시절을 보냈는데, '충돌하는 자, 맞서 싸우는 자'라는 뜻의 '사담'은 숙부 하산 알 마지드가 지어 주었다.

이러한 이유 때문에 사담은 친아버지가 아닌 의붓아버지 밑에서 어린 시절을 보내야 했다.

당시 사담 후세인의 마을에는 알부 나세르족이 살고 있었는데, 이들은 이라크 내에서도 소수파에 해당하는 수니파 이슬람교를 신봉하고 있었다. 따라서 주변 민족들로부터 따돌림받기 일쑤였으며, 또한 이들은 대부분이 오랜 가난에 시달렸기에 도둑질과 폭력을 일삼았다. 이 마을에 살고 있었던 사담 후세인 역시 이런 환경 속에서 자유로울 수 없었다.

특히 그의 새로운 아버지는 매우 게으르고 거의 일을 하지 않았으며, 사담을 자주 구박하며 학교도 보내 주지 않았기에 사담은 매우 어려운 어린 시절을 보내야 했다. 그나마 다른 친구들은 학교 정도는 다녔으나 사담에게 학교는 사치스러운 일에 불과

티크리트 생가를 방문했을 당시의 후세인 일가 모습
왼쪽 후세인 뒤편으로 장남 우다이(왼쪽 뒤)와 쿠사이, 첫 부인 사즈다 케르 알라인(오른쪽에서 세 번째)이 있다.

했다. 그는 어린 시절부터 먹고 살기 위해 일을 해야 했으며, 때로는 도둑질도 서슴지 않았다. 불량소년들과 어울리기도 했으며, 앞날이 보이지 않는 어둠 속의 생활로 세월을 보내고 있었다.

그러던 어느 날 암담했던 사담에게 한줄기 빛이 찾아온다. 그에게는 카이르 알라 탈파라는 외삼촌이 있었는데, 그는 이라크 장교 출신으로 당시 몇 안 되는 지식인 중 한 명이었다. 사담은 그로부터 자신의 내면 깊숙이 잠재해 있던 꿈을 일깨우기 시작했다. 무엇보다 자신의 고향이 바로 이슬람의 영웅 살라딘 (십자군을 격파하고 예루살렘을 수호한 무슬림의 영웅) 장군의 출생지이기도 하다는 사실을 알게 되었으며, 이는 사담의 가슴에 알 수 없는 뭔가를 불타오르게 했다.

바트당의 행동 대원에서 이라크의 권력자가 되기까지

십대가 되었을 때 사담은 집을 떠나 자신의 꿈을 키울 수 있는 외삼촌의 집으로 갔다. 그리고 이곳에서 외삼촌의 배려 덕분에 처음으로 학교에 다닐 수 있었다. 그러나 얼마 후 외삼촌은 바그다드로 이주하였으며, 덕분에 사담은 이라크의 수도이자 최대의 도시를 구경할 수 있게 되었다.

사담의 외삼촌 역시 가난했기에 사담은 이곳에서도 막노동 일을 하며 학교에 다녀야 했다. 아마도 이때부터 사담은 아랍 민족주의에 심취하지 않았나 싶다. 아랍 민족주의란 당시 아랍 세계에 불고 있었던 사상으로 아랍 민족들이

외세의 간섭 없이 각각의 단일한 정치적 공동체나 국가를 이루어야 한다는 주장을 말한다. 결국 사담은 이러한 아랍 민족주의를 기반으로 하는 정당인 '바트당(아랍 민족주의와 사회주의 사상을 혼합한 정당으로 이라크뿐만 아니라 아랍 곳곳에 퍼져 있었음)'에 가입한다. 이때는 사담이 막 20살을 넘겼을 무렵으로 한창 혈기왕성할 때였다. 사담은 당연히 행동 대원으로 활동했고, 주요 데모가 일어날 때마다 앞장서는 일을 마다하지 않았다.

카이로 시절의 사담 후세인
오른쪽에서 두 번째. 이 시기에 그는 훗날 이라크의 대통령으로 재임 중 보여 주었던 잔인성의 근본 배경이 된 스탈린의 사상과 행동에 완전히 빠져 버린다.

당시 이라크는 쿠데타가 일어나는 등 매우 혼란스러운 상황이었다. 이 쿠데타 정권 역시 친유럽 정책을 폈기 때문에 바트당과 같은 아랍 민족주의자들은 연일 폭동과 데모로 밤을 지새웠으며, 거기에는 항상 사담이 끼어 있었다. 이 과정에서 6개월간 감옥에 투옥되기도 하는 등 고충을 겪는 사이 이라크 내에서 바트당은 어느새 중심적인 정당으로 떠오르게 되었다.

_ 이라크 수니파 바트당
단일 아랍 사회주의 국가 건설을 목표로 하는 아랍 정당으로 근본적으로 정교 일치 체제 속에서 무신론적인 사회주의나 종족적 민족주의를 배척하고 있는 정통 이슬람과 타협할 수 없다는 노선이다. 걸프전 패배 이후 시아파와 쿠르드족 중심의 반바트당 세력이 바트당의 정치적 탄압과 반이슬람적 경향에 저항 소요 사태를 일으켰다. 반바트당 소요 이후 후세인은 집권 바트당과 경쟁할 다른 정당들의 정치 활동을 허용하는 법안을 선포하였다.

이제 바트당은 권력을 쟁취하려는 야망으로 불타오르게 되었다. 그래서 쿠데타 정권의 총리인 압둘 카림 카셈을 제거하려는 계획을 세웠다. 이때 사담도 암살 계획의 중심인물로 참가하였다. 그러나 이 계획은 암살자들의 서투른 행동으로 인하여 실패하고 만다. 오히려 자기들끼리 총격전을 벌이는 우매한 일까지 벌어졌다.

후세인의 정치적 기반으로 이라크의 한 시대를 담당했던 바트당의 건물이 전쟁으로 무너져 있다.

삼엄한 경찰의 추격이 시작되고 사담은 결사적으로 도망치기 시작했다. 결국 국경을 넘어 시리아까지 도망쳐 온 사담은 이곳에 있던 시리아 바트당의 따뜻한 환대를 받는다. 마침 이곳은 바트당을 설립했던 중심인물인 미첼 아플라크가 있는 곳이기도 했다. 그는 사담을 매우 마음에 들어 했으며, 이집트로 망명시켜 카이로에서 교육까지 받게 해 주는 호의를 베푼다.

또 다른 아랍 세계의 중심지 카이로에서 사담은 스탈린의 사상과 행동에 완전히 빠져 버린다. 훗날 그가 이라크의 대통령이 되었을 때 보여 주었던 잔인성의 근본 배경은 바로 이 스탈린 사상 때문이라고 할 수 있다. 그리고 이곳에서 사담은 그의 사촌이었던 사지다와 약혼식도 치른다. 사지다는 바로 그가 어린 시절 가장 존경했던 외삼촌의 딸이기도 했다. 즉, 사담도 그의 어머니처럼 사촌 간의 결혼을 하려고 한 것이다.

한편 이라크의 정치 상황은 급변의 소용돌이 속으로 치닫고 있었다. 1963년 바트당이 쿠데타를 일으켜 정권을 잡자 사담도 바그다드로 돌아왔으나 바로 이듬해 다시 정권이 뒤집히면서 또다시 도망 다니는 신세가 되었다. 이때 사담은 다시 쿠데타를 계획하였으나 결국 보안군에게 발각되고 체포되어 감옥 생활을 하게 된다. 그러나 이 감옥 생활이 사담에게는 오히려 최고의 기회가 되었다. 왜냐하면 이를 계기로 바트당 내에서 사담의 지위가 확고해졌기 때문이다.

'중동의 히틀러'라 불리는 후세인

1968년, 바트당은 다시 쿠데타를 일으켰고 이라크 정부를 접수하는 데 성공한다. 이때 쿠데타를 일으킨 장본인은 바트당 군부 담당자였던 나예프 대령을 중심으로 한 일부 장교들이었다. 이들은 집권하자 나예프 자신은 수상이 되고, 알 바크르를 허수아비에 불과한 대통령의 자리에 앉혔다. 이때 사담은 보안국을 담당하는 사무국의 책임을 맡고 대통령 집무실 바로 옆 사무실을 쓰게 되었다. 드디어 사담이 권력을 잡을 시간이 다가오고 있었다. 사담은 알 바크르 대통령과 긴밀히 연락하면서 나예프 수상을 제거할 음모를 꾸민다.

후세인과 바크르

쿠데타가 일어난 지 불과 14일이 지난 어느 날, 알 바크르 대통령은 나예프 수상을 불러 오찬을 함께하였다. 이때 갑자기 사담이 총을 들고 연회장에 나타났다. 그는 나예프 수상을 총으로 위협하며 끌고 나갔고, 그것으로 나예프의 운명은 끝이었다. 이제 알 바크르 대통령이 진정한 실권을 거머쥔 듯 보였지만 실권자는 엄연히 사담 자신이었다. 드디어 사담은 이라크를 자신의 손아귀에 쥐게 된 것이다.

잔 인 성 과   영 웅 성 이   동 시 에   드 러 나 다

이라크의 권력자가 된 사담은 자신이 최고 권력자가 되기 위해 걸림돌이 되는 자들을 철저하게 숙청해 나가는 스탈린의 방법을 그대로 답습했다. 가장 먼저 시선을 바트당 내부로 돌려 수십 명에 달하는 지도자급 인사들을 냉정하게 처형해 버린다. 그들 중에는 과거 자신의 친한 친구들도 여럿 있었지만 사담은 전혀 개의치 않았다. 이때 사담이 어떻게 바트당 내부의 사람들을 반역자로 몰았는지 그 상황을 살펴보자.

우선 넓은 회의실에 400여 명에 달하는 바트당의 고위 간부들을 모아 놓는다. 그중 미리 준비한(극심한 고문을 통해) 한 사람이 스스로 나와 '나는 반역자'라고 사람들 앞에서 고백하게 만든다. 그리고 그의 입에서 이름이 불리는 사람들을 가차 없이 끌고 나온다 (이 역시 각본에 짜인 것이다). 그러면 사담이 즉결 처형을 명하고 그는 비참하게 죽어 간다. 이때 사담의 눈을 피해 탈출한 인사의 경우, 그 부인과 아들까지 잡아다 고문한 후 처형해 버리는 잔인성을 보여 주었다.

사담은 집권 초기 계속해서 자신의 반대파들을 제거해 나갔다. 거기에는 유태인들

세계 7대 불가사의에 속하는 공중 정원이 있는 고대 메소포타미아 도시 바빌론
후세인은 자신의 이름을 새긴 벽돌을 쌓아 바빌론에 여러 채의 새로운 건축물을 지었는데, 이는 고대 유적과 어우러져 독특한 분위기를 자아내고 있다. 미국의 이라크 침공 당시 많은 유적이 훼손됐다.

도 포함되어 있었고, 이라크 공산당도 있었으며, 사담의 감정을 건드리는 자라면 누구를 막론하고 즉시 처형되었다.

그러나 이 시기에 사담은 자신의 상관이라 할 수 있는 바트당의 창시자 아플라크나 바크르 대통령을 대할 때만은 깍듯한 모습을 보이며 이중성을 드러냈다. 이 두 사람을 만날 때는 늘 예의 바르게 행동했으며, 자신의 윗사람으로 철저히 예우했다. 그러나 그의 잔인성에 비추어 볼 때 이러한 장면은 어쩌면 조금 불안해 보이기도 했다.

실제로 사담은 자신의 반대파를 철저히 숙청하는 잔인한 면을 보였지만, 그가 다스린 초기 통치 기간(1968~1977년) 동안 이라크는 이전에 볼 수 없었던 경제적 번영을 누리기도 했다.

가장 큰 이유로 석유 생산을 국유화한 것을 들 수 있다. 이로 인해 이라크는 막대한 부를 챙길 수 있었으며, 이는 곧바로 국내 기간 시설 개발과 국방력 강화에 투자되었다. 그리고 사담은 국가가 바로 서기 위해서는 교육이 중요하다고 판단하여 문맹 퇴치 운동을 벌였으며, 이로 인해 다른 이웃 나라들의 좋은 본보기가 되기도 했다. 또한 여성들의 사회 참여 기회도 이전과는 비교할 수 없을 정도로 높아져 이제 이라크는 중동 지역에서 최강국 중 하나로 떠오르게 되었다. 불과 십 수 년 만에 이러한 업적을 이룩한 사담 후세인에게 이라크 국민들이 환호하는 것은 어쩌면 당연한 일이었다.

이라크 남부 유전지대의 심장부인 바스라 유전지대

사담이 이렇게 성공을 향해 질주하고 있을 때 그 모습을 불안하게 바라보고 있는 한 사람이 있었다. 그는 바로 종이호랑이에 불과한 대통령의 자리를 지키고 있던 바크르 대통령이었다.

이상하게도 사담은 다른 사람들과는 달리 바크르 대통령만은 곧바로 제거하지 않고 10년 이상이나 그 자리에 앉아 있게 만들었다. 이에 대해 정말로 사담이 윗사람을 존경하는 태도를 지녔기 때문이라고 주장하는 역사가들도 있으나 그 진심에 대해서는 오직 사담만이 알고 있을 것이다. 그러나 이제 바크르 대통령까지 제거될 날이 서서히 다가오고 있었다.

후세인의 질주를 보고만 있을 수 없었던 바크르 대통령이 먼저 선수를 쳤다. 그는 시리아의 아사드 대통령과의 회담에서 이라크 – 시리아 통일 정부를 구성할 것을 제안했다. 이는 이라크 국민들에게도 커다란 지지를 받았기에 사담은 위기의식을 느낄 수밖에 없었다.

사담은 먼저 군대와 공무원 조직에 대한 대대적인 숙청을 벌여 공포감을 조성한 다음, 강제로 이웃 나라들의 지지를 얻어냈다. 그리고 군대를 이끌고 대통령 궁으로 진격했다. 결국 바크르 대통령은 사담의 총칼 아래 벌벌 떨면서 TV를 통해 전 이라크 국민들 앞에서 "물러나겠다"고 발표한 후 쓸쓸히 사라졌다. 이때가 1979년이었고, 곧바로 사담 후세인이 이라크 대통령의 자리를 차지했다.

어린 시절 너무 배가 고파 도둑질을 해야 했던 소년 사담 후세인이 드디어 중동의 중심 국가로 떠오른 이라크의 대통령이 된 것이다.

국 민 을 공 포 에 떨 게 한 바 그 다 드 의 도 살 자

그러나 대통령의 자리에 오른 사담 후세인은 그 잔인성이 더욱 악랄해져 갔다. 그는 자신을 반대하는 사람들(주로 쿠르드 족과 시아파 반체제 인사)은 그 어떤 존재를 막론하고 처절하게 보복을 가해 무참히 처단하였다. 그의 공포 정치 앞에 이라크 국민들은 숨죽여 살았으며, 이라크는 마치 전체가 거대한 감옥처럼 변해 버린 것 같았다. 도대체 사담이 어떠한 방법을 사용했기에 이런 상황까지 되었을까?

후세인의 비밀경찰들이 사용한 방법을 살펴보도록 하자. 그들은 반역자라고 우기며 체포한 포로들의 가슴에 다이너마이트를 장치한다. 그리고 사정없이 리모컨을 눌러 버린다. 또 다른 처형 방법도 있다. 포로의 웃통을 벗겨 두 팔을 기둥에 묶은 다음 철 막대기로 수없이 내리친다. 그래도 살아 있으면 팔목을 자르고 혀를 뽑아 버린다. 때로는 목을 치기도 한다. 또 다른 방법으로 10여 미터의 높은 곳에서 포로들을 밀쳐 내어 죽이는 잔인한 처형 방법도 있다. 이러한 장면들은 생생히 비디오로 촬영되어 실제로 미국 폭스 뉴스나 CNN에 방영된 적도 있었다.

미국의 주장대로 만약 이것이 사실이라면 후세인은 이 잔인한 장면들을 왜 촬영까지 했을까 라는 생각이 들 것이다. 아마도 반대자들을 공포에 빠뜨려 꼼짝 못하게 하려는 전략이 숨어 있지 않았을까.

이렇게 잔인한 처형 방법으로 후세인은 수많은 인명들을 살상했다.

1991년 나자프 시에서는 시아파(派)들에 의해 후세인(수니파임) 반대 운동이 격렬하게 일어났다. 이에 사담은 대규모 군사 작전을 개시하여 많은 사람들을 생매장하거나, 길에서 그대로 학살하였다. 또한 남부 바스라에서도 시아파들의 반란이 일어나자 후세인은 탱크를 몰고가 도시를 쑥대밭으로 만들었고, 이 과정에서 수천 명의 시민들이 사담 앞에 목숨을 내놓아야 했다.

2003년 5월 중순경 힐라 시(바빌론) 북쪽 1km 지점인 마하윌에서 1991년 후세인에게 대량 학살당한 시신 3,000구가 발견되었다. 이곳 주민들의 증언에 의하면, "1991년 후세인이 이곳에 탱크를 몰고 와 길에 보이는 사람들을 무조건 체포해 생매장을 했다"고 한다. 이처럼 후세인은 자신을 반대하는 세력들에 대해 무자비하게 죽이기로 악명을 떨쳤다.

후세인의 악명 앞에 그의 가족이나 측근도 예외는 아니었다.

1984년 어느 날 후세인은 자신의 측근이던 오마르 알 하자 중장이 자신의 어머니에 대한 험담을 하자 이에 분개하여 당장 그의 가족들을 불러 그 앞에서 오마르 중장의 혀를 잘라 버렸다고 한다.

'물 위의 궁전'으로 불리는 사담 후세인의 초호화 요트 '바스라 브리즈(Basra Breeze)'
이 요트의 경매 시작 가격은 무려 2,000만 달러(약 290억 원)로 아라베스크 아치, 흑단 조각, 아랍산 카펫과 러그 등이 장식된 호화 요트이다.

그리고 그의 사위까지 무참히 죽인 일도 있었다. 때는 한창 후세인이 대량 살상 무기를 만들고 있다는 소문이 국제적으로 떠돌 1995년 무렵. 당시 그의 두 사위는 이웃 국가인 요르단에 머물고 있었는데, 그만 대량 살상 무기에 대해 폭로하는 사건이 발생하고 만 것이다. 격노한 후세인은 두 사위가 귀국하자마자 그들을 무참히 살해해 버렸다고 한다.

이러한 철권을 휘두르고 있던 사담 후세인의 권력을 한마디로 잘 표현해 주는 것이 바로 이라크 각지에 세워진 72개에 이르는 대통령 궁이다. 하나하나가 엄청난 규모와 사치를 자랑하는 이 궁에서 훗날 후세인이 체포되고 나서 엄청난 달러 뭉치가 발견되었다고 한다. 실제로 후세인의 가족들과 친척들은 사치스럽기가 혀를 내두를 정도였다고 한다. 그

후세인의 은닉 재산 중 일부

의 배다른 형제의 집 한 곳에는 비밀스러운 장소에 숨겨 둔 돈이 천장까지 쌓여 있었다고 하며, 수많은 골동품들도 쏟아져 나왔다고 한다. 또한 그의 부인이었던 사지다는 이란 · 이라크 전쟁이 한창 중일 때 영국이나 미국 등지의 호화 백화점을 드나들며 수백만 달러어치의 쇼핑을 한 것으로 유명했다. 이처럼 잔인한 통치자 후세인 주변에는 또 다른 부패가 만연하고 있었던 것이다.

미국과의 두 차례 전쟁과 후세인의 최후

후세인이 일으킨 전쟁은 크게 이란 · 이라크 전쟁과 걸프전을 들 수 있다. 그중 1980년에 벌어진 이란 · 이라크 전쟁은 그야말로 수

니파의 후세인과 시아파의 대표자 호메이니의 싸움이라고 할 수 있을 것이다. 쟁쟁한 이 두 독재자는 이후 8여 년간에 걸쳐 치열한 전투를 벌이지만 서로 유혈만 낭자한 채 끝을 맺고 만다. 이 전쟁으로 36만여 명이 사망한 것으로 전해지며 그 손실액은 자그마치 6천억 달한다고 한다.

그럼에도 불구하고 후세인은 자기가 승리자라고 떠들어 댔다. 하지만 이라크는 그야말로 폐허로 변해 버렸으며, 경제는 곤두박질친 상태로 국민들은 배고픔으로 죽어 가고 있었다.

그러나 후세인은 석유 문제를 핑계 삼아 1990년 쿠웨이트를 침공함으로써 또 다시 전쟁(걸프전)을 일으켰다. 이 전쟁에 UN 안보리에 의해 조직된 다국적군

걸프전쟁(Gulf War)
이라크의 쿠웨이트 침탈이 계기가 되었다. 1991년 1월 17일~2월 28일 미국 · 영국 · 프랑스 등 34개 다국적군이 이라크를 상대로 하여 이라크 · 쿠웨이트를 무대로 전개한 전쟁으로, 후세인은 원유 시장에 물량을 과잉 공급하여 유가를 하락시킨 쿠웨이트가 이라크 경제를 파탄에 몰아넣었다고 비난하며 쿠웨이트를 침공하였다.

이 파병되어 이라크를 철저히 파괴시켰다. 결국 후세인은 항복을 선언했고, 이라크 남부에서 시작된 시아파들의 반란은 북부 쿠르드족으로까지 이어졌다. 이제 이라크는 후세인의 통치권에서 과반수 이상이 떨어져 나간 셈이었다.

이때 미국이 후세인을 도와줌으로써 후세인은 다시 일어서게 된다. 반란군들이 미국에게 도움을 요청했으나 미국이 이를 거절한 것이다. ―미국은 시아파가 정권을 잡을 경우 친이란 정권이 될까봐 두려웠던 것이다.

결국 후세인은 다시 무참한 학살을 감행(이때 수십만 명이 죽었으며, 학살 내용은 앞에서 소개)함으로써 시아파의 반란을 진압하고 다시 권력의 중심으로 돌아왔다.

이후 근근이 정권을 유지해 가고 있던 후세인은 전혀 엉뚱한 곳에서 벌어진 사건 때문에 최후를 맞이하고 만다. 바로 미국의 중심부 무역센터 빌딩이 테러 공격에 의해 무너져 내린 것이다. 광분한 미국은 이를 핑계로 2002년 이라크를 침공했고, 이라크는 또다시 쑥대밭이 되고 말았다.

이번에야말로 미국의 부시 대통령은 후세인을 처단할 기세였다. 후세인은 지하로 숨어 도망쳤고, 미국은 거의 1년이 넘도록(2003년도 거의 저물어 갈 무렵까지) 후세인을 잡지 못해 또다시 후세인이 재개하는 것 아니냐는 의심이 생길 무렵이었다.

후세인은 자신의 고향인 티그리트 인근의 한 지하 땅굴에 숨어 잠을 자고 있었다. 그런데 이 사실을 쿠르드족의 한 전사가 간파하고는 미군에게 밀고해 버렸다. 곧 미군 특수 부대가 출동하였고, 약 2m 깊이의 땅굴에서 후세인은 체포

'사담 디나르' 지폐
후세인이 도안된 지폐는 사담 후세인 사형 집행 후 역사 속으로 사라지고 지금은 신권이 유통되고 있다.

___ "쏘지 말라. 나는 이라크 공화국의 사담 후세인 대통령이다." 발각된 후세인의 말이다. 고무장갑을 끼고 이를 잡으려는 듯 그 남자의 머리카락을 자세히 검사하고 혓바닥을 누르는 기구를 들이대자 그는 입을 벌렸다. 의사는 그의 목구멍 속 분홍색 속살을 들여다보고는 DNA 확인 작업을 위해 세포를 긁어 냈다. 그 다음 남자의 얼굴이 세계를 향해 똑바로 비쳐졌다. 초췌한 모습에 낙담한 눈빛, 약간은 혐오감을 드러내는 표정이었지만 영락없는 사담 후세인 전 이라크 대통령이었다.

되고 말았다. 이때 그의 모습은 너무나 수척하고 초췌한 상태에 수염까지 덥수룩해 미군조차 알아보기 힘들 정도였다고 한다. 이후 후세인은 2006년 재판에서 사형을 선고받고 그해 12월 30일 처형됨으로써 그 파란만장한 삶을 끝낸 것으로 알려져 있다.

이라크 국영 TV에 의해 방송된 후세인 처형 모습

가짜 후세인이 있었다

철권을 휘두르는 독재자 뒤에는 늘 암살이 도사리고 있다. 히틀러도 그러했고, 후세인도 예외는 아니었다.

1993년경 후세인이 이라크 북쪽 지방인 디자일 시를 지나가고 있을 때였다. 갑자기 어떤 여자가 나타나 양의 피가 묻은 손을 들어 차를 세우려고 하는 것이 아닌가. 불길한 생각이 들었던 후세인은 서둘러 다른 차로 옮겨 탔고, 그 차는 폭파당하고 말았다. 만약 후세인이 계속 그 차를 타고 갔더라면 이때 후세인은 운명을 달리했을 것이다. 이에 광분한 후세인은 디자일 시에 탱크를 끌고 가 도시 전체를 초토화시켜 버렸다고 한다.

이처럼 늘 암살의 두려움에 시달려야 했던 후세인은 어느 날 기발한 아이디어를 생각해 낸다. 그것은 바로 '가짜 후세인'을 만들어 내는 것이었다. 실제로 이집트 일간지 『피라미드』에서는 가짜 후세인에 대한 기사를 보도한 적이 있다. 이 기사에 따르면 '미하일 라마단'이란 사람이 실제로 가짜 후세인 역할을 했다고 증언하고 있다. 그는 후세인을 닮았다는 이유만으로 지난 19년 동안 후세인의 대역^{代役}을 맡아 왔다는 것이다.

그는 바그다드 남부 카르발라 공립 학교의 평범한 교사였는데, 후세인을 똑같이 닮았다는 이유만으로 대통령 궁으로 끌려가 독일 의사에게 성형 수술을 받고 밀실에서 가짜 후세인 훈련을 1년간이나 받았다고 한다. 그리고 진짜 후세인을 대신해 아동 병원을 시찰하기도 하고 이란·이라크 전쟁 때에는 전선을 돌며 장병들을 격려하기도 했다. 또한 쿠르드 반군의 습격을 받아 생포되기도 했는데, 그 다음 날 진짜 후세인이 TV 화면에 등장함으로써 쿠르드족 전사들을 놀라게 했다고 한다. 이때 후세인은 그에게 100만 달러의 몸값을 지불하고 구해낼 정도로 귀중히 여겼다고 한다.

훗날 미국에 의한 후세인 체포 작전이 시행되었을 때도 미국은 이 가짜 후세인 때문에 골머리를 앓았다. 전문가들의 분석에 따르면 가짜 후세인은 비단 라마단뿐만이 아닌 것으로 판명되어 미국을 더욱 헷갈리게 하기도 했다. 자, 여러분이라면 다음 사진 중 누가 진짜 후세인인지 구별할 수 있겠는가?

가짜 후세인

진짜 후세인

가짜 후세인

The world of badguy

CHAPTER 06

동양의 악남

The world of badguy

始　　皇　　帝

잔혹한 폭군 진시황제. 현세인들이 찬탄해
마지않는 만리장성과 진시황릉은 모두 백성
들의 피와 눈물로 이루어진 결과물이었다.
수많은 백성을 죽음으로 몰고 간 그는 만년
을 불로장생약을 찾는 데 허비하기도 했다.

위대한 폭군

진시황제

인 간　진 시 황 제 의　참 모 습

　　　　중국 최초의 통일 제국을 건설한 진
시황제는 잔혹한 폭군으로 널리 알려져 있다. 만리에 걸쳐
쌓은 만리장성, 진시황릉의 병마용, 휘황찬란한 아방궁 모
두 백성들의 피와 눈물 위에 건설된 것이다. 동서양을 막론
하고 진시황제는 자신의 쾌락과 안위를 위해 수만 명의 목
숨쯤은 눈 깜짝하지 않고 학살하며, 제자백가의 책을 모두
불사르고, 죄 없는 유생들을 생매장한 무자비한 폭군으로
각인되어 있다.

　　　　그동안 우리는 사마천이 기록한 『사기』를 통해 폭군 진시

진시황제(秦始皇帝, B.C. 259~B.C. 210)
중국 최초의 중앙 집권적 통일 제국인 진(秦)
나라를 건설한 전제 군주로 강력한 부국강병
책으로 대외 정책에도 적극성을 보였다. 만리
장성을 건설하고 베트남 북부와 해남도를 정
복했으며 중앙 집권 정책 추진으로 법령의 정
비, 군현제 실시, 문자·도량형·화폐의 통일
등 재위 기간 동안 여러 업적을 남겼다. 반면
사상의 통일을 위해 분서갱유(焚書坑儒)를 단
행하고, 대규모 토목 공사에 국력을 낭비하며
불로장생의 선약을 구하는 등의 어리석음을
보이기도 했다.

황제를 만나 왔다. 사실 사마천의 『사기』는 진나라를 무너뜨린 한(漢) 왕조를 드높이기 위해 저술된 것이다. 그러니 진시황제의 모습이 좋게 그려져 있을 리 만무하다.

그러나 문화 대혁명기에 이르러 폭군 진시황제를 유능한 군주로 새롭게 평가하기 시작했다. 그의 법치 정치를 칭송하고 강력한 리더십에 주목했다. 그러나 이는 사실 진시황제를 중국 역사상 최고의 황제로 평가하면서 그에 빗대어 마오쩌둥을 칭송하려는 의도가 숨겨져 있었다.

이처럼 과대평가되기도 하고 폄하되기도 하면서 진시황제는 2천 년 넘게 우리 곁에 전설처럼 남아 있다.

만리장성(萬里長城)
역대 왕조들이 북방 민족의 침입을 막기 위해서 중국 본토의 북변과 몽골 사이에 세운 방어용 성벽이다. 지도상 길이가 2,700km, 중간 지선들까지 합치면 총 길이가 약 5,000~6,000km에 이르며 동쪽 산하이관에서 서쪽 자위관까지 동서로 길게 뻗어 있다. 이민족 침입 방어라는 군사적인 역할 외에 문화적으로 유목 문화와 농경 문화, 중원과 변방을 가르는 경계선의 역할도 하는 등 중국을 대표하는 명물임에 틀림없다.

항우는 진시황제를 처음 보면서 '저 자를 갈아 치워야겠다'고 결심한 반면, 항우와 함께 천하를 다투던 유방은 진시황제를 보고 '아! 대장부란 마땅히 그와 같아야 한다'고 다짐했다고 한다. 한 인물에 대한 평가가 어쩜 이리도 극과 극으로 대조되는지 참으로 놀라울 따름이다.

죽음이 두려운 나약한 인간이면서, 중국 대륙을 통일해 대제국을 건설한 위대한 황제이기도 한 진시황제. 인간으로 누릴 수 있는 가장 빛나고 화려한 지위인 황제, 그 자리에 오른 진시황제는 과연 행복했을까? 폭군 진시황제, 유능한 군주 진시황제로서가 아니라 인간 진시황제의 모습은 과연 어떠했을까? 2천 년 전으로 거슬러 올라가 역사의 그림자에 가려져 있는 인간 진시황제의 참 모습을 발견해 보자.

아 버 지 가   과 연   누 구 인 가 ?

진시황제는 기원전 259년 조나라 수도 한단에서 태어났다. 그는 진나라 왕족이면서 왜 조나라에서 태어났을까? 이것이 그의 불우했던 어린 시절을 단적으로 보여 주는 대목이다.

그의 아버지 자초는 그의 조부 진소왕의 20명도 넘는 왕자들 중 하나였다. 자초는 특별한 지혜도 별다른 재능도 갖추고 못했고 그렇다고 남달리 총애를 받지도 못했다. 그 결과 자초는 조나라의 신임을 얻기 위한 볼모로 이국 타향에 보내졌다.

'인류 최대의 토목 공사'라고 불리는 거대한 유적 만리장성 축조 모습

당시 중국은 전국 칠웅에 의해 분열되어 서로 각축을 벌이던 전국 시대였다. 이런 와중에 진나라와 조나라가 잠시 평화 협정을 맺어 자초가 볼모로 가게 된 것이었다. 자초에게는 가시방석에 앉은 것처럼 불안한 세월이었다. 만약 진나라와 조나라의 평화가 깨진다면 그의 목숨도 붙어 있지 못할 것이고, 두 나라의 평화가 오래 유지된다 해도 타향에서 객사해야 하는 것은 마찬가지일 터였다. 이래저래 암울한 상태였다.

그런 그에게 쨍하고 한줄기 햇살이 비친다. 바로 여불위의 등장이었다. 그는 정치에 뜻을 둔 거상이었다. 엄청난 재산을 모으긴 했지만 마음대로 정치판에 뛰어들어 정치를 할 순 없었다. 그런 그에게 별 볼일 없는 진나라 왕자 자초가 눈에 띄었다. 그는 언제 죽음을 당할지 아무도 모르는, 의지할 곳 하나 없는 불쌍한 자초를 진나라 왕으로 만들겠다는 결심을 세웠다. 자초의 비참한 처지를 이용해 엄청난 도박을 벌인 셈이다.

여불위는 곧바로 진나라의 태자 안국군의 애첩 정부인을 찾았다. 그녀는 자기 소생의 아들이 없었다. 여불위는 그녀에게 자초를 아들 삼고 태자를 이을 후계자로 삼는다면 안국군이 죽은 후에도 자초에게 의지하며 부귀영화를 누릴 수 있을 것이라 그녀를 설득했다.

여불위의 예상은 적중했다. 비록 천금의 돈을 다 써 가산은 탕진했지만 안국군의 뒤를 이어 자초가 후계자로 선정되었다.

그런데 여불위가 벌인 도박의 판이 커져 버리고 말았다. 여불위에게는 조희라는 몹시 사랑하는 첩이 있었다. 그녀는 아름답고 풍만한 육체와 뛰어난 가무 실력을 갖춰 화류계에서 알아주는 유명한 기녀였다.

어느 날 여불위와 술을 마시던 자초는 그녀의 미색을 보고 한눈에 반해 그녀를 자신의 부인으로 삼겠다고 말한다. 여불위는 속으로 천불이 났지만 자신의 정치적 야망을 위해 한낱 사랑의 감정 따위는 버려야 했다.

여기서 진시황의 출생의 비밀이 시작된다. 조희가 자초에게 가기 전 그녀는 여불위에게 그의 아이를 잉태했음을 털어놓았다고 한다. 결국 진시황의 생부는 자초가 아닌 여불위가 되는 것이다.

여불위가 진시황의 생부인지 아닌지는 영원한 역사의 수수께끼로 남았지만 자초와 조희 사이에서 태어난 어린 영정에게는 불편한 현실이었을 것이다.

추 한 얼 굴 콤 플 렉 스

영정(진시황제의 이름)은 매우 예민하고 섬세한 감정을 지닌 아이였다. 남의 말하기 좋아하는 궁녀들은 궁궐 내에서 삼삼오오 모여 은밀한 이야기를 주고받으며 소곤거리고 있었다. 그때 영정이 나타나면 모두들 화들짝 놀라 입을 가리고 도망쳐 버리기 일쑤였다. 그는 자신의 못생긴 얼굴을 보고 놀리는 거라고 생각했다.

그는 부모를 닮지도 않았고 생부인 여불위를 닮지도 않았다.

『사기』에서는 코가 높고 눈이 길며 가슴이 매처럼 튀어나왔으며 목소리는 승냥이 같다고 표현하고 있다.

실제로 그는 무척 추한 얼굴이었던 것 같다. 그가 태어났을 때 주위 모든 사람들이 그의 커다란 입을 보고는 놀라서 입을 다물지 못했다고 한다. 그의 커다란 입은 관상학 측면에서 '먹는 상'이라 알려져 있는데, 그는 실제로 중국 대륙을 통째로 집어삼키고 호령했으니 무엇이든 잡아먹을 것 같은 관상이야말로 그의 야망에 딱 어울린다 하겠다.

매부리코에 말의 눈, 툭 튀어나온 눈알. 영정은 지독히도 못생긴 아이였다. 그 정도가 심해 해괴망측한 유언비어까지 떠돌아다녔다. 사실은 이 아이가 인간이 아니라 신령이나 요물이 사람의 형상으로 나타난 것일지도 모른다는 것이었다.

사람들의 환심을 살 수 없는 추한 외모로 어린 영정은 사랑받지 못하고 자랐고, 오랫동안 궁중에서 외로운 세월을 견뎌 내야만 했다.

중국의 역사학자 궈모뤄는 『십비판서』에서 영정의 외모를 전형적인 연골증 환자로 진단했다. 연골증 환자는 뼈의 발달이 고르지 않고 가슴 모양이나 코의 형태가 모두 비정상적이며 기관지염이나 합병증을 갖고 있다고 한다. 이를 통해 그가 연골증 환자 즉 곱사등이였음을 추측할 수 있다. 그렇다면 그는 왜 연골증 환자가 되었을까? 그는 어릴 적 영양실조에 걸렸던 것으로 보인다. 실제로 그의 모친은 아들을 제대로 돌보지 않고 자신의 육체적 쾌락에만 몰두해 있었다고 한다. 어미의 사랑을 제대로 받지 못한 영정은 신체 발육에 문제가 생겼

_ 궈모뤄(郭沫若, 1892~1978)
중국의 시인이자 극작가 겸 사학자. 갑골문·금석문 연구에 힘썼으며 『중국 고대사회 연구』, 『십시비판』을 저술한 인물로, 낭만주의 문학 단체인 창조사를 결성하고, 국민 혁명군의 북벌에도 참가했다. 주요 저서로 『중국 고대 사회 연구』, 『여신(女神)』 등이 있다.

고 이로 인해 당연히 정신도 건전하지 못했을 거라는 사실은 불 보는 뻔한 일이다. 어린 영정은 점점 소외감을 느끼고 우울증에 빠져 혼자만의 고독 속에서 지내게 되었다.

음 탕 한   어 미 를   유 폐 하 다

진소왕에 이어 안국군이 왕이 되었으나 일 년도 되지 않아 죽고, 영정의 아버지 자초가 그 뒤를 이었지만 자초도 3년 만에 병으로 죽었다.

결국 기원전 247년 영정은 13살의 나이로 진나라 왕이 되었다. 조나라에서 볼모살이하던 때에 비하면 상상할 수도 없는 권력을 손에 넣은 셈이지만 아직 영정은 어렸고 여불위의 그늘에 가려 드러나지 않았다.

조희
진시황제의 생모로 조(趙)나라 무희 출신이다. 자초와의 사이에서 진시황제가 태어난 것으로 되어 있으나 실은 여불위가 친아버지라 한다.

여불위는 그토록 바라던 진나라의 승상이 되어 어린 영정 뒤에서 무소불위의 권력을 틀어쥐고 마음껏 쥐락펴락했다. 그는 10만 호의 조세를 식읍으로 받았으므로 리스크 있는 투자이긴 했지만 그의 미래를 위한 투자는 대성공이었다. 그가 들인 것보다 몇 백 배의 이윤을 남겼으니 말이다. 그러나 회수하지 못한 게 하나 있었다. 바로 조희였다.

하지만 다행히 자초가 일찍 죽었고 여불위와 조희는 전과 다름없이 애인 사이가 되어 궁궐 안에서 은밀한 정을 나누었다.

조희와의 육체적 쾌락에 빠져 지내던 여불위는 어느날 갑자기 두려운 마음이 들었다. 어린 왕이 자신에게 보복이나 하지 않을까 걱정이었다. 그런데도 음탕하기 그지없는 조희는 밤마다 여불위의 품으로 찾아왔다. 그는 할 수 없이 그녀에게 성적 노리개를 붙여 줘야겠다고 결심한다. 그는 수소문 끝에 커다란 남근을 가진 정력적인 남성 노애를 찾아냈다. 그러고는 그를 거짓으로 궁형(남성의 생식기를 자르는 고대의 형벌)에 처해진 죄인으로 위장하고, 그의 수염과 눈썹을 뽑아 버린 뒤 환관으로 들여보내 조희의 시중을 들게 했다.

그녀는 여불위의 선물을 무척 마음에 들어했다. 그리고 노애를 매우 총애해 상도 후하게 내렸다. 조희를 등에 업은 노애의 권세는 날로 커졌다. 『사기』에 따르면 그의 집에는 일하는 하인들이 수천 명에 달했다고 한다. 조희는 노애의 아이를 두 명이나 낳아 길렀다.

노애는 갈수록 오만방자해졌다. 결국 술김에 태후의 정부임을 털어놓게 되었고 이것이 왕의 귀에 들어갈 것을 두려워해 노애는 난을 일으키기까지 했다.

노애의 난을 평정하는 진시황제
모후 조희의 정부 노애와 동생들을 죽이고, 모후를 유폐하고, 이를 비난하는 27명의 대신들을 참형하는 등 잔혹함을 보여 줬다.

그때 영정은 이미 22세가 되어 있었다. 그는 세상에 자신의 존재를 드러내고 싶었고 드디어 숨겨진 진면목을 발휘하게 된다.

그는 우선 노애를 잡아 수레에 묶어 찢어 죽이고, 조희와 노애 사이에서 태어난 어린 두 동생을 자루에 넣어 때려 죽였다. 그리고 어머니 조희를 옹성의 궁전에 유폐하였다.

신하들이 태후인 조희를 유폐한 것을 비난하자 그는 "태후의 일을 비난하는 자는 처형하라"고 명령해 27명의 대신들이 참형을 당했다고 한다.

궁궐을 휩쓴 피바람은 여기서 그치지 않았다. 그는 이번 사건의 배후라는 이유로 여불위에게 자결할 것을 명령했다.

여불위까지 제거하자 강력한 권력과 위세가 비로소 그의 손아귀에 들어왔다. 그리고 그가 보여 준 피비린내 나는 잔혹함은 모두를 그 앞에 무릎 꿇게 만들었다.

천 하 통 일 을 이 루 다

여불위와 노애, 양대 정치 세력을 제거해 진나라를 평정한 진시황은 여전히 굶주려 있었다. 그의 호랑이 입은 중국 통일의 대위업을 달성하기 전까지는 만족을 모르는 모양이었다.

멸시받고 사랑받지 못하고 자란 그에게 세상은 증오의 대상이고 인생은 냉혹한 전쟁이었는지 모른다. 그는 잠재된 욕망과 불타는 원한을 가슴에 품고 통일을 위한 전쟁을 시작했다.

그는 비밀리에 모사를 파견해 금과 옥으로 제후들을 설득했다. 재물로 유혹할 수 있는 자는 많은 재물을 보내 매수했고, 재물이 통하지 않는 자는 날카로운 칼로 암살했다. 먼저 이러한 군신 간의 이간계를 이용한 다음 계속하여 훌륭한 장수를 보내 공격하게 했다.

진시황 때의 진나라 영토와 순행도
천하를 통일(B.C. 221년)한 진시황은 새로 넓힌 영토를 중심으로 5차에 걸쳐 대대적인 순시에 나서는데 이를 '순행' 혹은 '순수' 라 했다. 1차는 220년 서북 지방, 2차는 219년 동방 및 남방 지방, 3차는 218년 동방 지방, 4차는 215년 동북 지방, 5차는 210년 남방 지방이었다.

도로 정비와 수레바퀴의 규격 동일화를 시도하였다.

그는 통일이라는 목표를 위해서는 매수, 암살, 이간 등 수단과 방법을 가리지 않는 인물이었다.

결국 한나라, 조나라, 연나라, 위나라, 초나라, 제나라를 차례로 멸망시키고 중국 최초의 통일 제국을 이룩했다. 영토 면적이 300만 km²에 달하는 중국 역사상 가장 강대한 통일 왕조인 진 왕조를 건설한 것이다.

놀랍게도 그의 통일 사업은 불과 10년 만에 이룩된 것이었다. 평균 2년에 한 나라씩 정복했다고 볼 수 있다.

만일 진시황제가 천하를 통일하지 않았다면 중국은 현재의 유럽처럼 여러 나라로 나뉘어져 있을지도 모른다고 역사가들은 예상한다.

통일의 대업을 달성한 그는 중앙 집권적 전제정치를 시작했다. 우선 그는 황제라는 존호를 최초로 제정하고 2세(二世), 3세(三世), 만세(萬世)까지 계속되기를 바라는 마음에서 스스로 황제의 시조 '시황제' 라 칭했다.

불행히도 진나라 황제는 2세까지밖에 지속되지 못했지만 중국 역대 통치자들은 2천여 년 동안 '황제' 라는 칭호를 사용했다.

사실 그는 무수한 '최초'를 남겨 놓았다. 그는 최초로 중국을 통일하였고, 최초로 통일된 정부의 통합 관리 체제를 만들었으며, 최초로 문자를 통일하는 작업을 단행했고, 최초로 도량형을 통일했고, 수레의 바퀴 폭까지 통일했다.

그러나 무슨 일이든 과유불급인 법, 위대한 창조자 진시황제는 사상의 통일까지 꾀하려다 '분서갱유'라는 치명적인 오점을 남기게 된다.

그는 460여 명의 선비를 산 채로 매장하여 반대 목소리를 낼 수 있는 지식인들을 단숨에 제거했다. 그리고 농업 등 실용적인 목적을 지닌 책을 제외하고 거의 모든 책을 불살랐다.

역산각석 문자
한족이 아닌 이민족이 껴서 아직 한자로 통일 되지 않은 여러 문자가 난무하는 가운데 통일을 이룬 진시황이 통치의 편리성 도모를 위해 문자의 통일을 이뤘다.

분서갱유(焚書坑儒)를 그린 〈갱유도〉
진나라의 승상 이사(李斯)가 주장한 탄압책으로 실용서적을 제외한 모든 사상 서적을 불태우고 460여 명의 유학자를 생매장한 일은 진시황제의 극단적인 면모를 보여 준다.

진 나 라 산 에 는 나 무 가 없 다

그는 저울 돌로 결재 서류의 무게를 달아 밤낮으로 결제해야 할 양을 정해 놓고 그것을 모두 처리하기 전에는 쉬지 않았다고 한다. 하루 정해진 양이 무려 1석(약 30kg)이나 되었다고 하며 잠을 자지 않고 일을 할 정도로 그는 열정적이고 유능한 군주였다. 그러나 중국의 대제국을 한 손으로 주무르게 되면서 그는 점점 폭군으로 변해 갔다. 그는 어린 날의 상처를 보상받으려는 듯 자신의 숙원 사업을 하나씩 시작했다.

그는 13살의 나이로 즉위할 때부터 자기가 죽어서 들어갈 묏자리를 파고 있었다. 시황릉은 높이가 116m, 사방이 600m에 달하는 엄청난 규모로 무려 70만여 명의 죄수가 동원되어 공사를 했다. 무덤 내부는 각종 진귀한 보물로 가득 채웠고, 수은으로 황허 강과 양쯔 강을 본떠 계속 흐르게 했고, 천장에는 진주로 장식하고 고래 기름으로 초를 만들

___ 진시황릉(秦始皇陵)
중국 산시성 시안에 있는 동서 485m, 남북 515m, 높이 약 76m의 구릉형 묘지로 개인을 위한 묘로서는 세계 최대의 크기로 39년에 걸쳐 만들어졌다. 특히 능원 동문 밖의 거대한 병마용 갱은 세계적인 관심거리가 되었고, 능원 밖에서 발견된 100여 개의 형도묘는 건설 당시의 가혹한 강제 노역의 실상을 짐작하게 한다. 1987년 유네스코 세계문화유산으로 지정되었다.

병마용 갱 내부
세계의 8대 경이 중의 하나로 꼽히기도 하는 이 병마용들은 하나하나가 모두 훌륭한 예술품으로 평가되고 있으며, 총 4개의 갱이 발견되었으나 아직까지도 계속 발굴 중이다.

어 조명 시설도 해 놓았다. 또한 내부에는 활을 설치하여 도굴자가 침입할 때 즉시 자동 발사될 수 있게 만들었다. 특히 진시황제를 모시는 시중과 신하 그리고 호위병과 군마 등 수만 개의 병마용을 배치해 놓았다. 그중에는 산 채로 끓는 구리물을 뒤집어 씌워 만든 것도 있었다고 한다.

무리한 토목 공사는 대규모 궁궐 건축으로 이어졌다. '아방궁'으로 잘 알려진 궁궐은 기록에 따르면 118km나 되는 땅에 걸쳐 지어졌고, 다섯 걸음에 누각이 하나요, 열 걸음에 고각이 하나씩이었다고 한다. 아방궁의 규모는 10만 명을 수용할 수 있었다고 한다. 진시황제는 전국 6국을 멸망시키고 6국의 빈과 후궁, 소문난 미녀를 모아 아방궁에는 1만 명이 넘는 후궁이 있었다. 날마다 다른 후궁과 잠자리에 들었지만 진시황제의 얼굴조차 보지 못한 궁녀가 부지기수였다.

그러나 진시황제는 다른 황제와 달리 색에 빠지지 않았다. 섹스 스캔들조차 하나 없다. 그래서 동성애자라는 소문도 있었지만 그보다는 어릴 적 색에 빠진 어미 밑에서 자란 탓이 클 것이다. 아방궁을 지은 이유도 자신의 향락보다는 하늘보다 높아지려는 지나친 욕망의 표현이라고 보여진다.

실제 1만 2천 7백 리(2,700km)에 이르는 만리장성은 그야말로 백성들의 피와

청나라 원요의 〈아방궁도〉

진시황제가 함양과 위수 근처 아방촌(阿房村)에 세운 대규모 황궁인 아방궁(阿房宮)은 전하는 바에 따르면 크고 작은 방만 700여 곳에 이르고, 같은 하늘 아래에 있다 뿐이지 각각의 방의 기후가 달랐다고 한다. 생전에는 주변의 나라에서 가져온 보석과 미녀들을 궁내에 보관해 두었고 매일 돌아가며 하루씩 각각의 방에 머물렀는데, 죽을 때까지도 다 마치지 못했다고 한다. 그러나 진나라가 서서히 기울고 항우에 의해 멸망하면서 아방궁도 불탔는데 그 불길이 3개월간이나 꺼지지 않았다고 한다. 현재는 흙으로 쌓은 궁전 기초 부분과 축구장 126개 넓이라는 전궁(前宮)의 흔적만 남았다.

땀으로 지어졌다. 들어가면 죽어서야 나올 수 있었다고 한다.

　　이러한 토목 사업은 과다한 세금을 징수하게 되어 통일 후 세 부담이 무려 20배나 늘었다고 한다. 사마천의 『사기』에 따르면, 진나라 시대 산에 나무가 없다는 기록만으로도 토목 공사에 사용한 나무가 어느 정도였는지 충분히 짐작할 수 있겠다. 대규모 토목 공사는 진나라를 소리 없이 멸망으로 이끌고 있었다.

수은 중독으로 비참한 최후를 맞이하다

그가 진나라 황제로 통치한 기간은 30년이 채 되지 않는다. 그는 이 짧은 기간 동안 잔인한 군주로서, 유능한 군주로서 수많은 일들을 해낸 것이다. 기원전 227년 33세 진시황제에게 뜻밖의 일이 벌어졌다. 비록 미수에 그치긴 했지만 형가라는 자객에 의해 암살당한 뻔한 것이다. 이 일로 그는 심한 심적 불안정 상태에 이르게 된다. 만인의 위에 서 있지만 죽음 앞에서는 만인과 다를 바가 없다는 현실을 직시하게 된 것이다.

　　하지만 그냥 그대로 죽음이 오기

형가가 진시황을 시해하는 장면을 그린 그림

를 기다릴 수만은 없었다. 그는 영원불멸하는 신선이 되고자 했다. 결국 그는 서시라는 자에게 어린 소년·소녀 3천 명과 보물을 실은 배를 주고 동해에 있다는 신선이 사는 섬에 가서 불로장생의 약초를 구해 오도록 명령했다. 그러나 서시 일행은 끝내 영약을 구하지 못하고 일본으로 도망가 버렸다.

진시황제는 그래도 불로초를 포기할 수 없었다. 할 수 없이 그의 주치의들은 그에게 '수은'을 처방했다. 수은은 소량 섭취시 일시적으로 피부가 팽팽해졌다. 진시황제는 수은을 불로장생약으로 철썩 같이 믿었다.

그는 전국의 수은을 모아 수은으로 연못을 만들어 놓고, 수은을 먹고, 얼굴에 발랐다. 결국 진시황제는 수은 중독으로 코가 썩고 정신도 혼미해져 사리 분별을 할 수 없는 지경에 이르게 되어 안타까운 죽음을 맞이한다. 불로장생약으로 알고 있던 수은이 오히려 그의 건강한 육체

불로장생의 선약을 구하기 위해 떠나는 서시 일행의 항해 모습
그러나 불로초는 구하지 못하고 일본으로 도망치고 만다.

순행 전 호위군단을 사열하는 진시황

를 병들게 한 것이다.

기원전 210년 50세가 된 진시황제는 황제로서 다섯 번째이자, 그의 삶의 마지막 순행을 시작했다. 순행은 명산대첩을 유람하는 것을 뜻한다. 워낙 성대하고 화려한 것을 좋아하던 진시황제의 순행은 그 규모가 엄청나 하늘을 울리고 땅을 진동시켰다. 그러나 그는 형가의 습격을 받은 이후로는 항상 수레를 다섯 대나 준비시키고 그중 한 대에 올라 만일의 사태에 대비했다.

이번 순행에는 승상 이사, 환관 조고와 각별히 귀여워하는 작은 아들 호해와 함께했다.

그러나 평원진에 이르러 수은 중독으로 노쇠해진 진시황은 그만 쓰러지고 말았다. 죽음의 그림자가 다가오자 그는 모든 것을 체념하고 장남 부소에게 편지를 썼다. 자신의 뜻을 여러 번 반대해 멀리 북쪽으로 쫓아낸 아들이지만 믿을 만한 건 그래도 장남뿐이었다. 그러나 너무 늦었다. 진시황제는 그 편지를 사자에게 보내기도 전에 수레 안에서 눈을 감았다. 천하의 그도 죽음을 이길 수는 없었다.

그러자 황제의 편지와 옥새를 손에 쥔 환관 조고는 눈빛이 달라졌다. 진시황제의 죽음은 일체 비밀에 부쳐졌다. 오직 이사, 조고, 호해만 알고 있었다. 셋은 진시황제의 시신을 한쪽으로 밀어 놓고 권력을 찬탈하기 위한 음모를 꾸몄다. 우선 장남 부소에게 자결을 명하는 조서와 둘째 호해에게 황제 자리를 물려준다는 조서를 거짓으로 꾸며 일을 도모했다.

그러는 동안 진시황제의 시신은 썩어 냄새가 진동했다. 그러자 환관 조고는 절인 생선을 진시황의 수레에 넣어 썩는 냄새를 감추었다고 전한다. 진시황의 거짓 순행은 그렇게 계속되었다. 평상시와 마찬가지로 신하가 정사를 아뢰고

수라상도 올려졌다.

중국 통일의 위대한 업적을 이룩한 진시황제는 그렇게 쓸쓸하게 죽어 갔고, 만세까지 영원하리라던 그의 바람은 허무하게 2대로 끝나 버리고 만다.

진시황릉 병마용 3호갱 입구의 모습

漢　武　帝　　劉　徹

1만 8천 명의 후궁을 거느린 한 무제. 중국의 최고 전성기를 이끈 위대한 황제였던 그는 한편으로는 재정을 낭비해 국가를 파탄 지경으로 몰고 갔으며, 중국의 온갖 아리따운 여인들을 탐한 색남이었다.

중국 역사상 가장 위대한 황제

한 무제

기원전 100여 년경 당시 중국 역
사상 가장 넓은 영토를 만들었으며, 한반도의 고조선(정확히
위만조선)까지 멸망시키며 '한사군(낙랑·임둔·진번·현도)'을 설
치했던 중국의 황제가 있었다. 이때 당시 한나라의 위세는
영국의 역사가 비르스가 쓴 『세계사강』에 아주 잘 나타나 있
다. 그의 기록에 의하면 당시 한나라에 견줄 만한 국가로는
유럽의 로마 제국 정도밖에 없었다고 한다. 그만큼 당시의
한나라는 세계 무대에서도 중심 국가 중의 중심 국가였다.

이러한 한나라의 최고 전성기를 이끈 영웅은 다름 아닌

한 무제 유철(漢武帝 劉徹, B.C. 156~87)
전한의 제7대 효무황제(孝武皇帝)로 16살 어
린 나이로 등극했다. 중앙 집권에 힘쓰고 오
경박사를 두어 유학에 중점을 두었으며, 중앙
아시아를 통해 동서 교섭을 활발히 추진하였
다. 고조선을 침공하는 등 중국 역사상 가장
넓은 영토를 확보해 최고 전성기를 누렸다.

'한 무제(漢武帝)'이다. 그는 정복 황제로도 유명했지만 수많은 절세미인들을 가슴에 품었던 황제로도 유명하며, 그가 거느린 후궁만 해도 1만 8천여 명에 이를 정도였다고 하니 가히 입이 다물어지지 않는다. 『구당서 식화지』에 의하면 한 무제는 '3일 동안 먹지 않고 살 수는 있어도, 여인 없이는 단 하루도 살 수 없다'고 말했다고 한다.

이러한 그가 한나라를 지배하면서 황제 자리에 있었던 54년 동안 저지른 악행 또한 대단해서 그의 직계 가족은 물론 신하들을 포함한 수많은 사람들이 처형당하거나 죽어 가야 했다. 그럼에도 불구하고 중국 사람들은 그를 진시황제, 강희제(청나라의 황제)와 더불어 중국 역사상 가장 위대했던 황제로 손꼽고 있다. 이제 이 대단했던 한 무제를 만나기 위해 기원전 1세기의 그때로 들어가 보도록 하자.

무제의 본명은 유철(劉徹)로서, 그는 아버지였던 경제의 아홉 번째 아들에 불과했다. 이러한 그가 어떻게 한나라의 황제가 될 수 있었을까? 이것은 기상천외의 파란만장한 삶을 살았던 그의 어머니 왕미인(王美人, 본명은 왕질)의 숨은 계략이 있었기 때문에 가능했다.

왕미인의 '미인'은 당시 갓 입궁한 양가집 규수들을 부를 때 사용하던 호칭이었다. 무제의 어머니 왕질도 경제의 후궁으로 입궁하여 왕미인이라 불리게 된 것이었다. 그런데 문제는 왕미인이 입궁할 당시 그녀는 처녀가 아니었을 뿐만 아니라 아이까지 둔 유부녀였다는 사실이다. 왜 그녀는 엄연히 남편과 아이까지 있었는데도 불구하고 후궁의 자리를 노린 것일까?

그것은 부귀영화와 권세를 누리고자 하는 그녀의 야망 때문이었다. 그 야망 앞에서는 남편도 자식도 소용없었다. 미모로만 따지자면 어느 누구에게도 뒤지지 않을 만큼 출중하고 아름다운 자태를 가진 그녀였기에 후궁으로 뽑히는 것도 자신 있었다.

결국 그녀는 비정하게 남편과 자식을 버리고 궁으로 들어가 경제의 후궁이 되었다. 그리고 경제와의 사이에서 아들 무제를 낳았다. 그러나 위로 왕자들이 즐비했기에 무제가 태자로 책봉된다는 것은 거의 불가능해 보였다. 그러나 그녀의 야욕은 불가능도 가능하게 만드는 재주가 있었나 보다.

당시 경제는 장남이었던 영(榮)을 황태자에 책봉한 상태였다. 영은 경제의 후궁이었던 율희(栗姬)의 아들이다. 이에 율희는 후궁의 지위에서 곧 황후가 될 꿈에 부풀어 있었다. 모든 것이 순조롭게 진행되는 것처럼 보이는 이때 갑자기 왕미인에게 기회가 찾아왔다.

경제의 누이였던 관도장 공주가 자신의 딸 아교의 출세를 위해 율희에게 접근한 것이다. 관도장 공주는 황태자와 자신의 딸 아교를 혼인시키자고 제안했다. 그러나 율희는 관도장 공주를 아주 싫어했다. 왜냐하면 그녀는 많은 여인들을 경제의 후궁으로 보낸 장본인이기 때문이었다. 질투의 화신이었던 율희가 이런 관도장 공주를 좋아할 리 만무했다. 자존심이 센 율희는 일언지하에 거절해 버린다. 이에 관도장 공주도 천한 것이 무례하다며 갈가리 날뛰었다.

이런 절호의 기회를 놓칠 왕미인이 아니었다. 왕미

진아교(陳阿嬌)

무제가 "아교가 나의 아내가 된다면, 마땅히 금으로 만든 집에다 그녀를 모셔 놓을 것입니다.(若得阿嬌作婦, 當作金屋貯之也)"라고 하여 맞이한 정비로, 훌륭한 집에 미인을 감춰 둔다는 '금옥장교(金屋藏嬌)'라는 고사는 아교로부터 비롯되었다.

인은 관도장 공주를 달래주는 척하며 접근했다. 그리고 그녀의 마음을 사로잡는 데 성공한다. 결국 두 사람은 서로 사돈을 맺기로 언약하고 무제와 아교를 혼인 시키는 데 성공한다. 그리고 곧 무제를 황태자로 만들기 위한 작전에 돌입한다.

관도장 공주는 율희를 모함하기 위해 경제에게 가서 율희에 대한 온갖 이간질을 했다. 이에 경제도 슬슬 율희를 의심하기에 이른다. 하루는 경제가 율희의 마음을 떠보기 위해 이렇게 말했다.

"너는 내가 죽더라도 나의 모든 자식들에게 다 잘 해 줄 수 있겠느냐?"

사실 이 질문은 마음에 없더라도 그냥 "예"라고 대답하면 조용히 넘어갈 수 있는 성격의 질문이었다. 그러나 어리석고 고지식했던 율희는 "제가 낳지 않은 자식들까지 제가 왜 잘해 줘야 하지요"라고 대답하는 우를 범한다. 이 일을 계기로 경제는 그렇지 않아도 온갖 질투로 자신을 괴롭혔던 율희에 대한 마음이 완전히 떠나고 만다. 이후로 왕미인의 계략에 속아 경제는 황태자까지 폐위시키고 급기야 율희마저 쫓아내 버린다.

이렇게 하여 자리가 비게 된 황태자 자리는 당연히 무제의 차지가 되었다. 무제는 이런 과정을 거쳐 한나라의 제7대 황제의 자리에 올랐던 것이다.

한 무 제 의 여 인 들

경제가 죽고 황태자였던 무제가 황제의 자리에 올랐다. 자연히 관도장 공주의 딸 아교는 황후가 되었다. 사실 이 두 사람은 고종사촌 남매 사이로 지금의 시각으로 보면 엄연히 근친상간에 해당한다. 그러나 당시에는 아직 근친상간을 금하는 법이 없던 시절이었기에 두 사람의 혼인이 가능했다.

무제는 처음에는 아교를 끔찍이 사랑했다. 그러나 아교는 엄마를 닮아 거만하고 질투심이 많은 여인이었다. 그래서 무제가 조금이라도 다른 여인을 품는 것을 두 눈 뜨고 보지 못했다. 그러나 무제가 누구인가. 대 한나라의 황제가 아닌가. 자신이 마음에 드는 여인이 있으면 누구든 품을 수 있는 권력을 가지고 있는 그였다. 따라서 사사건건 따지고 드는 아교의 이런 행동은 무제에게 거추장스럽게 여겨질 뿐이었다. 게다가 아교는 무엇보다 아이를 가지지 못했다. 이는 무제의 마음을 그녀로부터 떠나게 하기에 충분한 이유가 되었다.

그럴 즈음 무제의 누이였던 평양 공주(平陽公主)가 무제에게 접근해 온다. 평양 공주는 집안에 가무단을 둘 정도로 유희를 즐기는 데 일가견이 있는 여인이었다. 그녀는 어느 날 무제를 자기 집에 초대하여 연회를 베풀었다. 그리고 거기에서 위자부(衛子夫)라는 기생을 무제에게 소개해 주었다. 위자부는 평양 공주의 시중을 드는 미천한 신분에 불과한 여자였다. 그럼에도 불구하고 무제는 위자부의 아름다움에 한눈에 반하고 만다. 이날 무제는 위자부의 교태에 빠져 거의 제정신을 차리지 못한 것 같다. 전해지는 바에 의하면 바로 이날 무제는 이성을 잃고 위자부의 몸을 덮쳤다고 한다. 물론 이 사실을 알아차린 평양 공주는 무제에게 위자부를 선물로 준다. 위자부는 이렇게 하여 당

__ 「한 무제 내전(漢武帝內傳)」
한나라 때 반고가 쓴 책으로, 그 내용 중에 "서왕모가 인간 세계를 내려다보다가 한 무제를 본 후 갖가지 신약을 소개해 주었는데, 그중 새우에 들어 있는 각종 기름도 있었다"라고 전할 만치 정력이 왕성한 황제로 유명한 한 무제는 후궁만 1만 8,000명에 달했는데, 수많은 여자를 만족시키기 위해 즐겨 먹은 음식 중의 하나가 새우였다. 특히 '인삼을 곁들여 요리한 새우'를 즐겨 먹었다고 한다.

__ 무사황후 위자부(武思皇后 衛子夫, ? ~ B.C. 91년)
한 무제의 두 번째 황후이다. 정비 진아교의 질투로 고생하던 중 한 무제에게 출궁시켜 달라고 울면서 간청하자 한 무제는 그녀를 더욱 가련히 여겼다. 결국 진아교의 폐출로 황후의 자리에 오른 위자부는 딸 3명과 아들 여태자를 두었다. 여태자의 거병이 실패하자 여태자와 며느리 사량제, 손자 유진과 도황후 내외는 자살하였고 위자부 또한 황후에서 폐출당해 사형되었다.

당히 무제의 후궁으로 궁궐에 입궁하게 되었다. 그리고 얼마 지나지 않아 임신까지 하였다.

한편 이 소문을 들은 아교는 거의 미칠 지경이었다. 그렇지 않아도 질투의 화신이었던 그녀였기에 위자부의 임신 소식은 그녀의 이성을 잃게 만들었다. 아교는 점쟁이를 불러 위자부를 제거하기 위한 부적을 만들고 무당을 불러 위자부를 저주하는 굿을 하는 등 미친 듯이 날뛰었다. 이를 보다 못한 무제는 결국 아교를 황후의 자리에서 폐위시켜 버린다. 그리고 위자부를 황후의 자리에 앉힌다. 위자부는 이렇게 하여 일개 노비의 신분에서 명문 귀족들만 차지할 수 있다는 한나라 국모의 자리에 오르게 된다. 당시가 철저한 계급 사회였던 것을 감안할 때 이는 대단한 '파격'이라 하지 않을 수 없다. 한편 졸지에 황후의 자리를 잃은 아교는 결국 화병으로 죽고 말았다고 한다.

중 국 의   최 전 성 기 를   이 끌 다

황제의 자리에 오른 무제는 정치적으로는 놀라운 업적들을 이루어 낸다. 그는 우선 진시황제가 했던 것처럼 왕권 강화를 위해 자신의 세력을 키우는 데 방해가 되는 이복형제들과 권력 주변의 귀족들을 하나하나 제거해 나갔다.

이렇게 하여 어느 정도 왕권을 안정시킨 무제는 한나라의 영토를 넓히기 위해 대규모 군사 원정을 감행한다. 가장 먼저 한나라 북방에 들끓어 백성들을 약탈하고 괴롭혔던 흉노족을 몰아내기 위해 기원전 129년부터 무려 10년 동안 아홉 차례나 원정을 실시했다. 그 결과 흉노족을 고비 사막(내몽골을 이루고 있는 사막) 이북으로 몰아내는 데 성공한다.

이때 무제가 북방의 흉노족을 몰아낸 데는 또 다른 이유가 있었다. 당시 월지국(月氏國)에 갔다 돌아온 장건(張騫)으로부터 서역에 대한 이야기를 듣고 서역에 대한 지대한 관심을 가지게 되었던 것이다. 이러한 서역과의 교통로(실크로드라 함)를 터기 위해서는 이곳을 장악하고 있는 흉노족을 몰아내야만 했던 것이다. 이렇게 하여 흉노족을 몰아냄으로써 비로소 실크로드가 뚫리게 되었고, 서역과의 무역이 시작되었다.

또한 남방으로는 기원전 111년에 광동(廣東)과 광서(廣西) 지방은 물론 베트남 북부까지 지배하고 있던 남월국(南越國, 지금의 광동과 복건 등지에서 조타가 세운 나라)을 멸망시켜 한나라의 영토를 넓혔다. 무제의 꿈은 여기에 그치지 않았다. 그는 동방으로도 손길을 뻗쳐 기원전 108년

장건의 서역사행도, 돈황석굴(618~712년 사이 그림, 막고굴 제323굴)
장건은 한 무제의 명령으로 여러 나라와 외교 교섭을 시도했다. 흉노가 두려워 대월지로 향할 때 비밀리에 이용한 상인들의 교역로가 점점 번성하고 교역의 규모가 커져 우리가 알고 있는 동서 교역로인 실크로드(Silk Road, 비단길)가 되었다. 장건의 여행과 오랜 기간(2번에 걸쳐 약 11년)의 포로 생활을 통해 서역의 여러 문화와 민족, 지리와 산물 등이 중국의 중심부로 전해지게 되었고 이를 계기로 최초의 대규모 동서양의 교역이 활성화되었다.

돈황석굴(막고굴 323굴)의 한 무제(8세기)

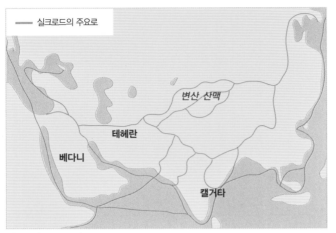

실크로드(Silk Road)
내륙 아시아를 횡단하는 고대 동서 통상로로 중국산 비단이 대표적 상품이었던 것에서 유래하는데 서방으로부터 보석·옥·직물 등의 산물이나 불교·이슬람교 등이 이 길을 통하여 동아시아에 전해졌다.

위만 조선(衛滿朝鮮, 위만이 집권한 이후 멸망할 때까지의 고조선을 칭함)을 쳐서 멸망시키고 그곳에 사군(四郡)을 설치했다. 이렇게 하여 한나라는 당시 세계 최고의 영토를 차지한 강국으로 떠오르게 되었다.

그러나 무제가 한나라의 영토를 최대로 확장했다고 해서 한나라가 마냥 태평성대만 누린 것은 아니었다. 사실 무제가 즉위할 당시만 해도 한나라의 재정 상태는 매우 좋았으나 무제가 일으킨 전쟁으로 인해 국가 재정의 많은 부분이 구멍이 나기 시작했다. 뿐만 아니라 자신의 권위를 과시하기 위한 온갖 토목 공사와 화려한 궁궐을 짓는 데 재정을 낭비하여 날이 갈수록 한나라의 재정 상황은 급속히 악화되었다.

이에 무제는 이것을 보충하기 위해 양민들로부터 무거운 세금을 걷고 강제로 재산을 몰수하는 정책을 써 백성들을 더욱 힘들게 하였다. 그럼에도 불구하고 무제는 민심에는 관심도 두지 않고 자신의 절대적 권위를 과시하는 데에만 혈안이 되어 있었다. 이에 더 이상 참지 못한 백성들은 드디어 봉기하기에까지 이르게 된다.

반 대 하 는 자 는 무 참 히 죽 여 버 린 다

세월이 흘러 그토록 아름다웠던
황후 위자부의 얼굴에도 탱탱함이 사라지고 주름이 지기
시작하자 무제는 슬슬 또 다른 아름다운 여인을 찾아 헤
매기 시작한다. 그리하여 수많은 여인들과 바람을 피웠는
데, 그중에 이부인(李夫人), 구익부인 조첩여(鉤翼夫人 趙捷子)
등과의 로맨스가 후세에 많이 알려져 있다.

한 무제비 이부인(漢武帝妃 李夫人)
선천적으로 몸이 약하여 왕자를 낳고 죽었다. 죽
음에 즈음하여 병상을 찾은 무제에게 끝내 자신
의 얼굴을 보여 주지 않고 이불로 얼굴을 가린
채 죽음을 맞았다고 한다. 화장하지 않은 맨 얼
굴을 낭군에게 보일 수 없다는 생각에서였다 하
니 대단한 사람이다.

　이부인은, 무제의 누이 평양 공주가 아름다운 여인을
갖고 싶어 끙끙 앓고 있는 무제의 모습을 보고 소개해 준
여자였다. 무제는 이부인의 맑고 청아한 모습에 반해 그
녀와 사랑을 나누었으나 몸이 약한 이부인은 얼마 지나지
않아 병으로 죽고 말았다. 그녀에게는 이연년(李蓮年)이라
는 오빠가 있었는데, 무제는 이부인을 생각해서 그를 잘 대해 주고 장군의 지
위에까지 오르게 해 주었다. 그러나 이연년은 흉노와의 전쟁에서 참패를 당하
고 만다.

　진노한 무제는 어떻게든 책임을 물어야 하는 상황이었다. 그러나 이때에도
이연년이 자기가 사랑했던 이부인의 오빠라는 사실 때문에 무제는 도리어 흉
노족에게 투항한 이릉(李陵) 장군에게 모든 책임을 뒤집어씌웠다. 사실 이릉 장
군은 억울했다. 자신이 흉노족에게 투항한 것은 이연년의 작전 실패로 적에게
포위당하면서 일어난 불가피한 일이었기 때문이었다. 이때 유명한 중국의 역
사가 사마천(司馬遷, 기원전 145~86년)이 무제에게 다음과 같이 아뢰었다.

사마천(司馬遷, ?B.C145~?B.C186)
인류 사상 최초로 중국 역사를 가전체로 상술한 위대한 사학자. 그의 생애는 한마디로 고난과 한의 삶이었다. 친구 이릉을 변호하다가 궁형을 당했고, 임안을 살리려다가 총애를 받던 한 무제에게 죽음을 당한 일화에서 그의 인간다운 면이 단적으로 드러난다. 그 억울함과 분노를 이기고 완성한 것이 만고의 명저 「사기」이다.

"폐하, 이릉 장군은 아무 죄가 없습니다. 이는 이연년의 작전 실패 때문에 일어난 일이옵니다."

그러나 무제가 사마천의 말을 곧이 들을 리 없었다. 무제는 사마천에게 남자로서 가장 치욕스러운 궁형(宮刑 : 생식기를 제거하는 형벌)의 엄벌을 내렸고, 이 일로 사마천은 고자가 되었다고 한다.

무제는 포악하여 승상(우리나라의 정승에 해당하는 최고 벼슬)에 오른 사람들마다 무참히 죽여 버리기로 유명했다. 그러던 어느 날 무제는 위 황후의 형부였던 공손하를 불러 승상을 맡아달라고 명령한다. 그때 공손하는 '나도 이제 죽었구나'라고 생각할 만큼 당시 무제는 잔인하게 신하들을 죽이기로 유명했다. 어쩔 수 없이 승상의 자리를 맡은 공손하는 불안 속에 세월을 보내게 된다.

문제는 공손하의 아들 경성에게서 터졌다. 그는 거만하고 부도덕하기로 소문난 문제아 중의 문제아였다. 급기야 나라의 큰돈을 훔치다가 걸려 투옥되기까지 했다.

공손하는 '이제 죽었구나'라고 생각하고 있었는데 마침 주안세(周安世)라는 대도둑이 나타나 한나라 전체를 휘젓고 다니는 일이 발생했다. 이에 공손하는 무제에게 주안세를 검거하는 조건으로 자신의 아들을 용서해 달라고 간청한다. 결국 주안세를 붙잡았으나 주안세는 보통 도둑이 아니었다. 그는 무제에게 다음과 같이 비밀을 폭로해 버린다.

"공손하의 아들과 양석 공주(위 황후의 딸)는 서로 불륜을 저지른 사이입니다. 그리고 공손하는 무당을 불러 황제 폐하를 저주하기까지 했습니다."

이후에 무제가 할 행동은 불을 보듯 뻔했다. 무제는 양석 공주는 물론 공손하 부자와 나머지 위씨 일족까지 모두 처형해 버렸다.

또한 무제는 황후 위자부와의 사이에서 난 황태자 유거를 못마땅하게 여기고 있었다. 유거(이하 황태자로 표기함)는 포악한 무제와는 반대로 온화한 성격의 소유자였다. 그래서 무제가 엄벌을 처하라고 지시한 죄인을 몰래 풀어주는 일을 하여 무제의 심기를 건드리기도 하였다.

이러한 무제와 황태자 사이에 강충(江充)이라는 신하가 있었는데, 그는 출세를 위해 어떤 일도 마다하지 않는 간신이었다. 마침 황태자의 스승이 황제만 다닐 수 있는 길을 걸어 갔다고 일러바쳐 무제로부터 큰 상을 받기도 했다.

이때 무제는 진노하여 황태자의 스승을 불러 코를 잘라 버리는 잔인함을 보여 주기도 했다. 황태자는 이런 강충에게 이를 갈았고, 복수할 날만을 기다리고 있었다.

이에 위기감을 느낀 강충은 계략을 꾸몄다. 그것은 위 황후와 황태자를 이간질하여 제거하려는 무서운 생각이었다.

당시 70세가 가까웠던 무제는 또 다른 첩에게 흠뻑 빠져 있었다. 그녀는 바로 구익부인 조첩여이다. 무제는 이 첩과의 사이에 불릉(弗陵, 후일의 소제)이라는 아들을 두었는데, 이 아이가 어미의 뱃속에서 14개월 만(24개월이라는 기록도 있음)에 나왔다고 하여 보통 인물이 아닐 것이라는 생각을 갖고 있었다. 무제는 불릉을 애지중지했으며, 종종 못마

_ 한 소제(漢昭帝, B.C. 94~74)
유불릉(劉弗陵) 한 소제는 무제(武帝)와 구익부인 조첩여의 아들로 어린 나이에 즉위하여 13년 동안 재위했는데, 그 통치 기간 동안 곽광의 정치적 보필을 받았다. 무제의 정책을 이어받아 둔전으로 주민을 이주시키고, 여러 차례 흉노와 오란을 공격했다.

_ 조첩여(? ~ B.C. 87)
무제의 후궁이며 소제의 생모이다. 태어나자마자 손을 꼭 움켜쥐고 있었는데 아무리 손을 펴려고 해도 말을 듣지 않았다가 무제가 와서 손을 펴 주니 손이 펴졌다는 믿거나 말거나 하는 전설이 있다. 아들 유불릉을 태자로 올리자마자 여태후의 독재와 일족의 폐해를 상기한 무제에 의해 죽었고, 후에 다시 무제에 의해 복권되었다.

땅하게 여기고 있는 유태자와 비교하곤 했다. 그리고 마음속으로는 어떻게 하면 유태자를 폐위시키고 불릉을 태자로 세울까 고민하기도 했다.

이런 무제에게 다가가 강충은 황태자와 위 황후가 역모를 꾸미고 있다고 이간질했다. 이제 무제의 마음은 황태자로부터 완전히 떠나 버려 더 이상 황태자를 만나 주지도 않았다. 극도로 분노한 황태자는 더 이상 참을 수 없어 강충을 붙잡아 죽여 버렸다. 그리고 정말로 군사를 일으켜 무제에게 도전하였다.

진노한 무제는 당장에 군사를 일으켜 황태자가 일으킨 반란군을 진압해 버리고 황태자는 물론 그의 두 아들과 위 황후까지 무참히 죽여 버렸다. 무제의 분풀이는 여기에 그치지 않았다. 그는 황태자의 장인과 장모는 물론 위 황후 일족 모두를 처형해 버리는 악랄함을 보여 주었다. 이 일로 인해 죽은 사람의 수는 수만에 달할 정도였다.

한 무제때 둔황의 가무역사가 그려진 벽화
한 무제는 둔황을 서역 진출의 전진기지로 삼아 둔황군을 두고 서역 경영의 거점을 마련하였다.

그리고 무제는 구익부인의 아들 불릉을 황태자로 세웠다. 그런데 무제의 악행은 아직 끝나지 않았다. 그는 갑자기 자기가 그토록 아끼던 구익부인마저 역모로 몰아 죽여 버린 것이다. 이에 대해서는 주변의 신하들도 놀랄 정도였는데, 그는 황태자가 너무 어려(당시 8살이었음) 젊은 어미와 그 일족들이 날뛸 것이 분명하기 때문에 이런 일을 저질렀다고 하여 또 한 번 주위를 공포의 도가니로 몰아넣었다.

나는 영원히 살고 싶다 - 무제의 최후

말년의 무제는 어떻게 하면 '자신의 생명을 연장할 수 있는지'에만 관심을 가졌다. 그러다 보니 온갖 사기꾼들이 장생불사(長生不死, 오래도록 살고 죽지 아니함)의 비법을 알려 주겠다며 무제 주변에 들끓게 되었다.

그 중에 혁대라는 자가 있었는데, 그는 자신이 장생불사의 약을 가지고 있는 신선을 만났다고 거짓말을 하며 무제에게 접근했다. 그리고 그 신선이 자기에게는 신분이 미천하기에 그 명약을 주지 않았다며 자기의 신분을 높여 주어야 그 명약을 얻을 수 있다고 꼬드 겼다. 이미 허망한 꿈에 젖어 있던 무제의 귀가 솔깃하지 않을 수 없는 유혹이었다. 무제는 당장 혁대에게 높은 벼슬을 주고 자신의 딸까지 주며 그 명약을 구해 오라고 지시한다. 그러나 혁대가 명약을 구해 오지 못하자 광분하며 혁대를 죽여 버렸다.

뿐만 아니다. 유명한 사기꾼인 이소군(李少君)은 무제에게 접 근하여 바다의 봉래산에 있는 신선을 만나면 장생불사할 수 있 다고 거짓말을 했다. 무제는 이 말도 철썩 같이 믿고 봉래산의 신선을 찾아 헤매었다고 한다.

이처럼 장생불사하고 싶었던 무제 주변에는 동방삭(東方朔, B.C. 154~93)이라는 신하가 있었다. 그는 서왕모(西王母)의 복숭아를 훔 쳐 먹어 장수하였다고 해서 '삼천갑자(三千甲子) 동방삭'으로 일 컬어지는 바로 그 인물이다.

이 때문에 무제와 서왕모에 얽힌 전설까지 생기게 되었다. 서

'삼천갑자 동방삭' 이야기

동방에 해가 떠올라서 밝기 시작할 무렵 태어난 그에게 형수가 동방삭(東方朔) 이라 이름 지어 줬다. 제나라 출신인 그 가 장안 공거부로 가서 황제인 무제에게 쓴 아주 긴 서신은 3천 개의 목간을 다 채워 장정 2사람이 겨우 들고 옮길 정도 였으며 한 무제가 그 글을 다 읽는데 2 달이 걸렸다 한다. 글을 다 읽은 무제는 그를 낭관에 임명하여 항상 곁에 두었 다. 동방삭은 기지가 뛰어나 자주 한 무 제를 기쁘게 해 주었다. 서왕모(西王母) 의 복숭아를 훔쳐 먹어 장수하였다 하여 '삼천갑자 동박삭'으로 일컬어졌으며 '오래 사는 사람'이라는 표현으로 그 뜻 이 바뀌어 쓰인다.

왕모(西王母)는 옛 중국 도교의 신화에 등장하는 불사(不死)의 여왕이다. 예로부터 이 여왕이 가지고 있는 불로장생의 복숭아인 반도(蟠桃)를 먹으면 영원히 죽지 않는다는 전설이 전해내려 오고 있었다. 이에 무제도 늘 서왕모의 반도를 먹고 불로장생할 것을 꿈꾸고 있었던 것이다. 여기서 잠깐 그 전설을 소개하고자 한다.

한 무제를 방문한 서왕모

어느 날 한 지방에서 난쟁이(그 크기가 믿기도 어려운 20cm에 불과했다고 전해짐) 하나가 무제에게 공물로 바쳐졌다. 그런데 이 난쟁이는 무제에게 곧 서왕모가 올 것이라는 예언을 하고 사라져 버렸다. 이윽고 서왕모가 나타나자 무제는 그녀에게 불사약을 달라고 졸랐다. 그러자 서왕모는 무제의 마음이 불손하기 때문에 불사약을

무제와 서왕모

줄 수 없다며 대신 복숭아를 무제에게 주었다. 무제는 그 복숭아를 맛있게 먹었다. 그리고 서왕모는 하늘로 떠났고, 무제도 죽고 말았다. 그런데 죽은 무제를 관 속에 집어넣는 순간 관이 요동치며 연기가 피어올랐다. 놀란 사람들이 관을 열어 보자 무제의 시체가 없어졌다고 한다.

이 전설 역시 영원히 살고자 하는 무제의 허황된 꿈 때문에 생긴 것이라 할 수 있다. 하여튼 이렇게 죽음을 거부하고 오래 살기 위해 온갖 기괴한 행동을 서슴지 않았던 무제였지만 그 역시 죽음 앞에서는 한 사람의 나약한 존재일 뿐이었다. 기원전 87년, 스케일 크고 굵직한 삶을 살았던, 그러나 온갖 악행으로 자신의 가족까지 무참히 죽였던 무제는 이 세상과 마지막 이별을 했다. 당시에 70년을 살았으니 이는 다른 사람들에 비해 매우 오래 산 셈이었다. 그는 마지막 순간에 자기가 믿었던 신하에게 황태자 불릉을 잘 부탁한다고 유언을 남기고 죽었다고 한다.

唐　玄　宗　　李　隆　基

양귀비를 사랑한 당 현종. 개원의 치를 이룩할 정도로 어진 정치를 폈던 그는 여자를 무척 좋아했으며, 특히 양귀비 등장 이후 그 일가의 전횡으로 당나라를 쇠퇴의 길로 몰아넣었다.

양귀비와 세기의 로맨스를 일으킨 주인공

당 현종

피 의   대 참 극 으 로   얻 은   권 력

중국 역사상 최고의 황제로 손꼽히
는 진시황제가 거느린 후궁이 만여 명에 달했고, 뒤를 이은
한 무제 역시 1만 8천여 명의 궁녀를 거느렸다. 그러나 이 두
영웅의 기록을 무색하게 만드는 황제가 있었으니 그가 바로
당나라의 제6대 황제 당 현종 이융기(唐玄宗 李隆基, 685~762)이
다. 현종 당시 당나라에는 귀비, 숙비, 덕비, 현비 등 4비에
해당하는 부인과 총 190명에 달하는 후궁이 있었다. 그리고
직급이 없는 궁녀는 더욱 많아 모두 4만 명에 달했을 정도였
다고 한다. 즉, 당 현종이 거느린 여인이 4만여 명이었다는

당 현종 이융기(唐玄宗 李隆基, 685~
762)
당나라의 제6대 황제로 별호가 당명황(唐明
皇)이다. 태종 이세민 이후 초기 개원의 치
를 이룩할 정도로 어진 정치를 했지만, 양
귀비의 등장 이후 그 일가의 전횡이 시작되
면서 당나라를 쇠퇴의 길로 몰아넣은 황제
이기도 하다. 양귀비와의 로맨스로 더 잘
알려져 있다.

서안 화청지 벽면에 그려져 있는 현종과 양귀비

이야기인데, 이는 현재의 일부일처제의 입장에서 볼 때 입이 쩍 벌어지는 수치가 아닐 수 없다.

그러나 무엇보다 당 현종의 이름을 높인 것은 그러한 수만 명에 달하는 여인 중에 당대 최고의 미녀라 불리는 '양귀비'가 포함되어 있었기 때문일 것이다. 현종과 양귀비의 로맨스는 동양 역사상 최고로 사람들의 입에 오르내리는 것 중 하나가 되었을 정도로 유명하다. 그러나 당시 현종이 양귀비와 사랑을 나누던 나이가 60세를 바라보는 노인이었다는 사실을 알면 이들의 로맨스가 그리 아름답고 낭만적인 것만은 아니었다는 것을 짐작할 수 있다.

현종은 또한 당나라 최고의 부흥기를 이끈 영웅이기도 하다. 그가 다스리던 시기에 당나라는 역사상 최대의 번영과 영화를 누리기도 했다. 이제 이 흥미진진한 인물이 도대체 어떠한 삶을 살았는지 그에 대해 파헤쳐 보기로 하자.

목욕하러 가는 양귀비

현종은 중국의 3대 악녀로 너무나도 유명한 측천무후의 손자로 태어났다. 현종의 아버지는 측천무후의 아들이었던 예종(睿宗), 어머니는 숙명황후 유씨였으며, 현종은 이들의 셋째 아들이었다. 그러나 현종이 태어날 당시에는 측천무후가 무소불위의 권력을 휘두르고 있을 때였기 때문에 측천무후의 후손들은 하나같이 그녀의 잔혹함을 보면서 자랄 수밖에 없었다. 이에는 현종도 예외가 아니었다. 현종 역시 측천무후의 공포 정치 앞에 숨을 죽이며 살아야 했다.

한편 이때 당시 현종의 생활은 상당히 궁핍했었다고 전한다. 그러나 일찍이 혼인을 했던 현종은 처가의 도움으로 근근이 살아갈 수 있었다. 그럼에도 현종은 예술과 가무에 뛰어난 재주를 보여 측천무후 앞에서 직접 연극을 공연해 보이기도 했다고 한다.

이러한 현종이 어엿한 청년이 되었을 때, 측천무후의 뒤를 이어 중종 이현^(李顯, 현종의 큰아버지)이 황제가 되었으나 중종은 어머니

측천무후(則天武后, 624~705)
중국 역사상 최초이자 유일무이한 여황제로 무측천(武則天)이라 부르기도 한다. 나라를 훌륭히 다스린 명군이라는 칭송과 음탕하고 간악한 요녀라는 비난을 동시에 받고 있는 여장부다.

와 달리 매우 유약한 왕이었다. 이에 황후였던 위씨가 중종을 몰아내고 측천무후처럼 자신이 당나라의 여황제가 되려고 했다. 그녀는 먼저 현종을 모함하여 옥에 가둔 후 자신의 딸이었던 안락 공주와 함께 중종을 무참히 죽여 버렸다.

이 사실을 알아챈 현종은 재빨리 군사를 모아 궁중으로 쳐들어갔다. 그리고 황후 위씨와 안락 공주를 죽여 버리고 그것으로 모자라 위씨 일족을 모두 몰살시켜 버렸다. 그리고 재빨리 할머니의 가문이었던 무씨 집안의 사람들까지 모두 죽여 버림으로써 씨를 말려 버렸다. 현종이 이런 무참한 일을 벌인 까닭은 이들이 황제 가문의 권력을 넘보는 최대의 적들이었기 때문이다.

현종이 일으킨 피의 행진은 여기서 끝나지 않았다. 그는 즉시 고모인 태평 공주와 함께 자신의 아버지 예종 이단을 황제의 자리에 앉혔다. 그러나 당시의 상황은 분명 실질적인 권력의 중심이 바로 현종에게 있었다는 것을 누구나 짐작할 수 있다. 결국 현종은 황태자의 수순을 거쳐 당당히 당나라의 제6대 황제로 등극한다. 이때 현종의 나이 불과 27세였다.

그러나 또다시 황제의 자리를 노리는 여인이 있었으니 그녀는 바로 고모인 태평 공주였다. 측천무후에게서 시작된 여인들의 권력욕이 대대로 유전이 되었는지 당시 권력에 눈독 들인 여걸들이 많았던 것 같다. 태평 공주는 은밀히 현종을 독살하려 했으나 영리한 현종에게 들키고 만다. 분노한 현종은 어제의 동지였던 태평 공주와 공모자들을 모두 즉결 처형시켜 버렸다. 이처럼 현종은 권력 초기 황제의 자리를 차지하기 위해 피에 피를 부르는 과정을 거쳐야 했다. 어느 나라의 왕이나 권력을 잡기 위해서는 피의 죽음이 뒤따랐다는 점에서 볼 때 당시 현종이 저지른 행동을 두고 잔인하다거나 그를 폭군이라 부를 수만은 없을 듯하다.

당 태종 이세민(唐太宗 李世民, 598~649) 제2대 황제로 그의 이름 '세민'의 뜻은 제세안민, 즉 세상을 구하고 백성을 편안케 하라는 뜻이다. 실제로 뛰어난 장군이자, 정치가, 전략가, 서예가였으며 최고의 성군으로 불리어 청나라의 강희제와도 줄곧 비교된다. 그가 다스린 시대를 '정관의 치'라 했다.

최고 전성기와 쇠퇴기, 극과 극의 주인공

피의 시대가 끝나고 어느 정도 국정이 안정되자 현종은 본격적으로 나라를 다스리는 데 열심을 보이기 시작했다. 거기에는 특별한 이유가 있었는데, 현종은 당 태종 이세민이 이루었던 부흥을 다시 이루고 싶은 욕망이 있었기 때문이었다.

그리하여 제일 먼저 자신의 권력을 넘보는 자들, 특히 인척들을 철저히 제압하여 황제의 절대 권력을 강화하면서 충성되고 능력 있는 인물 중심으로 조정을 채워 나갔다. 그러자 현종의 주변에는 유능하고 충성스러운 인물들로 채워지기 시작했다. 그중 요숭(姚崇)이 가장 뛰어났는데 그는 측천무후 시대에 과거에 급제하여 관료가 된 사람이었다. 요숭은 현종에게 '나라가 부강해지기 위한 열 가지 조건'을 간언하였고 현종은 이를 겸허히 받아들였다. 그 내용은 전쟁을 일으키지 않고, 어진 정치를 베풀며, 친인척을 정사에 관여하지 못하게 하고, 신하들의 직언을 들어 달라는 것 등이었다.

현종이 요숭의 말대로 어진 정치를 펴자 놀랍게도 백성들의 생활은 점차 나아져 갔고 당나라는 태평성대를 누리게 되었다. 그리고 백성들의 생활 수준이 점점 높아지면서 당나라 역사상 최전성기를 구가하게 된다. 당시 현종이 얼마나 백성들을 위한 어진 정치를 폈는지 알려 주는 일화가 있다.

어느 해 당나라에는 지독한 흉년이 들어 굶는 백성들이 속출하였다. 이에 현종은 궁정에 있는 쌀을 백성들에게 나누어 주라고 명령하여 이 위기를 넘겼다고 한다. 또한 당시에 현종이 얼마나 신하들의 직언에 귀를 기울였는지 알 수 있는 일화도 있다. 당시 한휴라는 신하는 언제나 현종에게 직언을 올리며 논쟁하기로 유명한 재상이었고, 소숭이라는 신하는 현종의 비위를 잘 맞추기로 유명한 신하였다. 이런 가운데 하루는 수척해 보이는 현종을 보고 한 신하가 이렇게 말했다.

"한휴 때문에 많이 힘드신가 봅니다. 그렇게 폐하를 괴롭히니."

그러자 현종은 다음과 같이 말했다고 한다.

"나는 마르더라도 백성들은 살찌니 괜찮다. 소숭은 내 말을 잘 듣기만 하나 그가 가고 나면 내 마음이 편치 않아. 그러나 한휴는 늘 나와 논쟁하며 나를 괴롭히나 그가 가고 나면 마음이 편안해져."

이렇게 당나라 최전성기를 이끈 현종이었지만 너무 짧은 기간에 많은 업적을 이루었기 때문인지 그는 서서히 자만에 빠져들기 시작한다. 술과 향락에 몸을 맡기며 궁녀들과 놀아나기 일쑤였고, 자기에게 조금이라도 직언하는 자가 있으면 즉시 파면시켜 버렸다. 그러다 보니 현종 주변에는 아첨꾼으로 들끓었고, 전성기를 이끌었던 유능한 인재들은 현종 곁을 떠나갔다.

이런 분위기 속에서 이임보라는 간신배가 신하로서 최고의 자리인 승상에 임명된다. 그는 자신의 욕심을 채울 줄만 알 지 무능하기 그지없는 관료였다. 그러나 현종 곁에 붙어 비위를 맞추고 아첨하는 데는 최고의 능력을 발휘하여 승상의 자리에까지 오른 것이다. 이런 자가 19년 동안이나 당나라를 좌지우지했으니 그 융성하던 국운이 기우는 것은 어쩌면 당연한 일이었는지도 모른다. 뿐만 아니라 현종이 여색에 빠져 국정을 돌보지 않으면서 당나라의 국세는 더욱더 기울기 시작했다.

바 람 난   왕   앞 에   폐 위 당 하 는   황 후

당 현종의 첫 부인이었던 왕씨는 현종이 황제가 되면서 황후의 자리에 올랐다. 왕 황후는 현종이 왕이 되기 전 어렵던 시절부터 온갖 고생을 함께했으며, 그가 왕위에 오를 때도 중심적인 역할을 했던 조강지처였다. 그러나 왕위에 오른 현종이 여색을 밝히기 시작하면서 그녀는 점점 현종으로부터 외면당하기 시작한다.

현종이 피운 첫 바람의 상대는 아리따운 소녀 무혜비(武惠妃)였다. 그녀는 측천무후의 친정 조카딸의 딸로, 어릴 적 고아가 되자 측천무후에 의해 궁녀로 입궁한 여인이었다. 당시 현종의 나이가 29세였으며 무혜비는 16세의 꽃다운 나이였으니 두 사람의 로맨스는 가히 그가 노년 시절에 양귀비와 함께한 그것보다 더 아름답고 멋져 보임에 틀림없다.

현종은 무혜비를 처음 보는 순간 사랑의 포로가 되어 버렸다. 그녀에게 빠져들었고, 왕 황후는 거들떠보지도 않게 되었다. 극기야 현종은 왕 황후를 폐위시키고 무혜비를 황후의 자리에 앉히려는 생각까지 하게 되었다.

이에 최고의 위기감을 느낀 사람은 당연히 왕 황후일 수밖에 없다. '옛날 어려운 시절에 어떻게 도와줬는데 이렇게 배신하다니'라는 생각에 치를 떨었다. 왕 황후는 어떻게든 현종의 마음을 돌려보기 위해 옛날 어렵던 시절의 이야기를 꺼내며 눈물을 흘리기도 했다. 당시 현종의 생일상을 차릴 돈이 없어 왕 황후의 아버지가 입고 있던 옷을 팔아 현종의 생일상을 차려 준 적이 있었는데, 왕 황후는 그때의 이야기를 꺼내며 현종의 마음을 돌리려 한 것이다. 그러나 왕 황후의 이런 모든 노력에도 불구하고 현종의 마음은 이미 왕 황후로부터 떠나 있는 상태였다. 결국 불쌍한 왕 황후는 폐위되고 말았다.

그러나 무혜비를 황후의 자리에 앉히려는 현종의 꿈은 이루어질 수 없었다. 왜냐하면 그녀는 측천무후의 무씨 집안 여자이다. 무씨 집안은 당 왕조를 무참히 짓밟은 대역죄를 범한 원수이다. 그 때문에 현종 역시 젊은 시절 무씨 집안을 떼죽음으로 몰아넣은 적도 있지 않은가. 무혜비는 바로 이 원수 집안의 딸이었던 것이다. 결국 현종은 극심한 반대에 부딪혀 뜻을 이루지 못하고 말았다. 이에는 당시 어사였던 반호례(潘好禮)의 상소문이 결정적인 역할을 하기도 했다. 이때만 해도 현종은 신하들의 간언에 귀를 기울일 때였으므로 현종은 신하들의 뜻을 겸허히 받아들인 것이다.

한편 황후의 자리를 차지하지 못한 무혜비가 가만히 있을 리 없었다. 그녀역시 측천무후의 피가 섞인 여걸이 아닌가. 무혜비는 이제 자신이 낳은 아들을 황태자로 책봉하기 위해 술수를 꾸민다. 그녀는 당시의 황태자였던 영(瑛)과 다른 두 명의 왕자(요와 거)에 대한 추한 소문을 만들어 내어 중상모략한 후 황태자의 자리에서 폐위하게 만들었다. 결국 이 세 명의 왕자는 어느 날 갑자기 피살됨으로써 한을 품고 저세상으로 가야 했다.

그러나 하늘도 무혜비의 악행을 알았을까. 세상은 온갖 무혜비의 악행에 대한 소문으로 들끓었고 이를 견디다 못한 무혜비는 그만 큰 병이 나 죽고 말았다. 이때가 737년으로 현종의 나이 오십을 넘기고 있을 때였다. 이 과정에서 현종은 무혜비의 거짓에 속아 충신을 폐위하고 간신을 등용하는 우를 범하기도 한다. 이때 등용된 사람이 바로 앞에서 이야기했던 간신 이임보이다. 이러한 이야기는 『신당서(중국 송나라 때에 편찬된 당나라의 정사를 기록한 역사서)』의 '제왕전(諸王傳)'에 자세히 기록되어 있다.

양 귀 비 와 의   세 기 의   로 맨 스

현종은 정말 여자에 대한 사랑이 많은 남자였나 보다. 무혜비가 죽자 그는 그녀를 잊지 못해 하루하루 비통해 하며 보냈다. 얼굴은 날로 수척해 갔으며, 심한 우울증을 앓기도 했다. 신하들은 이러한 왕의 병을 해결하는 방법은 무혜비 못지않은 천하절색의 미녀를 왕 앞에 대령하는 길뿐이라고 판단했다. 그렇게 하여 광저우 지방과 푸젠 지방(중국 최남단의 지방)에까지 가서 물색한 끝에 '강채평'이라는 여인을 찾아내게 된다. 그녀는 한 떨기 매화처럼 청초하고 아름다워 삽시간에 당 현종의 마음을 사로잡기에 충분했다. 시와 가무를 사랑하는 현종은 그녀를 '매비'라 불렀고, 매화꽃 속에서 시를 짓고 노래를 부르며 유희를 즐겼다. 이제 현종에게 수만 명에 달하는 궁녀들은 더 이상 눈에 들어오지 않았다.

그렇게 세월이 지나고 현종의 나이도 이제 환갑을 바라볼 때가 되었다. 그런데 그는 우연히 한 여인을 보는 순간 심장이 멎는 느낌을 받고 만다. 그 여인은 다름 아닌 양귀비(본명은 양옥환)였다. 문제는 그 양귀비가 바로 자신의 열세 번째 아들이었던 수왕 이모의 아내였다는 사실이다. 그러나 이런 것 정도는 현종에게 아무런 방해거리가 아니었다. 현종은 당장 당시 최고의 권세가였던 고력사를 시켜 양귀비를 데려오게 했다. 현종은 자신의 욕망을 채우기 위해 아들의 아내를 빼앗는 매정하고도 잔인한 아버지였던 것이다. 그러나 후에 현종은 아들을 다른 여인과 재혼시켜 주기도 했다.

그러나 양귀비가 현종에게 간택된 이유에 대해 다른 설도 있다. 즉, 이것은 무씨 집안의 버팀목 역할을 했던 무혜비가 죽자 무씨 집안에서는 또 다른 버팀목이 필요했고, 이에 양귀비

양귀비(楊貴妃, 719년~756년)
당 현종의 며느리이자 후궁으로 뛰어난 시와 노래에 능해 현종의 눈에 들게 된다. 이때가 양귀비의 나이 22세, 현종 57세였다. 대시인 이백과 백거이가 그 아름다움을 노래할 정도로 총명하면서도 용모가 천하절색이었다. 전국 각지의 민간 희곡 속에서도 단골 메뉴로 등장한다.

말에 오르는 양귀비(워싱턴 프리아 미술관 소장)

수화(꽃이 부끄러워 잎을 말아 올림) 양귀비
당대 미녀 양옥환이 당 명황에게 간택되어 입궁한 후로 우울한 나날을 보내며 화원에서 꽃을 감상하다가 무의식 중에 함수화를 건드렸는데 이 꽃은 바로 잎을 말아 올렸다 한다. 당 명황이 그녀의 '꽃을 부끄럽게 하는 아름다움'에 찬탄하고 그녀를 절세가인이라고 칭했다.

가 선택되었다는 것이다. 이는 양귀비 역시 무씨 집안과 관계가 있는 인물이라는 이야기인데, 측천무후의 어머니 쪽과 친척 관계였다고 전해지고 있다.

그렇다면 당시 양귀비는 어느 정도의 미모를 지니고 있었을까?

당나라 사람인 진홍(陳鴻)이 쓴 『장한가전(長恨歌傳)』에서는 "두발이 검고 아름다우며, 피부는 곱고 윤기가 흘렀다. 뚱뚱하지도 마르지도 않았으며 행동거지는 조용하고 요염했다", 또 "푸른 구름 같은 아름다운 머리털, 꽃다운 얼굴, 걸으면 한들한들 금비녀도 귀엽다"라고 표현하고 있다. 가히 절세미인이었나 보다. 그러나 그 어디를 봐도 그녀가 풍기는 자태와 분위기에 대해서만 이야기 할 뿐 그녀의 미모가 정말 아름다웠는지에 대해서는 표현되지 않아 궁금증을 자아내게 된다. 실제 그림에 그려진 그녀의 모습은 미인인 것은 사실이나 조금 통통해 보이는 느낌으로, '동양 최고'라는 찬사를 받기엔 뭔가 좀 부족해 보이는 것은 필자만의 느낌인지 모르겠다.

양귀비의 등장에 가장 경계의 눈초리를 보낸 사람은 당연 매비였을 것이다.

매비가 우아한 미인이었다면 양귀비는 요염한 미인이었다고 할 수 있다. 누가 더 아름다운지 가릴 수 없는 상황이었다. 그러나 현종 입장에서 볼 때 오랫동안 품었던 매비보다 새롭게 나타난 싱싱한 양귀비에게 더 끌리는 것은 어쩌면 당연한 일일 것이다.

현종은 양귀비에게 점점 더 빠져들었다. 그러나 매비에 대한 애정이 식은 것만은 아니었다. 현종은 양귀비와 더 오랜 밤을 보냈으나 가끔 매비를 찾기도 했다. 양귀비는 이것을 매우 못마땅히 여기고 현종을 사로잡기 위해 자신의 언니들을 불러온다. 이들은 모두 양귀비 못지않은 절세미녀들이었다.

그럼에도 불구하고 현종은 매비의 처소에 들르는 것을 끊지 못했다. 어느 날 현종이 매비의 처소에 들른 것을 알아차린 양귀비는 현종에게 한바탕 난리를 피우고는 궁을 나와 버린다. 천하의 황제 현종이었지만 양귀비 앞에서는 한 마리 얌전한 양에 지나지 않았다. 현종은 손이 발이 되도록 양귀비에게 빌어 겨우 양귀비를 다시 돌아오게 할 수 있었다.

결국 현종은 매비를 상양궁에 유폐(幽閉, 깊숙이 가두어 버림)시켜 버리고 만다. 매비는 너무도 억울하여 어느 날 현종과 양귀비가 함께 있는 방에 갑자기 뛰어들었고, 이에 놀란 현종은 매비를 쫓아버리고 그 분풀이로 태감(太監, 내시의 우두머리)을 죽여 버렸다고 전한다.

로맨스는 파국으로 치닫고 - 안록산의 난

이제 양귀비의 천하가 되었다. 양귀비는 현종을 꼬드겨서 자신의 친척들을 조정으로 끌어들였다. 이에 양귀비의 친척들이 대거 높은 벼슬자리를 차지하게 되었다. 양귀비의 언니들은 모두 국부인(여자로서 최고의 벼슬)에 책봉되었는데, 그중에서도 양귀비의 셋째 언니였던 괵국 부인의 미모가 뛰어났다고 한다. 그래서 그녀에게 반한 현종이 그녀와 바람을 피우며 애정 행각을 벌였다. 이 때문에 이성을 잃은 양귀비가 또 난리를 치자 진노한 현종이 양귀비를 궁 밖으로 내쫓는 일까지 발생했다.

이를 수습한 사람이 바로 양귀비의 사촌오빠였던 양국충이었다. 그는 현종의 총애를 받아 승상의 자리에까지 오른 인물이었으나 양국충 역시 전임이었던 이임보 못지않은 간신배였다. 그는 현종 앞에서는 온갖 아첨을 떨었지만 뒤로는 자기 마음대로 국정을 주무르며 욕심을 채우기에 급급해 나라를 혼란에 빠뜨렸다. 이러한 양국충이 현종을 겨우겨우 설득하여 양귀비는 다시 궁으로 돌아올 수 있었다.

한편 이런 가운데 등장하는 인물이 안록산(安祿山, 703~757)이다. 그는 북방 유목 민족 출신이었으나 이임보가 승상의 자리에 있던 시절 현종의 눈에 들어 변방의 절도사로 임명된 인물이다. 절도사란 당시 중앙 정부 조직의 관여를 받지 않고 독립적으로 한 지역을 다스릴 수 있는 권력을 쥔 요직 중의 요직이었다.

이러한 안록산이 747년 정월 현종에게로 인사차 왔고, 현종은 그를 환영하는 연회를 열었다. 이 자리에서 양귀비는 안록산과 처음으로 만나게 되었다.

안록산은 풍채가 당당한 젊은이였으므로 양귀비는 안록산을 마음에 들어 했다. 마침 현종도 안록산을 좋아하므로 양귀비의 나이가 더 어림에도 불구하고 그를 수양아들로 삼기도 했다. 안록산은 어떤 날에는 양귀비의 처소에서 하룻밤을 보내기도 해 둘 사이에 이상한 소문까지 나돌았다. 그럼에도 불구하고 현종은 안록산을 전혀 의심하지 않았다.

문제는 양귀비의 오빠인 양국충과의 불화에서 시작되었다. 양국충은 안록산이 현종의 총애를 받을 뿐 아니라 양귀비와도 깊은 관계가 되자 그를 시기하기 시작한 것이다. 결국 양국충은 현종에게 안록산이 반란을 꾀하고 있다고 모함하기에 이른다. 이 사실을 안 안록산 역시 양국충에 대한 분노로 치를 떤다.

이때의 당나라 상황은 실로 파국으로 치닫고 있었다. 오랫동안 현종이 주색에 빠져 지내는 사이 백성들은 굶어 죽어 가고 있었고, 양국충과 같은 관리들은 자신들의 배를 채우기에 혈안이 되어 있었다. 온갖 술수가 난무하고 나라 전체에 부패가 만연했다.

결국 755년 안록산은 이러한 나라의 꼴을 더 이상 두고 볼 수 없다며 반란(안록산의 난이라 부름)을 일으켰다. 물론 현종을 무너뜨리고 정권을 잡기보다는 양국충을 타도하려는 목적이 더 컸다. 북쪽에서 일

당나라 화가 이소도의 〈명황행촉도〉
안록산의 난을 피해 촉나라 땅으로 피란 가는 현종을 그린 그림

어난 반란군은 점차 남쪽으로 진격해 왔고 이듬해에는 드디어 현종이 있는 장안까지 쳐들어왔다. 이미 힘을 잃은 현종은 양국충을 비롯한 궁중 대신 몇 명과 양귀비, 그리고 수행 군대를 이끌고 서남쪽으로 피란을 떠났다.

그러나 이때 갑자기 긴급한 상황이 발생한다. 수행하던 군대 내에서 반란이 일어난 것이다. 그들은 양국충과 그 일가를 모두 죽여야 한다고 강요하고 나섰다. 이에 양국충이 놀라 허둥댔고, 흥분하여 길길이 날뛰던 병사들은 양국충의 목을 쳐 버렸다. 그리고 시체를 갈기갈기 찢어 버리기까지 했다.

다음은 양귀비 차례였다. 그러나 현종은 양귀비만은 살리고 싶었다. 그래서 직접 병사들 앞에서 하소연하기도 했으나 병사들은 막무가내였다. 이에 환관 고력사도 현종에게 이제 어쩔 수 없다고 하자 현종은 양귀비에게 자결을 명령했다.

이에 양귀비도 모든 것을 체념한 채 나무에 목을 매달았으니 이때가 756년으로 그녀의 나이 38세 때였다. 이러한 양귀비의 쓸쓸한 최후를 노래한 백거이의 〈장한가〉를 살펴보자.

귀비는 천자의 말 앞에서 죽음을 당한다.
꽃비녀 땅에 버려지니 거두는 사람 없어……

__ 양귀비의 죽음에 관한 다른 설
전하는 바에 의하면 당시 목 졸려 죽은 것은 궁녀이며, 양귀비는 일본으로 도망갔다고 한다. 그리고 양귀비는 일본에서 천황을 도와 활약하다가 일본에서 생을 마감하여 츠마에 안장되었는데, 일본에 두 개의 묘지가 있다고 한다.

__ 백거이의 〈장한가(長恨歌)〉
당 현종과 양귀비의 애절한 러브 스토리를 소재로 한 백거이의 상상력과 문필력이 잘 어우러진 작품으로 그의 최고작으로 평가받고 있다. 불타는 불륜의 사랑으로 인해 나라가 기울고(안록산의 난), 그 책임을 물어 사랑하는 여인을 목 졸라 죽여야 한 것, 일국의 황제로서 사랑하는 여인의 죽음으로 여생을 고통과 회한 속에 마감했다는 아름답고 가슴 저리는 스토리다. 집집마다 이 작품을 베껴 쓰느라 뤄양의 종이값이 폭등했다고 한다.

이후 안록산의 난은 반란군 내부에서 서로 죽고 죽이는 상황이 벌어지면서 실패로 끝나고 만다. 8년 동안이나 계속된 이 난으로 당나라의 인구는 이전 890만 호에서 293만 호로 줄어들었다. 호당 5인 가족을 기준 삼았을 때 무려 3천만 명이 이 난으로 목숨을 잃었다는 이야기다. 이후로 당나라는 완전히 쇠퇴의 길을 걷게 된다.

난이 진압되었을 때 이미 현종은 팔십을 바라보는 노인이 되어 있었다. 놀라운 것은 이때에도 현종은 양귀비를 잊지 못하고 있었다는 사실이다. 그는 양귀비에 대한 그리움에 깊은 병에 걸리고 말았다. 어찌 보면 두 사람 간의 순정이 정말 대단했다고도 할 수 있으나 도대체 그 나이에 이성에 대한 연민의 정이 그렇게 깊을 수

돌로 쌓여진 양귀비의 묘
설에 의하면, 미인 양귀비 무덤의 흙을 얼굴에다 바르면 못생긴 얼굴도 예뻐지고 피부도 좋아진다는 말에 사람들이 무덤의 흙을 파 가서 무덤 관리인이 할 수 없이 다시 돌로 쌓았다고 한다(서안 부근 마위파리 소재).

있을까 하는 생각도 지울 수 없다. 아마도 이때 현종이 병이 들었던 것은 화려했던 지난날의 영화에 비해 지금의 현실이 너무나도 비참하고 허무했기 때문일 수도 있다. 여하튼 현종은 762년 78세의 나이로 파란만장한 생을 마감하고 만다. 이상한 것은 그 전날 저녁 궁녀에게 자신을 목욕시키라고 하여 궁녀가 목욕을 시켰는데, 그 다음 날 새벽 세상을 떠난 점이다. 아마도 이는 자신의 죽음을 예감하고 지난날 자신의 과오를 씻기 위해 그러한 행동을 하지 않았을까.

朱　元　璋

열등감에 지배당한 명 태조 주원장. 중국을 통일시킨 업적을 달성한 그는, 그러나 추한 외모, 탁발승의 경력, 그리고 무식함 때문에 늘 열등감에 시달렸으며 그 결과 많은 측근을 무자비하게 죽였다.

중국 최악의 황제

명 태조 주원장

극과 극 두 개의 초상화가 남겨진 이유

　　진시황제로부터 마지막 황제 선통제 부의까지 2132년 동안 중국에는 모두 211명의 황제가 있었다. 그중 가장 최악의 황제는 누구였을까?

　　베이징커지(北京科技) 신문은 역대 황제 중에서 심리적 소양이 가장 떨어지는 황제로 명나라를 세운 명 태조 주원장을 뽑았다.

　　주원장은 빈농의 출신으로 황제의 자리에 오른 입지전적인 인물이다. 만인이 부러워할 성공 신화를 이룩하고서도 왜 최악의 황제라는 평가를 받게 된 것일까?

중국 역대 제후도 속의 성군 모습을 한 주원장(朱元璋, 1328~1398)
중국 명나라의 초대 황제(재위 1368~1398)로 원나라를 몽골로 몰아내고 중국의 통일을 완성했으며 한족(漢族) 왕조를 회복시키고 중앙 집권적 독재 체제의 확립을 꾀하였다. 홍무제(洪武帝)라고도 한다.

민간에 떠도는 포악한 폭군의 모습
괴이한 용모가 도리어 매력이 되어 그에게 행운을 안겨
주었다는 일화가 있다. 하나는 세상에 뜻을 품기 전 거
지 행색으로 여러 지방을 떠돌던 때 어떤 늙은 유학자가
관상을 보고 비범한 앞날의 운명을 예언한 것이고, 다른
하나는 관상에 능한 곽산보가 주원장을 한 번 보고 그의
관상에 반해 선뜻 자기 딸을 내주었으며 훗날 영비가 된
딸로 인하여 그 일족이 영화를 누렸다는 것이다.

주원장에게는 두 개의 초상화가 전해지고 있다.
하나는 인자하고 온화한 미소를 띤 성군의 모습이고
다른 하나는 심한 곰보에다 돼지 코, 말상을 한 추하
고 포악한 폭군의 모습이다.

두 개의 초상화가 남겨진 이유는 무엇이며 과연
주원장의 실제 모습은 어느 쪽이었을까?

주원장은 사실 후자에 가까웠다고 한다. 주원장은
여러 화가를 불러 그의 제왕화를 그리게 했다. 하지만
모두 마음에 들어하지 않았다. 있는 그대로를 그렸기
때문이다. 이에 진원이라는 화가는 주원장의 진의를
파악하여 인자하고 후덕한 모습으로 그려 주었다. 주
원장은 매우 만족해 하며 그에게 커다란 벼슬을 내렸
다고 한다.

그는 왜 있는 그대로의 자기의 모습을 인정하려
하지 않았을까?

두 개의 초상화는 그의 현실과 이상의 부조화, 열등감과 자격지심을 상징한
다. 아무리 발버둥쳐도 바뀌지 않는 외모와 이미 지나가버린 과거의 늪에 빠져
인생을 의심과 불안으로 허비해 버린 불행한 황제 주원장, 그의 극과 극 인생
속으로 들어가 보자.

주원장은 1328년 9월 18일 안휘성의 가난한 소작농 집안에서 막내아들로 태어났다. 그의 탄생은 기쁨이 되지 못했다. 그의 부모는 배고픔과 영양실조로 얼굴이 누렇게 뜬 자식들을 보며 눈물 지었고 입이 하나 늘었다는 부담감에 한숨을 쉬었다.

고달픈 삶은 사는 건 주원장 가족뿐이 아니었다. 모든 백성들이 굶주렸고 거리로 내몰렸다. 당시 14세기 초는 칭기즈칸의 손자 쿠빌라이 칸에 의해 원나라가 세워진 지 100년쯤 지났을 무렵이었다. 조정은 부패했고 권력 다툼만 일삼았다. 대홍수가 일어나 황허 강(황하 강)이 범람하는 바람에 수백만의 이재민이 발생하였고, 굶주린 백성들은 걸인이 되거나 도적 떼가 되었다.

쿠빌라이 칸(재위 1260~1294)
몽골 제국의 제5대 칸이자 칭기즈칸의 손자이다. 서양인을 우대하여 마르코 폴로 등이 입국하는 등, 통일된 다민족 국가의 발전을 위해 공헌하였고, 넓은 영토를 차지한 대제국을 완성하여 원의 전성시대를 이루었다.

주원장은 어미의 메마른 젖을 빨면서 배고픔을 숙명처럼 받아들였다. 그러나 커가면서 배고픔은 견딜 수 없는 고통이 되었다. 지주의 소를 치던 소년 시절 주원장은 친구들과 작당해 송아지 한 마리를 뚝딱 잡아먹었다. 그러곤 쇠꼬리만 남겨 바위틈에 끼워 놓고는 송아지가 아무리 잡아당겨도 나오지 않는다며 얼렁뚱땅 둘러댔다. 화가 머리끝까지 난 지주에게 이 사건의 주동자였던 주원장은 호되게 얻어맞았다.

그가 17살 되던 해 심한 가뭄이 들고 메뚜기 떼에, 전염병까지 돌았다. 마을은 줄줄이 초상집이었다. 그 화는 어김없이 주원장에게도 닥쳤다. 부모와 큰형 명나라를 세운 후 변방 수비 강화에 힘쓴 주원장은 이를 위해 서북 지역에서 나는 좋은 말을 필요로 했고, 그래서 차를 필요로 하는 서북 지역의 유목민들과 교역을 했다. 국가적으로 중요한 교역이어서 나라에서 전매했지만 막대한 이익으로 인해 밀수업자들이 성행하자, '누구든 사사로이 차마 교역을 하는 자는 중형에 처한다'고 엄포를 놓았다. 피부가 벗겨져 허수아비가 되는 형벌이 무서워 감히 나서는 사람이 없었지만 주원장의 친사위 구양륜이 장인의 배경을 믿고 밀수를 계속하다가 발각되자 그는 구양륜에게 자살할 것을 명한다. 이는 중국이라는 나라가 이민족을 다스리기 위해 얼마나 차가 중요한지를 보여 주는 대목이며 또한 주원장이 얼마나 원칙주의자인지 엿볼 수 있는 대목이다.

사천왕 상
한 발을 들게 된 사천왕 상

을 잃고 졸지에 고아가 된 것이다.

의지할 친척도 없던 주원장은 절에 들어가면 밥이라도 얻어먹을 수 있다는 마을 사람들의 말을 듣고 머리를 밀고 황각사로 들어갔다.

그는 마당 쓸고, 향 올리고, 종과 북을 치며, 밥을 짓고 빨래를 했다. 가장 힘든 일은 사천왕상의 다리 사이 먼지를 청소하는 일이었다. 그래서 황제가 되고 난 후 주원장은 모든 절의 사천왕상은 청소하기 좋도록 반드시 한 발을 들도록 명령했다고 전한다.

절도 형편이 어렵기는 마찬가지였다. 그는 할 수 없이 탁발승이 되었다. 탁발이란 사원의 비용을 유지하기 위한 기금을 동냥하는 승려를 말한다. 당시 탁발승은 승려라기보다는 걸인 취급을 받았다. 한참 피 끓는 청춘이던 주원장은 부잣집 대문 앞에서 목탁을 치며 염불을 외는 자신이 무척 초라하고 비굴하게 느껴졌다. 이때 당한 굴욕감은 황제가 되고 나서도 지워지지 않는 상처로 남게 된다.

그러나 3년간 탁발승으로 전국을 돌아다니며 산천, 지리, 풍속에 익숙해졌고 안목도 넓어지고 무엇보다 튼튼한 체력도 생겼다. 그리고 글공부도 익혀 까막눈은 면할 수 있었다.

그의 인생은 격랑의 연속이었다. 클리브즈 파도가 밀려왔다. 황각사가 불타 버린 것이다. 더 이상 돌아갈 곳이 없는 그는 결국 도적떼의 무리에 끼게 되었다. 그의 나이 25세 때였다.

개 천 에 서 용 이 나 다

주원장은 곽자흥이 거느린 홍건군의 병졸이 되었다. 짧은 옷에 짚신을 신고 머리에 빨간 띠를 두른 홍건군은 성을 공략해 관리를 죽이고 창고를 열어 굶주린 백성들에게 식량을 나눠 주었다.

곽자흥은 비록 우락부락하게 생겼지만 기골이 장대하고 눈빛이 살아 있는 주원장이 무척 마음에 들었다. 주원장은 빠른 속도로 승진했고 곽자흥의 수양 딸 마씨와도 결혼했다. 그녀는 나중에 마황후가 된다.

홍건군이 된 주원장은 물 만난 고기처럼 자신의 능력과 재주를 마음껏 발휘했다. 고난의 세월을 겪으며 단련된 신체와 강인한 의지는 군대에서 빛을 발하기 시작했다. 더 이상 가난하고 천대받던 주원장이 아니었다. 그는 누구보다 용감하고 저돌적으로 전투에 임했고, 가슴 깊이 맺혀 있던 세상을 향한 분노를 마음껏 터뜨렸다.

> __ 홍건적의 난(紅巾賊 _ 亂)
> 이민족 왕조인 원의 지배를 타도하고 한(漢)민족 왕조인 명나라 창건의 계기를 만든 종교적 농민 반란이다. 일시적으로 화북·화중 일대에 그 세력이 미쳤으나, 내부 분열로 인하여 통일 정권을 이룩하지 못한 채 쫓겨 만주로 가 2차례에 걸쳐 고려를 침략하였으나 격파당했다.

그는 군대에서 여러 번 공을 세웠고 세력도 조금씩 키워 갔다. 곽자흥이 죽은 뒤 주원장은 홍건군의 우두머리가 되었다. 이미 썩을 대로 썩은 원나라 조정은 바람 앞의 등불처럼 위태로웠다.

1355년 농민 봉기군의 수령인 유복통은 한림아를 황제로 추대해 소명왕이라 칭했다. 주원장은 이 소명왕의 좌부원수로 임명되었다.

난세에는 시대가 영웅을 만든다. 원나라 말년 어지러운 시기에 주원장 말고도 많은 영웅호걸이 있었다. 그들은 칭기즈칸의 후예들이 잃어버린 중국 천하의 패권을 차지하기 위한 치열한 각축전을 벌였다.

결국 주원장은 그들을 모두 물리치고 마지막 승리자가 된다. 16년간의 전쟁 끝에 1368년 난징에 명나라를 세우고 황제에 등극한 것이다. 이때 그의 나이 41세였다.

118년간 지속된 몽골의 중국 통치 시대가 막을 내릴 수 있었던 것은 순전히 농민들의 힘 때문이었다. 농민 봉기에 의해 새 역사를 이룩하고 다시 한족 정권을 회복했으며, 그 중심에 주원장이 있었다. 그는 농민군을 성공적으로 이끌어 반원 투쟁에 승리할 수 있었다. 백성들은 국가가 강성해지고 안정된 삶을 영위할 수 있을 거라는 희망에 부풀어 올랐다. 그러나 얼마 지나지 않아 희망은 물거품이 되어 버렸다.

의심의 병이 들다

명 태조 주원장은 왕후장상(제왕, 제후, 장수, 재상을 이르는 말)의 씨가 따로 있지 않다는 것을 몸소 보여 준 황제다. 서민이 황제가 된 건 한 고조 유방에 이어 두 번째이다. 하지만 중국 역사 속에 등장한 황제 중 진정한 민중의 아들은 주원장 단 한 사람뿐이다. 유방은 농민 출신이기는 하지만 상당한 부농으로 자기 마을의 촌장 벼슬 정도는 마음만 먹으면 살 수 있는 재력을 가지고 있었다. 반면 주원장은 하루하루 먹을 것을 걱정해야 하는 궁핍한 소작농의 아들이었다. 그는 가장 밑바닥 계층 출신으로 천하의 대권을 잡은 유일한 황제로 신화적인 성공을 거두었다. 그 사실 하나만으로도 민중의 영웅이 될 수 있었을 텐데 그는 왜 최악의 황제가 되었을까?

탁발승과 홍건군 출신의 주원장에서 황제 주원장으로 초고속 승진을 했건만 그의 마음은 편하지가 않았다. 그는 극도의 가난과 부귀영화 사이의 엄청난 격차를 느끼면서 이 모든 것이 꿈이면 어떡하나, 모든 것을 잃으면 어떡하나 하루하루 걱정하며 지냈다. 다시 빼앗길 것만 같은 위기의식과 불안감, 두려움이 그를 괴롭혔던 것이다.

결국 그는 칼을 빼 들고 의심의 싹, 불안의 싹을 베어 버리기로 결심한다.

우선 조정을 좌지우지하는 승상 호유용이 눈에 거슬렸다. 반역죄로 체포해 사형시키고 호유용의 음모에 연루된 자를 모두 색출하여 3만여 명을 사형에 처했다. 주원장은 그 후 다시는 승상을 두지 않고 자신이 직접 정무를 관리했다.

다음은 일등 개국 공신 남옥의 순서였다. 그는 몽골군을 상대로 연승을 거둔 명장으로 백성들의 사랑을 한 몸에 받고 있었다. 그 점이 문제였다. 남옥은 모반죄로 밀고당해 사형을 선고받고 그와 연루된 자 2만여 명이 사형당했다. 호유용과 남옥의 사건을 묶어 '호람의 옥'이라고 한다.

주원장은 역대 황제 중에서 가장 많은 공신들을 죽인 인물이다. 주원장이 만년에 이르렀을 때 개국 공신들은 거의 대부분 그에게 참살당해 남아 있지 않았다고 한다.

한편 개국 공신 중 하나인 서달은 아예 두문불출하고 지내 천하의 주원장도 꼬투리를 잡지 못했다. 그런데 하루는 서달의 등에 악성 종기가 났다는 소문을 듣게 된다. 이 병에는 거위고기가 상극이었다. 주원장은 그에게 거위고기를 하사했고 서달은 눈물을 머금고 거위고기를 먹고는 얼마 뒤 죽고 말았다고 한다.

__ 호유용(胡惟庸, ?~1380)
명나라 초기의 관리로 좌승상을 지냈으며 황제의 신임을 얻어 권세를 휘둘렀으며, 이선장(李善長)과 결탁하여 반란을 일으키려다 발각되어 처형되었다.

__ 호람의 옥(胡藍—獄)
명나라 홍무제(洪武帝)는 군사적 협력자인 공신 숙장들을 사소한 이유와 무고한 죄로써 많이 처형하였는데, 그 최대의 의혹 사건을 일컫는다.

주원장의 처형 방식은 무척 잔혹하기로 유명하다. 그는 고대의 잔인하고 엽기적인 형벌들을 모두 허용했다. 허리를 자르는 '요참'이나 사지를 찢어 죽이는 '거열', 사람의 살을 포를 뜨듯 떠 내서 죽이는 '능지'는 물론이고 부정부패를 저지른 관리에게는 특별히 '박피형'을 내렸다.

박피형이란 말 그대로 가죽을 벗기는 형벌이다. 주원장은 여기서 그치지 않고 벗긴 가죽을 허수아비 위에 둘러 씌워 관청 문 앞에 세워 놓게 했다.

그는 직접 형벌을 고안하기도 했는데 돼지 털을 벗기는 것에서 착안해 '소세'라는 형벌을 만들었다. 빗으로 씻긴다는 뜻인데 그 방법이 소름끼칠 만큼 잔인하다. 벌거벗은 죄수의 몸에 펄펄 끓는 물을 여러 번 뿌린 뒤 철로 만든 빗으로 쓸어 피부를 벗겨 내는 형벌이라는데 피부만 벗기는 것이 아니라 뼈가 드러날 때까지 했다고 한다.

중국에서 행해지던 다양한 형벌의 모습들
사지를 찢는 거열뿐만 아니라 혐오스런 동물을 푸는 경우도 흔했다.

이 밖에도 무릎 연골을 빼내는 '알슬개', 내장을 꺼내는 '추장'을 비롯하여 전갈과 뱀을 풀어서 죽이기도 했다.

그중 가장 고통스럽고 치욕스러운 형벌이 바로 '정

청조에 특히 많이 행해지던 죄인을 다루던 체벌

장' 이었다. 정장이란 많은 사람들이 지켜보는 가운데 곤장으로 범인을 내리치는 것을 말한다. 정장 백 대는 사형이나 다름없었다고 한다. 신체 건강한 남자들도 50대 맞으면 살이 다 떨어져 나가고 뼈가 부서져 백 대를 맞기도 전에 대부분 목숨을 잃고 말았다고 한다.

'정장'을 당하는 범인
많은 형벌 중 곤장을 맞는 가장 고통스러운 형벌이다.

열 등 감 은 영 혼 을 잠 식 한 다

아무리 개국 공신과 장군을 없애도 마음속 불안은 사라지지 않았다. 만인의 위에 서 있는 황제인 자신에게 백성들이 '까까머리 중' 이라고 놀려댈까봐 노심초사했고, 유식한 유생들이 낫 놓고 기역자도 모르는 무식한 황제라 할까봐 전전긍긍하며 보냈다.

불우했던 1막이 끝나고 새로운 2막이 시작됐건만 관객들은 그대로였다. 이 점이 그를 미치도록 불안하게 만들었다. 백성들은 주원장의 과거를 모조리 알고 있었던 것이다.

사랑과 존경을 한 몸에 받는 황제이고 싶지만 그에게는 항상 그의 불행하고 비참했던 과거가 꼬리표처럼 따라붙었다. 그러한 열등감은 주원장의 영혼을 잠식해 버렸다. 그는 사랑과 존경의 대상이 되지 못한다면 차라리 두려움과 공포의 대상이 되고자 했다. 그는 잔인한 폭정을 시작했다.

우선 잘난 척하는 지식인들의 숨통을 죄었다. 그는 문자옥으로 수많은 선비의 목을 베었다. '문자옥'이란 금기로 정해진 문자나 어구를 쓰게 되면 처벌을 받게 되는 것을 말한다.

관리들은 매일 아침 집에서 출근하기 전에 아내와 이별하면서 뒷일을 부탁했으며 만약 살아 돌아가면 겨우 한숨을 놓았다고 전해진다. 나중에 관리들은 아예 중앙에 상소할 때 자신의 이름과 관직만 쓰는 것으로 겨우 목숨을 부지할 수 있었다고 한다.

주원장의 극단적인 공포와 의심, 피해망상은 점점 더 심해졌다. 주원장은 자신의 병적인 의심과 불안을 해소하기 위해 '검교'와 '금의위'를 두고 백성들을 감시했다. 검교는 지금의 국정원 요원쯤 된다. 크고 작은 관리들의 부정부패를 감시하고 항간에 떠도는 사소한 풍문을 황제에게 보고하는 금의위는 죄인을 고문하는 기구이다.

관리는 물론 백성들도 혹시나 검교에게 붙잡혀 금의위에서 고문당하는 건 아닐까 피 말리는 하루하루를 보내야 했다.

추남 주원장과 대발이 마황후

주원장도 많은 비빈을 거느려 그들과의 사이에서 아들 26명과 딸 16명을 두었다. 그러나 수많은 젊고 아름다운 비빈 중 그는 마황후를 가장 총애했다. 마황후는 바로 홍건군 곽자흥의 수양딸 마씨다. 주원장은 힘들고 어려웠던 시절을 함께한 조강지처 마씨를 지극히 아끼고 사랑했다.

마황후는 주원장과의 첫날밤 이렇게 고백했다.

"저도 당신의 추한 얼굴을 꺼리지 않으니 당신도 제 발이 크다고 나무라지 마세요."

마황후는 전족을 하지 않아 발이 무척 컸고 별명이 '마대각'이었을 정도라 한다. 명나라 때는 여자들이 전족을 하던 시대로 전족을 하지 않으면 시집도 갈 수 없었다고 한다. 발의 크기가 13cm 정도로 작아야 남자들이 매력을 느끼던 시대였다. 이처럼 주원장과 마황후는 서로의 콤플렉스를 보듬어 주며 남녀 사이의 애정보다 깊은 신뢰와 정을 쌓았다.

주원장의 대업을 위한 최고의 파트너였던 마황후
여자로서 후궁들에게도 함부로 대하지 않고 따뜻했던 그녀는 포악하게 변해 가는 주원장이 지극히 아끼고 의지하던 조강지처였다.

마황후는 황후가 되어서도 검소함과 인자함을 잃지 않았다. 중국 역사상 가장 인자한 국모 중 한 명으로 꼽힐 정도이다. 주원장이 유일하게 말을 잘 듣는 사람도 바로 마황후였다. 그가 피바람을 몰아치며 공신들을 숙청할 때도 그녀는 식음을 전폐하며 그를 말렸다고 전한다. 포악한 주원장에게 이처럼 인자한 아내가 있었다는 사실이 참으로 다행스러운 일이 아닐 수 없다. 그러나 그녀는 그의 곁에 오래 있지 못했다.

주원장이 본격적으로 공신들을 죽

전족한 중국 여인들
여자의 발을 인위적으로 작게 하기 위하여 3~6세에 가로 10cm, 세로 2~2.5m의 헝겊으로 발을 동여매 엄지발가락 이외의 발가락은 발바닥 방향으로 접어 넣듯 묶어 조그만 신에 고정시켰는데, 발뒤꿈치에서 발끝까지 약 10cm가 이상적인 크기였다. 명대에 특히 성행했다.

인 것은 마황후가 죽고 난 뒤였다. 그녀는 주원장보다 16년 먼저인 51세의 나이로 세상을 떠났다.

죽음에 임박해서도 그녀는 국모다운 면모를 보였다. 의사가 처방한 약을 먹고도 그녀의 병이 호전되지 않으면 주원장이 틀림없이 의사를 죽일 것이라고 생각해 마황후는 모든 치료를 거부했다고 한다. 만약 마황후가 좀 더 오래 살았다면 어땠을까? 주원장의 광기가 조금 덜하지 않았을까?

주원장은 마황후가 죽자 며칠간 밥도 먹지 않고 통곡했다고 한다. 그는 그 뒤 두 번 다시 황후를 들이지 않았다.

파 란 만 장 한   인 생 을   마 감 하 다

주원장의 공포 정치는 자기의 피와 땀으로 이룩한 황제 자리를 대대손손 자식들에게 물려주기 위함이었다. 주원장은 그와 마황후 사이에서 태어난 장남 주표를 누구보다 아끼고 사랑했다. 주원장의 난폭한 성미와는 달리 태자 주표는 온화하고 자애로웠다.

아버지의 잔혹한 폭정을 보다 못한 태자 주표는 주원장에게 숙청을 그만두라는 진언을 올렸다. 그러자 주원장은 가시투성이인 몽둥이를 바닥에 던지고는 그것을 주워 오라고 했다. 주표가 뾰족한 가시 때문에 얼른 줍지 못하고 주저하자 그는 이렇게 말했다.

"네가 가시가 무서워 얼른 줍지를 못하는구나. 내가 가시를 뽑아 버리고 네게 주면 얼마나 좋겠느냐. 내가 지금 하는 일이 바로 네 손을 찌를 가시를 제거하는 것이다."

주원장은 개국 공신들이 혹시나 아들의 자리를 위협할까봐 걱정이 앞섰던 것이다.

그러나 태자 주표는 아버지로서의 주원장의 마음을 몰라 주고 요임금과 순임금 같은 어진 임금이 되어 달라고 클

명 태조 주원장의 친필로 '원종제일대가람'이라 쓰여 있는 통도사 불이문 현판

리브즈 눈물로 애원했다. 화가 난 주원장은 아들에게 의자를 집어 던졌다. 주표는 너무 놀라 달아났는데 그때 놀란 것이 병이 되어 우울증에 시달리다 결국 요절하고 말았다.

주원장은 55세에 조강지처를 잃었고 65세에 아들을 먼저 보내야 했다. 71세가 되자 그는 자신의 삶이 얼마 남지 않음을 깨닫는다.

그는 서둘러 주표의 장자 16세의 주윤문(명나라 제2대 황제 건문제가 됨)을 태손으로 책봉했다. 그리고 중신과 노장들이 어린 그를 제압할까 염려되어 다시 수많은 공신들을 죽였다. 그는 손자의 안위를 위해 모든 가시를 제거하고 왕위를 물려주었다.

하지만 결국 손자의 안위를 해치는 가시는 공신들이 아니었다.

아무에게도 환영받지 못하고 태어나 굶주림을 숙명처럼 여기고 걸인처럼 세상을 떠돌다 도적 떼가 되었지만 결국 천하를 손에 넣은 명 태조 주원장은 한 편의 인생 역전 드라마 같은 파란만장한 인생을 71세로 마감했다.

주원장이 세상을 떠나자 네 번째 아들 주체(훗날의 명나라 제3대 황제 영락제)가 정난의 변을 일으켜 조카의 권좌를 찬탈하는 골육상잔의 비극을 일으켰다.

주원장이 믿고 의지할 개국공신과 노장들을 어린 주윤문에게 남겨 주었다면 오히려 그를 지켜줄 수 있지 않았을까? 자신이 만든 명 태조의 황제 자리를 평화롭게 넘기고 싶어 일생을 불안에 떨며 피바람을 그치지 않았던 주원장의 마지막 바람은 결국 이루어지지 않았다.

주원장의 무덤인 명효릉은 1383년 건립 당시 주위가 32km에 달하고 30년 세월 동안 10만 명을 동원해 만든 명대 최대의 묘이다.

그는 자신이 저지른 만행들로 인해 자신의 무덤

명효릉 입구
장쑤 성 난징에 있는 주원장과 황후 마씨의 명나라 첫 황릉으로 명칭은 마황후의 시호인 효자에서 따온 것이다. 태조 이후의 명나라 황제들은 모두 이 능을 모방하여 황릉을 건설하였다.

이 파헤쳐질 것을 염려해 철저하게 보안에 신경을 썼다.

그가 죽은 후 남경의 13개 성문에서 주원장의 관이 동시에 나와 매장되었다고 전한다. 그래서 그의 진짜 무덤이 명효릉에 있지 않고 다른 곳에 있다는 설도 있다.

황제가 되기 전 40년 동안은 극도로 불행했고, 황제가 되고 30년 동안은 극도로 불안했던 주원장. 그는 죽을 때까지 의심의 병을 고칠 수 없었다.

난징 명효릉

남경에 있는 32년의 세월이 걸려 축조된 명 태조의 능이다. 효릉이라는 능호를 쓰는데 효릉에는 마황후를 비롯한 비빈 46명과 궁인 10여 명이 순장되었다고 한다. 전체적으로 북두칠성형의 능원이라고 한다.

毛　　　澤　　　東

과격한 혁명가 마오쩌둥. 중화 인민 공화
국을 건국해 최고 지도자가 된 그는 공포
정치를 펼쳐 무려 8천만 명의 중국인을
학살했다. 그러나 한편으로 그는 자유연
애를 꿈꾸는 로맨티스트이기도 했다.

잔혹한 혁명가
마오쩌둥

핵주먹으로 유명한 복서 마이크 타이슨의 어깨에는 마오쩌둥의 얼굴이 문신으로 새겨져 있다고 한다. 그는 왜 마오쩌둥의 얼굴을 새긴 걸까? 마오쩌둥은 오늘날 어떤 이념과 사상, 영웅으로 상징되고 있는 걸까?

마오쩌둥은 레닌, 체 게바라(Che Guevara, 1928~1967, 쿠바의 혁명가)와 함께 20세기를 대표하는 3대 혁명가이며, 농민 혁명을 통해 중화 인민 공화국을 세운 인민의 영웅이자 혁명 지도자이다.

그는 체 게바라의 젊은 시절을 다룬 영화 〈모터사이클 다이어리〉처럼 마음 맞는 친구와 3년간 무전여행을 떠난 적이 있

마오쩌둥(毛澤東, 1893~1976)
중국 공산당 최고 지도자로서 혁명을 승리로 이끌어 1949년 중화 인민 공화국을 건국하여 10년간 국가 주석을 지냈다. 이후 경제를 살릴 목적으로 대약진 운동을 벌였지만 사실상 실패해 위기에 처하자 문화 대혁명을 일으켜 자신의 권한을 강화해 최고 지도자가 되고 공산주의 사상을 바로 세웠다. 그러나 마오쩌둥 정치에 대한 대중 반란 사건인 천안문 사건이 일어나고 마오쩌둥 시대는 막을 내린다.

었다. 이때 여행길에서 만난 어느 여관 주인이 그의 얼굴을 보더니 훌륭한 지도자 아니면 산적 두목이 될 관상이라고 말했다고 한다.

혁명가이면서 동시에 독재자로 군림했던 그의 인생이 정말로 그의 얼굴에 나타나 있던 걸까? 아니면 최고의 자리에 오르게 되면 독재라는 함정에 빠질 수밖에 없다는 사실을 준엄하게 경고한 것일까?

광활한 중국 대륙의 인민 혁명을 이끌었으나 아이러니하게도 2천 년 중국 역사의 어느 황제보다 더 포악한 절대 군주로 군림했던 마오쩌둥. 미국의 대표적인 중국 사학자 조너선 D. 스펜스는 마오쩌둥을 "전통적인 질서를 무너뜨리기 위해 무질서를 만들고 지배한 정치가"라고 평가하고 있다.

그는 진시황제보다 더 포악한 호색한이었으며 그의 시대는 억압과 빈곤의 시대였다는 비난과 비판을 피해 갈 수 없다.

그러나 1990년대 개방화 이후 중국은 21세기 부강한 나라로 빠르게 변모하고 있지만 빈부격차 등 자본주의 그늘과 고속 성장의 그림자를 경험하면서 마오쩌둥의 시대를 그리워하는 사람들이 늘고 있다고 한다.

앤디워홀의 〈Mao〉(1972~1974 作)

혁명적인 너무나 혁명적인 그의 인생 뒤에 그림자처럼 드리운 독재의 그늘. 찬란한 빛일수록 어두운 그림자를 남기는 것처럼, 인간 마오쩌둥은 혁명가로서 또한 독재자로서 빛과 그림자 모두를 남겼다.

그의 전 생애를 놓고 그의 업적과 과오를 저울질한다면 과연 어느 쪽으로 기울게 될지 지금부터 따져 보도록 하자.

반 항 은 나 의 힘

1893년 12월 26일 마오쩌둥은 후난 성 사오산 마을에서 태어났다. 마오(毛)는 '털'이라는 뜻의 성이고 쩌둥(澤東)은 '동쪽에 물을 적신다'는 뜻의 이름이다. 마오쩌둥의 아버지는 부지런하고 장사 수완도 좋아 꽤 부유한 편이었다. 농장도 있고 머슴도 있었다. 하지만 당시 중국의 모든 농촌에서 그랬듯이 마오쩌둥도 8살이 되

마오쩌둥 생가
마오쩌둥은 후난 성 샹탄 현 사오산 근처 한 농장에서 셋째로 태어났으나, 위의 형제 두 명이 요절했기 때문에 사실상 맏이였다.

어 서당에 다녔지만 이른 아침과 저녁에는 농사일을 도와야 했고 글자를 배운 뒤로는 아버지의 장부 정리를 도와야 했다.

14살이 되자 이미 아버지만큼 덩치가 커진 마오쩌둥은 반나절 만에 인분 15통을 져 나르는 힘든 농사일을 해야 했다. 그는 책 읽기를 좋아해 농장 한 구석에 숨어 책을 읽고 있다가 아버지에게 게으르고 쓸모없는 놈이라는 욕을 듣곤 했다. 그는 "아버지는 내게 고통을 준 최초의 자본가"라고 말할 정도로 아버지와 자주 부딪혔다.

그는 농사일보다는 세상일에 더욱 관심이 많았고, 논어처럼 고리타분한 고전보다는 『수호지』, 『삼국지』에 더 흥미를 느끼고 빠져들었다.

그는 아버지에 대한 반항으로 10살 때 처음 가출을 했다. 사흘간 이곳저곳을 헤매다 집으로 돌아왔는데 엄청 맞을 거란 예상과 달리 아버지가 더 친절하게

청년 시절의 마오쩌둥
대학이나 외국 유학을 하지 못한 그는 창사 시범학교에서, 영국에 유학하고 돌아와 중국의 봉건 사상 비판에 힘썼던 교사 양창지로부터 많은 영향을 받았다.

대해 주는 것을 보고 깜짝 놀랐다고 한다. 이때 경험한 첫 번째 반항으로 그는 자신의 생각과 목표를 고집하고 밀어붙여 우선 상대방의 기선을 제압해 버려야 승리할 수 있다는 교훈을 얻게 되었다.

일방적인 권위에 대한 반항, 낡은 관습에 대한 반항심이야말로 그의 어린 시절 몸과 마음을 자라게 만든 자양분이 되었다.

14살이 되자 그의 아버지는 미리 정해 놓은 6살 연상의 리바오산과 마오쩌둥을 억지로 결혼시키고 가업을 물려주려 하였다. 그는 그대로 주저앉아 농사만 짓고 있을 수 없었다. 그는 아버지의 뜻을 거역하고 신학문을 배우기 위해 집을 떠났다.

대 륙 의 붉 은 별 이 되 다

사오산은 아름답고 평화로운 마을이었다. 그러나 세상과 단절되어 있었다. 사오산 너머 세상은 급변하고 있었고, 마오쩌둥은 책을 보며 세상을 보고 배우고 익혔다. 20살 마오쩌둥은 창사사범학교에 입학할 때까지 공공 도서관에 틀어박혀 엄청난 양의 독서를 했다. 세계 지리와 세계사를 집중적으로 공부했으며 정치 이론을 학습했다. 이 밖에도 존 스튜어트 밀, 루소, 몽테스키외, 애덤 스미스, 다윈 등에 관한 수많은 서적을 가리지 않고 읽어 자기 것으로 만들었다.

1911년 드디어 중국은 청 왕조가 몰락하고 공화국이 선포되었다. 옛 중국은 무너졌지만 아직 새로운 중국은 모습을 갖추지 못하고 있었다. 혼란으로 가득 차 있는 중국을 직시하며 그는 세상을 보는 안목을 키우고 새로운 세상에 눈을 떠 갔다.

그는 창사사범학교에서 그의 인생에 가장 커다란 영향을 끼친 스승 양창지를 만나게 된다. 마오쩌둥은 그에게서 사회 과학 전반의 폭넓은 지식을 배울 수 있었다. 그 시절 그의 정치적인 이념도 형성되었다. 그의 도움을 받아 베이징대학교 도서관 사서 보조로 일하게 되면서 소련에서 일어난 볼셰비키 혁명을 처음 접했다. 그 뒤 마르크

마오쩌둥은 청년 시절 마르크스, 레닌주의에 눈을 떠서 중국 공산당 창립 대회에 참가하며 정치적 소양을 키워 나가 훗날 중화 인민 공화국을 건국하게 된다.

스 책을 읽으면서 마르크스주의자가 된 마오쩌둥은 1920년 창당된 중국 공산당에 들어갔다. 그는 선동가이자 조직가로서 끊임없이 활동하며 공산당 내에서 중요한 역할을 맡기 시작했다.

그러나 그는 소련 공산주의 노선을 그대로 좇아가지 않고 중국의 사정에 맞춘 독자적인 노선을 창조해 냈다. 그는 혁명의 주체를 도시의 프롤레타리아가 아닌 농민에 맞추었다. 그는 농촌 지역을 돌며 급진적인 토지 개혁을 주장했고 농민 봉기를 주도했다. 1억 명의 농민들이 마오쩌둥의 말에 귀를 기울였다. 농민은 도처에서 지주들에게 저항했다. 지주들이 묶어 놓은 보이지 않는 사슬에 매여 있던 농민들이 그들의 목소리를 내기 시작한 것이다.

한편 중국의 또 다른 세력인 국민당이 공산당의 기세에 위기감을 느끼고 대대적인 공세를 시작했다. 국민당을 이끄는 장제스 군대는 병력이 워낙 우세했

1945년 중경 국공담판 때에 찍은 장제스와 마오쩌둥

장제스는 국민당 정부 주석, 국민당 총재, 군사 위원회 주석, 육·해·공군 대원수 등의 요직을 겸직하며 최고 권력자로 군림하나, 중국 공산당과의 전투에 패하자 타이완으로 정부를 옮겨 중화민국 총통과 국민당 총재로서 타이완을 지배하였다. 그는 중화민국의 지도자로서 칭송을 받기도 하지만 공산주의자를 탄압한 4·12 쿠데타를 일으킨 독재자로서 비판을 받기도 한다.

다. 장제스는 50만 명의 병력으로 1933년 공산주의자들을 향해 공격을 시작했다. 이때 마오쩌둥은 국민당의 공세에 밀려 드디어 역사에 길이 남을 1만 km 대장정에 나서게 된다.

마오쩌둥과 농민들로 구성된 8만 5천여 명의 홍군은 횃불을 들고 중국 남부 장시 성을 떠나 북부 옌안에 이르는 긴 도피 여정에 들어갔다. 그들은 적에게 쫓기며 해발 4천 m 이상의 만년설산 5개를 포함한 24개의 산을 넘어야 했다. 하루 평균 40km를 행군하는 경이적인 기록이었다. 매일 평균 1건의 작은 전투를 벌이며 초인적인 행군을 해 나갔다. 죽음과 고통으로 가득 찬 악몽 같은 행군을 마쳤을 때 그들은 불과 8천여 명만 남아 있었다.

그래도 그들은 버티고 버텨 무너지지 않았다. 이어서 마오쩌둥은 옌안에서 항일 전쟁을 승리로 이끌었다. 대장정을 완수하고 항일 전쟁도 승리하면서 마오쩌둥은 당에서 지배적인 영향력을 행사하게 된다. 가혹한 시련을 이겨 내고 그는 당의 새로운 지도자로 우뚝 설 수 있었다.

잠시 소강 상태였던 공산당과 국민당은 1945년 일본이 항복하자 중국 대륙을 차지하기 위한 치열한 각축전을 벌였다. 결국 4년간의 전투 끝에 마오쩌둥은 국민당을 몰아내고 1949년 1월 베이징 천안문에서 중화 인민 공화국을 선포하고 주석의 자리에 올랐다.

공 포 정 치 로 다 스 리 다

새 롭 게 바 뀐

중국의 새로운 지도자 마오쩌둥은 이렇
게 말했다.

"이 나라는 파괴되어야 한다. 그런 다
음에 재건해야 한다. 국가가 파괴되면
새 국가가 형성될 것이기 때문이다."

그는 옛 중국의 그림자조차 남아 있

1949년 10월 1일 마오쩌둥이 베이징의 천안문 광장에서 중화 인민 공화국의 건국을 공식 선언하고 있다.

지 않은 상태에서 새로운 중국을 건설하고 싶었다. 그는 새하얀 도화지 위에
그림을 그리고 싶었던 것이다. 그러나 그는 붓 대신 칼을 들었다.

그는 우선 수십만 명의 당 간부들을 구시대적 인물이라는 죄목으로 숙청했
다. 그리고 농촌에서는 혁명적인 토지 개혁을 단행했고 도시에서는 3반(反)운동,
이른바 반 탐오(욕심 많고 더러운 짓을 함), 반 낭비, 반 관료주의 운동을 벌여 나갔다.

토지를 경작하는 사람이 토지를 소유해야 한다는 중국 공산당의 이념이 얼
마나 중국 인민들에게 꿈만 같은 일이었을지, 난생처음 자기 땅을 소유하게 된
농민들의 기쁨이 얼마나 컸을지 상상할 수 있을 것이다. 그러나 만민 평등의
구호 뒤에서 자행되는 지주와 지식인들의 처형은 끔찍하고 잔인했다.

마오쩌둥은 "우리는 반동파와 반동 계급의 반동 행위에 대해 절대로 인정을
베풀어서는 안 된다"고 말하며 "반혁명 분자를 살해하는 것은 일반적으로 인
구 비례의 천 분의 일을 넘어야 한다"고 말하기도 했다.

중국 공산당은 풀을 벤 후 뿌리까지 뽑는 방식으로 반혁명 분자를 처형했다.

지주들은 물론 그의 가족까지 모두 죽었고 도시의 자본가들은 마오쩌둥의 칼바람을 피해 스스로 건물에서 뛰어내리기도 했다. 당시 고층 건물이 있는 길 양쪽에는 갑자기 위에서 뛰어내려 자살하는 사람들이 하도 많아 압사당할까봐 누구도 지나가지 않을 정도였다고 한다.

1949년 이후 마오쩌둥이 집권한 기간 동안 무려 8천만 명의 중국인이 사망한 것으로 추정된다. 이는 두 차례 일어난 세계 대전의 사망자를 합한 것보다 더 많은 수이다.

이에 대해 마오쩌둥은 분투하려면 희생이 따르게 마련이고 사람이 죽는 일은 늘 발생한다며 태연자약했다.

레이전 위안 신부의 『내재적 적』이란 책에는 중국 공산당이 가한 각양각색의 가혹한 형벌이 소개되어 있다. 그들은 강제로 대량의 소금을 먹게 한 다음 한 방울의 물도 마시지 못하게 해서 목말라 죽게 만들기도 하고, 옷을 모두 벗기고 깨진 유리 파편 위를 뒹굴게도 하고, 온몸에 식초와 산을 발라 가죽을 벗기기도 했다고 한다.

마 오 쩌 둥 의   여 자 들

마오쩌둥은 술과 담배를 즐기고 여자도 마다하지 않았다. 그는 14살에 아버지의 강요로 6살 연상의 아내와 첫 번째 결혼을 했다. 자유연애를 꿈꾸던 그는 봉건적인 낡은 결혼 제도를 비판하며 그녀를 멀리했다.

그러다 스승 양창지의 딸 양카이후이와 그토록 원하던 가슴 떨리는 연예를 시작하게 되고 두 번째 결혼을 하게 된다. 그리고 세 명의 아이를 두었다. 그러나 그가 징강산에 들어갔을 때 양카이후이는 장제스 군대에 체포되어 처형되고 말았다. 그는 아내를 자기 곁에 둘 수도 있었지만 그렇게 하지 않다가 변을 당한 것이다. 왜냐하면 그에게는 이미 어린 새 애인이 생겼기 때문이었다.

그녀의 이름은 허쯔전. 그녀의 아름다움에 반해 세 번째 아내로 받아들인 것이다. 당시 마오쩌둥이 35세, 허쯔전은 17세였다.

그는 이때 결혼과 이혼을 쉽게 할 수 있는 정책을 도입했다. 허쯔전은 마오쩌둥와 혹독한 대장정도 함께한 사이였다. 대장정을 통해 죽을 고비를 몇 번 넘기기도 했던 그녀는 어려움을 함께한 사이라 자신이 그의 마지막 여자일 거라 믿었던 모양이다.

그러나 그는 항상 새로운 사랑, 새로운 여자를 갈구했다. 그럴 때마다 허쯔전은 어김없이 나타나 그의 사랑을 방해했다. 미모의 배우 출신 통역원인 릴리 오와의 밀회 현장을 찾아내고는 릴리오의 머리채를 낚아채는 소동을 벌이기도 하고 칼을 들고 마오쩌둥을 쫓아가 그가 동굴에 피신하는 일도 있었다. 결국 그는 그녀를 모스크바의 정신병원에 수감시켜 버렸다.

마오쩌둥의 두 번째 부인 양카이후이
그녀는 마오쩌둥의 믿음직한 조수이자, 동시에 몇 되지 않는 중공 조기 여 공산당원이기도 하였다.

마오쩌둥의 세 번째 부인 허쯔전과 딸 리민

마오쩌둥의 네 번째 아내 장칭
젊은 시절 연극배우로 활동한 적이 있으며 중화 인민 공화국 성립 이후
정치에 손을 뻗어, 1960년대에는 사인방의 우두머리로서 극좌 노선의
문화 대혁명을 이끌었다. 마오쩌둥 사후에 체포되어 수감 생활을 하다
1991년 자살하였다.

그 뒤 마오쩌둥은 그의 인생에서 빼놓을 수 없는 여성을 만난다. 연극배우 장칭이다. 그녀가 바로 중국을 파멸시킬 뻔한 문화 대혁명기 사인방의 우두머리로 악명을 떨친 인물이다.

중국 공산당 최고의 지도자 자리에 오르면서 그는 현대적인 자유연애에 대한 흥미가 시들해졌다. 중국을 한 손에 쥐고 흔들 수 있게 되자 한 여자에게 만족하지 못했다. 중국 최고의 미녀 모두를 원하게 되었다. 봉건 시대 황제들처럼 수많은 후궁들에게 둘러싸여 살고 싶었는지도 모른다.

문화 공작대는 젊은 미인들을 마오쩌둥의 처소로 제공하는 부서였다. 마오쩌둥의 밤은 화려한 댄스 파티로 시작했다. 흥겹게 춤을 추고 마음에 드는 파트너를 골라 침실에 들어갔다.

화려하게 치장된 인민대회당의 118호실은 마오쩌둥의 전용 휴식 공간이었다. 이곳에서 그는 여교사, 관료 부인, 외무부의 의전 담당 여직원, 공군 홍보관, 비서, 통역원 등과 잠자리를 함께했고 종종 여러 명과 밤을 보내기도 했다고 한다. 그는 새로운 여인을 곁에 두어야만 편히 숙면할 수가 있었다. 이 버릇은 그가 죽을 때까지 계속되었다.

그는 공식 집무실과 실제 집무실이 달랐다고 한다. 그의 침실이 진짜 집무실이었다. 그리고 그의 침실에는 대형 침대가 놓여 있었다.

그 위에서 그는 먹고, 자고, 일하고 쾌락도 즐겼다. 그런데 그 침대가 아주 독특하다. 사람들이 일반적으로 사용하는 킹사이즈 침대의 2배쯤 되는 크기인데다 마오쩌둥이 눕는 쪽을 약 10cm 높인 후 비스듬히 경사를 이루고 있는 것이 특징이라고 한다. 그의 남다른 섹스 취향을 살짝 엿볼 수 있는 대목이다.

피로 물들인 문화 대혁명

세상이 바뀌었지만 중국 인민들의 삶은 나아지지 않았다. 게다가 1959년에서 2년간 대기근이 찾아와 무려 4천만 명이 죽었다. 금세기 최대의 기근이었다. 펄벅의 소설 『대지』에도 나오듯이 산 사람이 죽은 사람을 잡아먹기도 하고 자신의 아이를 잡아먹었다는 흉흉한 소문이 들려오기도 했다.

이에 경제 정책의 실패로 궁지에 몰린 마오쩌둥은 '문화 대혁명'이라는 극단적인 문화 탄압 정책으로 실권을 장악하려는 무리수를 둔다.

마오쩌둥은 "천하가 크게 혼란해야 천하를 크게 다스릴 수 있으며, 7~8년마다 또 한 번 해야 한다"는 말로 문화 대혁명을 포장했다.

마오쩌둥은 군인과 급진적인 대학생, 고등학생으로 구성된 홍위병을 구성해 모든 전통적인 가치와 부르주아

문화 대혁명
사회주의에서 계급 투쟁을 강조하는 대중 운동을 일으키고, 그 힘을 빌어 중국 공산당 내부의 반대파들을 제거한 일종의 권력 투쟁으로 홍위병을 조직하여 닥치는 대로 파괴와 폭행, 살인을 일삼아 중국 전체를 죽음의 늪으로 빠뜨렸다.

1966년 8월 18일 베이징 천안문에 올라가 광장의 홍위병들을 열병하고 있는 마오쩌둥

류사오치
중화 인민 공화국 정부 수립과 더불어 중앙 위원회 부주석을 지내고 제2기 전국 인민 대표 대회에서 마오쩌둥에 이어 국가 주석이 되었다. 그러나 문화 대혁명 과정에서 '반마오쩌둥 실권파의 수령'으로 격렬한 비판을 받고 모든 공직이 박탈되었다. 죽은 후에 명예가 회복되었다.

적인 것을 공격하게 했다. 학교가 문을 닫고 외국 선교사들의 교회가 불탔으며 국가 주석 류샤오치와 당 총서기 덩샤오핑이 권좌에서 제거되었다. 류샤오치는 마오쩌둥에 이어 중국 2인자였다. 하지만 그는 아주 비참한 죽음을 맞이하게 된다. 그는 70세 생일날 마오쩌둥에게 라디오를 선물로 받았다. 생일 선물로 받은 라디오로 그는 '반역자이며 노동자의 적, 류샤오치를 제거하자'는 청천벽력 같은 소식을 듣게 된다.

그는 수용소에 갇혀 장기간 침대에 묶여 있는 바람에 욕창이 생겨 고름이 줄줄 흘렀다. 그는 엄청난 고통을 호소하며 다른 사람의 손을 잡으면 놓지 않았다고 한다. 할 수 없이 그를 지키는 사람이 그의 손에 단단한 플라스틱 병을 쥐어 주었는데, 그가 죽을 때보니 병은 마치 호리병처럼 가운데가 움푹 패여 있었다고 한다. 그는 온몸이 썩고 장작처럼 말라 죽었다.

민중들의 억압은 극에 달했다. 공산당에 대한 반대 목소리를 내면 쥐도 새도 모르게 잡혀가 모진 고문을 당하거나 처형당했다. 중국 공산당 당원이었던 장즈신은 1969년 마오쩌둥의 광적인 문화 대혁명에 대해 자신의 소신을 밝혔다가 즉시 체포되었다. 중국 공산당은 그녀를 저항의 본보기로 삼았다. 교도관들은 그녀를 발가벗기고 손을 등 뒤로 하여 수갑을 채운 후 남자 죄수 감방에 넣어 집단 강간을 당하게 했다.

그리고 1975년 사형 집행이 선고되자 교도관들은 그녀를 거꾸로 매달아 마취도 하지 않은 상태로 그녀의 기도에 구멍을 냈다. 그 뒤 구멍에 플라스틱 튜

브를 집어넣어 숨은 쉴 수 있지만 말을 할 수 없게 만들었다. 그녀가 사형장에서 공산당 타도를 외칠까 걱정되었기 때문이었다. 이처럼 극심한 공포 속에서 중국인들은 공산당이 지정한 8개 모범극과 소설을 보고 마오쩌둥의 어록을 외우며 살았다.

문화 대혁명 기간 동안 홍위병에 의해 마오쩌둥은 종교적 숭배의 대상이 되었다. 그의 초상화는 공공 기관에 필수적으로 게시되었고, 그의 저작이나 연설에서 발췌한 문장을 모아 놓은 수첩 크기의 붉은 책 『모주석어록』은 누구나 휴대해야만 했다. 중국의 농촌 지역에서는 관우와 마찬가지로 마오쩌둥의 사진이나 조각을 사당에 모셔 놓고 신처럼 떠받드는 경우도 있었다고 한다.

__ 마오쩌둥 어록
마오쩌둥의 연설문과 저서 가운데 핵심 부분만 뽑아 전 33절로 나눠 펴낸 책이다. 1964년 문화 혁명 초기에 당시의 국방상 린뱌오(林彪)가 마오쩌둥 사상을 중국군에게 가르치려고 편찬하였다. 문화 대혁명이 일어나자 홍위병을 비롯한 모든 사람들이 이 책을 행동 지침으로 삼았는데 1980년대 초기까지는 중국의 성경처럼 되었다.

중국 베이징 천안문 중앙에 마오쩌둥의 초상화가 걸려 있다.

중 국 의 붉 은 별 지 다

마오쩌둥은 중국 지도자 중에서 가장 뛰어난 한시를 지은 시인이기도 하다. 미국 대통령 오바마는 자신의 취임사에서 마오쩌둥의 시 한 구절을 인용하기도 하였다. 그러나 정작 마오쩌둥은 시를 금지시켰다.

마오쩌둥은 중국 인민의 아버지로 자처하면서 중국 인민들의 귀와 입을 막고 자기만 우러러 보게 했다. 집권 당시 모든 노래는 그를 위한 것이었고 모든 그림은 그를 위한 것이었다. 그러나 영원한 것은 없다. 끝이 있기 마련이었다.

1972년 2월, 미국의 대통령으로서는 처음으로 중국을 방문한 닉슨 대통령이 마오쩌둥과 악수를 나누고 있는 모습

1970년대에 들어서자 마오쩌둥의 건강은 날로 악화되었다. 루게릭병과 폐결핵이 그를 괴롭혔다. 그는 자기 생이 얼마 남지 않았음을 감지하고 마지막으로 커다란 정치적 결단을 내리게 된다. 1972년 미국 닉슨 대통령을 중국으로 초청한 것이다. 중국 공산당 최고 지도자와 세계 최강 자본주의 미국 대통령이 한 자리에 만나 악수를 나누었다는 사실 하나만으로도 무척이나 중요한 역사적 순간이었다. 두 지도자는 신념은 다르지만 친교를 맺기로 동의했다.

1976년 마오쩌둥은 심장마비를 일으켰다. 그리고 9월 9일 그의 파란만장했던 인생에 마침표를 찍었다. 그는 죽기 얼마 전 정치국 회의에서 자신의 업적을 두 가지로 정리했다. 하나는 장제스와 싸워 그를 타이완으로 몰아낸 것이고, 또 하나는 일본과의 오랜 항전을 승리로 이끈 것이라고 평가했다.

하지만 그는 문화 대혁명이 가져온 끔찍했던 혼란은 잊은 듯했다. 농민들에게 토지를 분배하고 중국의 독립과 주권을 회복한 점은 인정하지만 그가 이룩한 혁명은 너무나 잔혹하고 피로 얼룩져 있었다. 마오쩌둥은 자신이 죽은 뒤 화장하여 조국 산하에 뿌려달라고 유언했지만 그의 시신은 레닌과 마찬가지로 미라로 만들어졌다. 영구보존 처리된 그의 시신은 천안문 광장 마오쩌둥 기념관에 박제되어 유리관에 누워 일반인들에게 공개되고 있다.

상식으로 꼭 알아야 할

세계 악남 이야기

지은이	┃	이경윤 · 정승원
발행인	┃	신재석
발행일	┃	1판 1쇄 발행 2009년 6월 5일
	┃	1판 2쇄 발행 2010년 1월 15일
총괄진행	┃	김미경
기 획	┃	신은영 · 이경윤
표지 디자인	┃	김윤정
편 집	┃	박현정

펴낸곳	┃	삼양미디어
등록번호	┃	제 10-2285호
주 소	┃	서울시 마포구 서교동 394-67
전 화	┃	02 335 3030
팩 스	┃	02 335 2070
홈페이지	┃	www.samyang𝓂.com

ISBN ┃ 978-89-5897-167-2 (03300)